文革文學大系

（十一）

戲劇電影卷二

王　堯主編

現代文學研究叢刊

文史哲出版社印行

現代文學研究叢刊　30

文革文學大系（全十二冊）

主　編　者：王　　　　　　　　　堯
出　版　者：文　史　哲　出　版　社
http://www.lapen.com.tw
登記證字號：行政院新聞局版臺業字五三三七號
發　行　人：彭　　　　正　　　　雄
發　行　所：文　史　哲　出　版　社
印　刷　者：文　史　哲　出　版　社
臺北市羅斯福路一段七十二巷四號
郵政劃撥帳號：一六一八〇一七五
電話886-2-23511028・傳真886-2-23965656

十二冊定價新臺幣五〇〇〇元

中華民國九十六年（2007）十二月初版
中華民國九十八年（2009）二月初版訂正

"文革文學"大系
戲劇電影卷
卷二電影文學選

目　　錄

《三上桃峰》

（晉劇，一九七四年一月演出本）

許石清等編劇

人物表

青蘭 —— 杏嶺大隊黨支部書記，返鄉知識青年。

高建山 —— 桃峰大隊黨支部書記。

李永光 —— 杏嶺大隊隊長。

三愛 —— 杏嶺大隊社員，李永光女兒。

二虎 —— 桃峰大隊社員。

田大伯 —— 桃峰大隊飼養員。

老六 —— 杏嶺大隊社員。

杏嶺大隊、桃峰大隊男女社員若干人。

第一場

〔一九五九年春耕季節。旭日東昇，朝霞滿天。

〔桃峰村外，路口上，花紅柳綠，大地回春。

〔幕啓：馬嘶聲，蹄鈴聲；二虎騎馬上；

〔馬舞；誇讚地："好馬！好馬！"揚鞭催馬過場。

〔青蘭意氣風發地上。

青　蘭：（唱）開罷會心振奮急返杏嶺，

勝利中又迎來人民公社第一春。

縣委會不失時機作決定，

興水利，全面動員，持續躍進，萬馬奔騰。

看今朝降龍伏虎鼓幹勁，

六億神州景色新！

〔傳來馬嘶聲，青蘭止步嘹望。

青　蘭：（唱）馬嘶聲好熟慣令人納悶，（拭目望）

好像是我們隊的菊花青。

（自語）奇怪呀！我們隊的菊花青病了好幾個月啦，正在治

療，怎麼會跑到這兒來啦？

〔蹄鈴聲漸近，二虎騎馬返上。

青　蘭：同志！　站住！

〔菊花青暴躁地揚蹄，後退，二虎難以駕馭；急下，青蘭急

拉住韁繩。

二　虎：你這個女同志，放著大路不走，攔我幹啥？

青　蘭：小夥子，這馬不能這麼猛騎呀！它是一匹病馬！

二　虎：（不信地）嗨！你這才叫不調查瞎喳喳；這菊花青

毛色光滑，膘肥體壯，上午駕轅拉犁不鬆套，剛才爬坡奔跑快如

飛，哪能是病馬呀！告訴你吧，這是我們桃峰大隊花大價錢買的

好馬！

青　蘭：哦！花大價錢……

二　虎：是呀。

青　蘭：買的好馬？

二　虎：好馬。

青　蘭：同志！你們上當了！這馬本是我們杏嶺的，我最熟

悉它。它確實是匹病馬。

二　虎：你可不要嚇唬人！（馬嘶）

青　蘭：你看！菊花青見了我，搖頭擺尾，多親近啊！

〔二虎一旁打量。

二　虎：（自語）唔，是有點像。（對青蘭）這麼說，這匹馬原來是你們隊的？

青　蘭：是呀！是俺杏嶺大隊的。

二　虎：（疑惑地旁白）我看不對勁！要是他們當真騙了人，還能找上門來說實話？（有所悟地）唔，準是他們吃後悔藥了。（對青蘭）同志！這匹馬昨天是你們杏嶺的，可錢一過手，籠頭一換，今天就是我們桃峰大隊的嘍！（欲上馬）！再見了（青蘭急攔）。

青　蘭：小夥子，這馬確實是有重病，千萬不能猛騎快跑呀。

〔二虎騎馬下。

青　蘭：（急喊）小夥子！同志！……唉！

（唱）我講實話他不信，

想必是賣馬人騙了桃峰。

恨不能插雙翅飛回杏嶺，

這件事非等閒定要查清。

〔遠處傳來馬嘶聲，青蘭轉身張望。

青　蘭：（心急如焚）哎呀呀，不行！

（唱）馬嘶陣陣蹄聲緊，

聲聲緊叩我的心。

他揚鞭催馬猛馳騁，

菊花青怎經得猛烈奔騰，

真叫人心疼哪！

事急迫我不能先回杏嶺，

追病馬講真情，

我大步上桃峰。

—— 幕

第二場

〔緊接前場。

〔桃峰大隊村口。地頭上。

〔幕啓：馬嘶聲，二虎騎馬上。眾社員迎上。

眾社員：二虎子！快下來吧

〔二虎下馬。

女社員甲：二虎！這馬怎麼樣？

二　虎：好馬！真是好馬呀！

社員甲：有了這膘肥體壯的菊花青，再套上咱新置的雙輪雙鏵犁，突擊春耕沒問題。

眾　　：對著哩！

男社員甲：（唱）菊花青添得適時令，

男社員乙：（唱）新犁好馬多稱心；

女社員甲：（唱）抽穗迎來及時雨，

女社員乙：（唱）揚場遇到順心風。

男社員甲：（唱）新式農具 ——

二　虎：（接唱）

—— 配駿馬，

眾　　：（齊唱）

搶節令，趕進度，大鬧春耕！

〔高建山、田大伯上。

田大伯：（生氣地）二虎子，你這個楞頭青，看把馬累成什麼樣子啦！誰讓你這樣瞎折騰！

二　虎：村邊蹓躂，試試它的蹄腿……怕什麼？

田大伯：怕什麼？你！……

高建山：二虎，你不能太任性啦。牲口是集體的半份家當，應該愛惜呀。（對眾）我們隊買農具，添牲口，是為了搶時間完成春耕，好抽出勞力參加水庫建設。（示報紙）你們看，縣小報發了消息，縣裡正在召開水利工作會議，咱躍進水庫很快就要動工啦！

眾　　：（情緒活躍）是嗎？

高建山：這報上發表了杏嶺大隊黨支部書記的一篇文章，寫得很好，大家好好學習。

二　虎：（接報紙）我看看，是說修水庫的事嗎？

高建山：是啊。二虎，杏嶺大隊黨支部書記也跟你一樣，是個返鄉知識青年。人家回到農村，刻苦鍛煉，進步很快。前年，當了支書，領著群眾，苦幹大幹，生產上達綱要，過黃河，一年闖雙關，去年大躍進，她又首先倡議修建躍進水庫，親自參加勘察，決心要改變山區面貌，真是個有志氣，有作為的青年！二虎，你返鄉不久，應該要好好向她學習啊！

田大伯：是呀，你年紀不大，個兒不小啦。不要一天老想著玩，好好學習吧！（拉馬下）

高建山：好，我去那邊送報紙，你們抓緊休息時間，好好學習。（下）

〔二虎與青年們看報。這時傳來青蘭的呼叫聲："同志！"二虎等張望。

二　虎：這人，她倒找上門來啦！

青　蘭：（內唱）

心急似火把馬趕（上場，見二虎）

同志，你聽我把話說清楚嘛。

二　虎：（沒好氣地）你的意思我早清楚了，你是想把馬拉回去，是不是？

青年甲：二虎，是怎麼回事？

二　虎：這女同志是杏嶺大隊的，他們賣馬賣後悔啦。剛才在山腳下就和我麻纏了半天，這不，又趕來啦！

　青　蘭：我想先跟你們幹部商量商量。

　〔有的群眾欲引青蘭，二虎攔住。

　二　虎：不用找幹部，我先問問你。（示報紙）這是你們杏嶺大隊黨支部書記寫的文章，你看過沒有？

　青　蘭：哦……這個……（看報）

　二　虎：什麼這個那個，你就沒好好學習！你們支書在文章裡說得清楚，縣委發出號召：全縣人民，一齊行動，苦戰十天，完成春耕；互相協作，共同躍進，修建水庫……（看報）

　青　蘭：（接）—— 提前動工！

　二　虎：是呀，我們響應縣委號召，買回菊花青，突擊春耕。可是你呐，剛賣出一匹馬，就吃後悔藥，趕上門兒來找麻煩，這算是什麼作風？等你們支書回去，準得批評你！

　青　蘭：哎呀，和你說不清楚，你還是領我去找找你們幹部吧。

　群　眾：那不是老支書來了。

　〔高建山等上。

　高建山：青蘭同志！

　青　蘭：哦！老支書！（二人握手）

　高建山：同志們！這就是我剛才說的杏嶺大隊黨支部書記 —— 青蘭同志！

　二　虎：（愣，旁白）她就是杏嶺的支書？

　〔眾熱情地握手。

　高建山：青蘭同志，我們正在組織群眾學習你的那篇文章哪！縣裡召開的水利會議開完了？

　青　蘭：開完了。縣委作了決定，十天內完成春耕……

　高建山：嗯，我們正在加緊準備。

　青　蘭：春耕完後，就要組織強壯勞力，開渠造壩，立即動工。這是水庫工程的施工圖。請咱桃峰的貧下中農多提意見。

高建山：（接圖）你工作這麼忙，爲這事還麻煩你來一趟。

青　蘭：我不是爲這事來的。我從縣裡開會回來，路過桃峰腳下，看著這小夥子騎著馬狂奔亂跑，我特地趕到這裡……

高建山：你說的是那菊花青？

青　蘭：是呀！這馬原來是我們杏嶺的……

眾　：是匹好馬呀！

高建山：有了這匹馬，對我們突擊春耕，可是幫了大忙了。

青　蘭：不！是給你們幫了倒忙了。菊花青從外表看還不錯，其實是一匹病馬！

眾　：（一怔）病馬？

青　蘭：（喝）菊花青患有腦迷症，

眾　：腦迷症？

青　蘭：（接唱）幾個月精心調治未除根。

它不能快速奔跑使猛勁，

更不能幹重活受怕擔驚。

在杏嶺正調養未曾使用，

賣馬人欺騙了階級弟兄。

高建山：（緊緊握住青蘭的手）青蘭同志！

（唱）　感謝你真誠相見情誼重，

爲友隊不辭辛勞上桃峰。

講實情辨真假坦率誠懇，

句句話充滿著階級深情。

青　蘭：（唱）用包袱騙友鄰作風不正，

回去後一定要嚴肅查清。

我建議將病馬退回杏嶺，

待來日送馬款再上桃峰。

二　虎：（著急地）要把菊花青拉回去？那不可行。老支書，我看不對勁,他們找上門來說馬有病,是不是賣馬後悔了?這賣瓜的都說瓜甜,哪有說瓜苦的呀?

高建山:哦,這賣瓜的都不說瓜苦嗎?

青　蘭:啊,小夥子,你說賣瓜的不說瓜苦,那是舊社會剝削階級的生意經。我們是人民公社的兄弟隊,就必須以實說實,苦瓜也不能當甜瓜賣呀!

眾　　:那,那就讓人家把馬拉去吧。

眾　　:那可不行,這菊花青我們已經使用過了,再給人退回去,不合適吧。

眾　　:對呀!

高建山:青蘭同志,這樣吧,這馬退不退等我們研究研究,再告訴你。你把這種光明正大的作風送上桃峰,真值得我們好好學習啊!

青　蘭:向我們學習?一匹馬的事,就看出我們工作上的差距啦!老支書,我得趕快回去。

眾　　:青蘭,住下吧!

青　蘭:不啦,心裡有事待不住啊!我走啦!(下)

〔田大伯內叫"支書!"匆匆上。

田大伯:支書,菊花青渾身淌汗,四肢發抖,臥倒啦!

眾　　:啊?

高建山:別慌,給獸醫站打個電話。

社員甲:是(急下)

高建山:趕快搶救菊花青!

〔眾隨高下。

二　虎:(吃驚地)啊呀!這可砸鍋啦!

第三場

〔當天下午。

〔杏嶺村頭，群眾勞動時休息場地：一旁放著水桶、水碗。

〔群眾幕內唱：

麥苗肯青杏花香，

歌聲滿坡紅旗揚。

公社春光無限好，

人換思想地換裝。

〔幕啓：鐵牛幕內喊：“喂……同志們……休息羅──

〔社員甲上喊：“喂……同志們……休息羅──

〔群眾陸續上場。

社員甲：鐵牛，你們幹得真快呀！

鐵　牛：你們幹得也不慢呀！今年是人民公社第一個春天，就得要鼓足幹勁，力爭上游！

女社員甲：我們要提前完成春耕，等青蘭從縣裡開會回來，就能向水庫投工啦！

女社員乙：水庫一建成，奪高產就不成問題啦！

〔李永光拿報紙上場。

李永光：嘿，小夥子們，你們幹得可不少哇！

眾　　：老隊長！

李永光：同志們，青蘭在縣裡開會，打來電話，要求在十天之內完成春耕，好抽出勞力去修水庫。（示報）你們看，縣報上都登上咱青蘭的文章啦！

女社員甲：青蘭姐在文章裡寫了些什麼？

李永光：嘿嘿，沒工夫細看，反正是說水庫的事兒唄！好啦，大家加油幹吧，可別誤了隊裡的春耕啊！

社員甲：老隊長，你放心吧，咱們搞完春耕上水庫，馬不停蹄大躍進啊！

女社員甲：大躍進嘛，就得爭分奪秒！

眾　　　：對對，爭分奪秒加油幹，躍進躍進咱們比比看！（眾下）

李永光：哈哈哈哈，看我們杏嶺這般年輕人幹勁多大啊！

（唱）春耕下種搶時機，

水庫投工催人急。

工作計畫要仔細，

糧草充足準備齊。

老六他主動提建議，

賣病馬換好馬是步好棋！

〔老六興沖沖持馬籠頭上。

老　六：老隊長！

李永光：老六，菊花青賣出去啦？

老　六：賣啦。我拉著菊花青，上了騾馬市，桃峰人一見就連聲稱讚，拉住韁繩不撒手，當面論價，出手成交啊！

李永光：老六，菊花青有病，你都介紹清楚了沒有？

老　六：嗨，該說的我都說啦。（拿出單據）你看，交易所辦的手續。咱辦事是小蔥拌豆腐，一清二白。

李永光：好，你給了會計吧。（拿出一封信）老六，梨花溝牧馬場回了信啦，答應賣給咱一匹馬。你懂這一行，還得跑一趟給咱挑匹好馬。

老　六：（接信）你放心，我挑出來的馬，保險叫你滿意。過去半輩子趕車拉腳弄牲口，就學下這點本事。

李永光：現在要把本事用在杏嶺集體上。

老　六：對，我一定好好幹。老隊長，我馬上就去梨花溝！（下）

李永光：（望著老六背影）唔，老六這一陣可是積極起來了！
（滿意地提著水桶下）

〔三愛興致勃勃地上。

三　愛：（唱）東風吹大地暖春耕正忙，

學獸醫治病馬取回藥方。

臨走時青蘭姐對我細講，

為革命學技術紅心朝陽。

話語深情意切牢記心上，

激勵我治病馬信心增強。

下苦功學本領不負眾望，

興沖沖邁大步急回村莊。

盼只盼菊花青早日健壯，

恨不能生雙翅飛回圈旁。

〔李永光上。

三　愛：爹！

李永光：哦，三愛回來啦！

三　愛：爹，我去獸醫站學習，取回了好藥方。這回呀，治
好菊花青可有希望啦！我先去飼養院看看。（欲走）

李永光：三愛，你在獸醫站才呆了幾天，就能成了馬大夫？
算了吧，菊花青不用你操心啦！

三　愛：爹！你這話是什麼意思？

李永光：那菊花青，我叫老六拉出去賣啦！

三　愛：什麼？賣啦！（不滿地）爹！

（唱）治病馬學獸醫隊裡決定，

卻怎麼又賣了菊花青？

李永光：（唱）要治好菊花青把握不準，

倒不如賣出去省得操心。

三　愛：（唱）你為省心變病馬。

卻把困難推別人！

李永光：（唱）有買有賣尋常事，

你少見多怪操閒心！

三　愛：（不滿地）我……我反正有意見。

李永光：你哪兒那麼多意見！你不當家，不知道油鹽柴米怎麼來的，就知道提意見！（青蘭上）

青　蘭：三愛！

〔三愛向內喊"支書回來啦！"　"青蘭回來啦"！

（群眾擁上相互招呼）

三　愛：（迎上）青蘭姐，咱們那菊花青……叫老六拉去賣啦！

李永光：這閨女，嘴頭上就離不開菊花青！咱隊裡早跟梨花溝牧馬場聯繫過，要買一匹好馬，這事你青蘭姐也知道。我是想先把病馬推出手……

青　蘭：可老六推了個一乾二淨，把病馬當好馬賣給了桃峰大隊啦！

眾　　：（怔）啊！

李永光：（一驚）怎麼！這麼說，老六騙了人家？

眾　　：這太不像話啦！

三　愛：這是損人利己！青蘭姐，這怎麼辦？

青　蘭：你抓回藥來了沒有？

三　愛：（示包）抓回來啦。可菊花青賣啦，抓回藥來有什麼用？

青　蘭：這藥有大用。桃峰同志拿病馬當好馬用，恐怕要出問題，你快把藥送去，好好照料病馬，以防發生意外。

三　愛：好！我這就去。（欲走）

青　蘭：三愛！

（唱）去桃峰探病馬責任不輕，

關係著兄弟隊革命友情。

遇困難多請教謙虛謹慎，

細觀察勤照料格外操心。

賣馬事待處理聽候決定……

三　愛：（接唱）青蘭姐你請放寬心！（下）

李永光：（累經思考）青蘭，我親自去桃峰一趟，把這個問題處理一下。（欲走）

青　蘭：（叫住）大叔，你打算怎麼處理這個問題？

李永光：我去把情況挑明瞭，反正不能叫桃峰吃虧就是了。

青　蘭：馬的病情，我已經跟桃峰的同志說清楚了。

李永光：那咱們就去補上差價，我當面給人家賠情道歉，也就行了。

青　蘭：大叔，這樣做還不行。

李永光：怎麼不行？

青　蘭：我認爲咱們就不應該把病馬賣給兄弟隊。賣病馬經過群衆討論了嗎？

李永光：（不悅地）沒經過討論，其實賣病馬也還是群衆提出來的。

肯　蘭：究竟是哪些人的意見？

李永光：老六就在我面前說了好幾次，說有的人同意把病馬賣了。

鐵　牛：那是老六少數人的意見，大多數群衆都不同意。

社員甲：我就不同意！

社員乙：我們都不同意！

李永光：（惱火地）好啦，好啦！一家十五口，七嘴八舌頭，總得有人拿主意嘛！賣病馬，加快春耕，爲修建水庫作準備，這還有錯嗎？

青　蘭：大叔，修建躍進水庫是大事情，是要作好準備。不過，光我們杏嶺一家準備得再好，這水庫也修不成啊！（取圖遞永光）大叔，這是水庫施工圖。你看，這麼大的工程在過去一村一隊根本辦不到，只有人民公社才能實現啊！（眾圍看圖。）

青蘭：（唱）就在這葫蘆嘴攔洪築壩，

修水庫緊靠桃峰後山崖。

水位高水源充足流量大，

開管道盤山繞嶺連萬家。

沿河的兄弟隊一齊上馬，

才能叫銀龍飛舞，蜿蜒而下，

萬頃良田，吐穗揚花，

揚花吐穗迎朝霞！

公社化展宏圖統籌規劃，

辦事情必須統一步伐。

一盤棋要考慮全局把子下，

錯走一步步步差。

咱甩掉包袱賣病馬，

豈不是丟了全局顧一家？

社員甲：咱們是人民公社，考慮問題不能從一村一隊出發呀！

社員乙：是呀，把病馬賣給了兄弟隊，這太不合適啦！

〔群眾議論紛紛。

青　蘭：同志們，大家幹活去吧。這個問題我們幾個幹部先研究一下，一定要解決好。

〔眾社員下。

李永光：青蘭，你看怎麼辦吧？

青　蘭：菊花青有病，我們熟悉它的脾性，調養好還能爲生產出把力，病馬放在桃峰，他們不摸底細，萬一出了問題，就會給兄弟隊造成重大損失。大叔，我們決不能把包袱叫別人背上。

應該把錢退回去，把馬拉回來。

李永光：什麼？退錢贖馬？

鐵　牛：對，應該退錢贖馬！

李永光：說得倒容易。老六拿上錢買馬去了，咱杏嶺又沒開銀行，這錢能一下周轉過來嗎？

鐵　牛：咱隊裡存著買化肥的錢，乾脆把化肥退了！

李永光：退了化肥，產量上不去，還能生產大躍進呀！

青　蘭：大叔，眼下我們發動群眾多積農家肥，把底肥施足了；過幾天向供銷社把我們賣山貨的那筆款取回來，再去買化肥也不遲呀。

李永光：不行，那一筆錢，我還準備給隊裡添一輛膠皮車呢！青蘭，我都盤算好啦，一個蘿蔔一個坑，咱隊裡每一分錢都打進計畫裡去了，動哪兒都要亂套啊！

青　蘭：大叔，你一貫為隊裡精打細算，大家都稱讚。不過，我們要關心自己的集體，也要關心別人的集體，更要關心社會主義大集體呀！桃峰大隊原想買匹好馬，趕完春耕，好按時向水庫投工。可現在，我們把人家的計畫打亂了，難道能看著不管嗎？

李永光：（語塞地）這……唉！這件事全叫老六辦壞啦！

青　蘭：大叔，老六辦下這壞事，我們可以把它變成好事嘛！今晚讓大夥好好討論，提高認識，剎住歪風邪氣，按社會主義原則正確地解決這個問題。

李永光：好吧！那就開會討論吧。

第四場

〔次日清晨。

〔桃峰大隊辦公室。

〔幕啓：雞啼。田大伯伴三愛上，推三愛入室。

田大伯：三愛，你熬了一夜，把你累壞啦！

三　愛：大伯，我不累。（欲返回）

田大伯：不行，你再不休息，我就要生氣啦！

〔按三愛坐下，逕自返下。

三　愛：（唱）菊花青病勢重三次臥倒，

桃峰村老老少少把心操。

馬病危服藥後還不見好，

我還得爲病馬再把藥調。

〔三愛將藥倒入罐內，調完藥欲去。

〔高建山提燈，持圖紙上水庫，二人相遇。

高建山：三愛，把藥給我，你一夜沒合眼，快歇歇去。（欲奪藥罐）

三　愛：（避開）老支書，你昨夜沒睡，還要安排白天的工作，比我還累呀！

高建山：你還是休息去。

三　愛：（感慨地）老支書，青蘭姐叫我來照料病馬，馬的病沒有好轉，我怎麼能休息啊！（急下）

高建山：（看三愛走去方向，感慨地）真是個好同志呀！

（唱）杏嶺隊階級兄弟心相照，

派三愛連夜送藥到馬槽。

守圈棚徹夜不眠勤照料，

爲病馬扎針灌藥不辭勞。

這都是青蘭她安排周到，

主動擔責任，

爭把困難挑；

階級情誼重，

思想風格高，

爲友隊隔山隔水把心操。

（展看水庫施工圖）

展圖紙想青蘭感觸不少，

新一代後來居上激心潮。

她返鄉五年思想大飛躍，

起宏圖凌空展翅意氣豪。

爲改變山區的窮白面貌，

她把這山山水水重畫描。

昨夜晚桃峰社員細商討，

借東風戰天鬥地志不撓。

趕節令搶時下種早把水庫修建好，

定叫那高山出平湖，山河換新貌，

讓三面紅旗迎風飄。

〔二虎急上。

二　虎：支書，支書！菊花青又臥病啦。

高建山：（驚）啊！

二　虎：全怪我沒聽青蘭同志的話……

高建山：二虎，難過沒用，要接受教訓。我去飼養院看看。
（欲走又返）二虎，你快給杏嶺青蘭打個電話，就說菊花青我們
決定不退啦，請她放心，不要再來啦。 —— 明白我的意思嗎？

二　虎：（會意地）明白啦。

〔高建山下，二虎打電話。

二　虎：喂，要杏嶺。杏嶺嗎……我找找青蘭同志……

〔青蘭上。

青　蘭：（唱）貧下中農委重任，

贖馬又到桃峰村。

二　虎：（接打電話）……啊？來桃峰啦？（著急地）喂喂，
她不要來啦，千萬不叫她來呀！

〔二虎打電話時，青蘭進屋。

青　蘭：二虎！

二　虎：（回頭）哎喲，你倒來啦！

青　蘭：怎麼，你不歡迎我來嗎？

二　虎：（尷尬地）歡迎，歡迎。（接背包）青蘭，快坐，快坐。

青　蘭：小夥子，菊花青到底是匹好馬，還是病馬，你現在鬧明白了沒有？

二　虎：明白啦，明白啦。

青　蘭：那該讓我把馬拉回去了吧？

二　虎：不，那可不行。

青　蘭：怎麼不行呢？

二　虎：青蘭，俺桃峰的貧下中農，討論決定把馬留下啦。我剛才正在給你打電話……（欲言又止）

青　蘭：啊！給我打電話……你們支書呢？

二　虎：（脫口而出）支書？他到飼……（欲言又止）

青　蘭：啊，他到飼養院去啦？

二　虎：不，（急忙改口）他到四隊去啦。

青　蘭：四隊？那我到四隊去找他。（欲走）

二　虎：（急攔）青蘭同志，你在這兒等著，我去找他。

青　蘭：那……這樣吧，（試探地）你到四隊去找，我去飼養院看看。（欲走）

二　虎：（更急）不，青蘭，你坐下歇歇，來，喝點水！

青　蘭：（唱）

　　一個字剛出聲他慌忙改口，

　　強裝笑難遮他內心憂愁。

　　莫非是有隱情不肯流露，

　　是不是馬病復發怕我擔憂。

　　二虎，咱那菊花青怎麼樣？

二　虎：（唱）菊花青還好好的！

青　蘭：好好的？

二　虎：對！

（唱）它平安依舊你莫要擔憂！

〔窗外：飼養院傳來一陣緊張的喧嚷聲，二虎情急，關窗。

青　蘭：二虎子！

（唱）你說是菊花青平安依舊。

一陣陣喧嚷聲是何情由？

二　虎：（唱）支書上挑峰情深誼厚，

社員們為此事議論不休。

都說是菊花青不能拉走，

學杏嶺高風格情誼長留。

青　蘭：是嗎？二虎子！

（唱）咱看看菊花青同去馬廄，

二　虎：（焦急地）青蘭！

（唱）菊花青它……

青　蘭：它怎麼樣？

二　虎：它……

（唱）它駕著皮車出了外頭。

青　蘭：（唱）菊花青駕皮車向著哪裡走？

二　虎：（唱）東方紅加工廠送糧換油。

青　蘭：哎！

（唱）我看到皮車停在廠門口，

為什麼不見馬來只見牛？

二　虎：（慌了神）啊！這……你先喝水，是這麼回事。

（唱）今天派車不知誰經手，

也可能跑運輸去了南溝。

青　蘭：不對！

（唱）春耕緊跑運輸不是時侯，

你怎麼越說越是不對頭？

二　虎：（難過地）

（唱）支書再莫要盤查追究，

你越問二虎我越把心揪。

〔高建山走上。

高建山：（熱情地）青蘭！

青　蘭：（抱歉地）老支書！

〔高、青握手讓坐。

二　虎：（旁白）哎呀呀，憋了我一頭汗。

〔急下。

青　蘭：老支書，昨天我們召開了社員會，大家一致認爲，賣病馬騙人是錯誤行爲，杏嶺的群衆一致要求把馬贖回去。這是全部馬價，請你收下吧。

高建山：（激動地）青蘭同志，我們也開過了社員大會，桃峰的群衆一致要求把馬留下。這錢們我不能收，你還是帶回去吧！

青　蘭：杏嶺的貧下中農說，菊花青我們熟悉脾性，瞭解情況，對付好還能爲生產出把力。放在你們這兒，生人生馬，不好料理！

高建山：桃峰的貧下中農說，留下馬就是留下你們的階級情誼和高尚風格。

青　蘭：（堅決地）不！我們賣病馬騙人，已經給兄弟隊帶來困難。社會主義的新農村，決不能把自己的包袱甩給別人。

高建山：（深受感動）青蘭，你和杏嶺的貧下中農的深情厚意我們完全領受，可是這菊花青 ——

青　蘭：（急迫地）菊花青怎麼啦？

高建山：（懇切沉痛地）說什麼也不能讓你們拉走！

青　蘭：（更急）老支書，菊花青的病是不是嚴重啦？

高建山：青蘭，你不要著急，我們正在治療。

青　蘭：老支書，走，咱們快到馬棚去看看。

〔二虎、田大伯急促地喊："支書！"上。

二　虎：支書，……馬……（見青蘭，止口）

青　蘭：二虎，馬怎麼啦？

二　虎：（無措地改口）馬……唉！（蹲下）

〔青蘭急走出門，遇三愛上。

三　愛：青蘭姐，我……我沒有完成任務！

〔青蘭等人急向飼養院跑去。

〔稍頃，青、高心情沉重地復上。

青　蘭

高建山：（合唱）

菊花青出意外心難平靜，

牽連著兄弟隊我心不寧。

青　蘭

老支書爲救馬將心操盡，

桃峰的

杏嶺的階級情勝似海深。

〔內伴唱：

太行山起讚歌千山和頌，

風格花爭開放處處皆春。

高建山：桃峰

（同唱）這事故本是咱的責任

青　蘭：杏嶺

〔高率眾入內。

青　蘭：老支書，馬死的責任全在杏嶺，這是全部馬價，請你收下吧！

高建山：不，損失是桃峰造成的，這錢我們不能收。

青　蘭：不收錢杏嶺

（同唱）群眾不應承。

高建山：收下錢桃峰

三　愛：（接唱）樹有根來事有因，

怨只怨老六賣馬騙了人。

有錯誤就必須徹底糾正，

這損失應由杏嶺來擔承。

二　虎：不！

（接唱）

誰捅的窟窿誰來補

誰挖的坑坑誰填平

青蘭同志早已講明馬有病，

二虎我本是闖禍人。

青　蘭：（唱）春耕中沒為你隊送方便，

反將困難添一層。

眼看著水庫工程工期臨近，

請收下馬價款 ——

這是杏嶺貧下中農一片心。

高建山：（唱）你兩次上桃峰心意已盡，

風浪裡友情似火暖人心。

你送來深情厚意比千金貴，

激勵著桃峰群眾革命精神。

借東風鼓幹勁豪情振奮，

眾　　：（唱）排萬難搶節令搞好春耕。

青　蘭：（唱）桃峰群眾齊發奮，

更叫我心情不安寧。

這件事都怨我把關不緊，

追根源資本主義是禍根。

損人利己難容忍，

包袱不能推友鄰。

革命原則不能損，

歪風邪氣要肅清。

有錯誤就必須堅決糾正，

帶回錢怎交待杏嶺的貧下中農。

眾　　：（盛情難卻地）支書……

青　蘭：話已說明，再不用推辭啦！（放錢）我們走啦！

（與三愛同下）

田大伯：支書，聽人說，這是杏嶺退了化肥的錢哪！

高建山：退了化肥的錢？！

〔沉思。

—— 幕

第五場

〔緊接前場。

〔杏嶺村頭。

〔幕啟：馬嘶聲，老六興沖沖牽大紅馬上。

老　六：（唱）牽紅馬心高興把山歌唱。

心添春色臉增光。

驟馬市賣了菊花青，

又買回大紅馬回山莊。

（數板）在過去人說我腳蹬拐杖不穩當，這一回辦下好事，幹部誇，社員贊，老六我準能受表揚；小名兒登上光榮榜。到那時，我跑運輸把鞭桿掌，公私兩利真便當。賺下現錢入大賬，撈下外快我口袋裡裝！

〔李永光氣沖沖地上。

老　　六：老隊長，我回來了。

李永光：（有氣地）你回來得正好，我正等著你哪！

老　　六：（意外地）啊！老隊長，你怎麼啦？

李永光：你給我說清楚，菊花青究竟是怎麼賣的？

老　　六：這……我拉上菊花青，走到騾馬市，正好碰到桃峰人……

李永光：（打斷話）你少囉嗦！簡單說，馬的病情你告訴買主了沒有？

老　　六：（語塞）……人家沒問呀！

李永光：馬不能幹重活，你跟人家說明了沒有？

老　　六：我……我打了個招呼。

李永光：你怎麼說的？

老　　六：我說……使用馬可得小心點。

李永光：（氣極）你你你！我叫你出去賣馬，誰叫你出去騙人？青蘭回來發現病馬賣到桃峰，硬是拿上買化肥的款上桃峰退錢贖馬去了。

老　　六：退錢贖馬？……

李永光：還不是你捅的漏子？把我的計畫全打亂啦！你呀，給我好好檢查！（揮手欲走）

老　　六：（攔）老隊長，別著急，你先看看咱買回來的大紅馬！

李永光：（打量紅馬）買這匹馬花了多少錢？

老　　六：賣了菊花青，一個子兒也沒有貼，又換回了這匹大紅馬。

李永光：（讚賞地）嗯，這匹馬挑得還不錯。

老　　六：（誇耀地）老隊長，這馬可是打著燈籠也難找啊！你看它 —— 膘肥肉滿毛色純，腿壯胸寬眼有神，一聲吼叫如雷震，

昂首揚蹄生煙塵。駕轅拉車把貨運，那真是（唱）

蹓蹕蹓蹕、輕輕快快來去似流星！

李永光：（暗自高興、但又批評）啊！你這是請功領賞來啦？
功是功，過是過，錯誤還要檢查。

老　六：（委屈地）唉！我賣馬少說一句話，其實也是爲了
咱杏嶺，我沒占集體一分便宜。你這次叫我買馬，我回來連口氣
都沒歇，撲撲騰騰連夜又趕到梨花溝。過去人家說我自私自利，
隊長你也批評過我，我算是清楚啦，大河有水小河滿，集體富了
也有我份兒嘛，我還能在你面前搗鬼？

李永光：嗯……你呀！

老　六：老隊長，買回這匹大紅馬，我攬下個運輸合同，（掏
合同）咱勤跑它幾趟運輸，那化肥款就能撈回來！

李永光：（接看合同）嗯，這倒是個辦法……

老　六：老隊長，你們幹部們合計一下，把我調到副業隊去
吧。

李永光：這事研究研究再說吧。

〔青蘭上。

青　蘭：老隊長！

李永光：啊，青蘭，你快來看看咱買回來的大紅馬！

（青蘭打量紅馬。）

老　六：青蘭，這是人家梨花溝牧馬場黨支部書記，爲了支
援咱們春耕，特地讓我在馬群裡挑出的一匹好馬，你看怎麼樣？

青　蘭：唔，是匹好馬。

李永光：（緊接）好馬！

老　六：（緊接）好馬！

（三人懷著不同心情贊馬）

青　蘭：（唱）細觀察果然是一匹好馬！

老　六：（唱）青蘭她誇紅馬把我喜煞。

李永光：（唱）手牽著大紅馬心中謀劃……

青　蘭：

李永光：（三人同時背唱）

老　六：

這時候正好需用它！

李永光：（背唱）杏嶺有了這匹馬，

再添輛膠皮車有辦法。

老　六：（背唱）賣了病馬換好馬，

搞副業跑跑運輸有錢花。

青　蘭：（背唱）桃峰眼下急需馬，

支援友隊用得著它。

〔三愛和社員群眾上，議論紅馬。

李永光：大夥來看看咱新買的大紅馬！

老　六：這是人家梨花溝牧馬場，爲了支援咱們搞好春耕，特地讓我從馬群裡挑出來的好馬！

眾　　：看人家梨花溝風格多高！

青　蘭：可是桃峰卻碰上了另一種人，受騙上當，買了一匹病馬，一匹死馬！

李永光：（一驚）啊！菊花青死啦？

青　蘭：死啦。（對老六）老六，這就是你騙人賣馬造成的惡果！

老　六：唉！我……（負疚地蹲下）

李永光：唉！這馬死了，問題更複雜了！青蘭，人家桃峰是什麼意見呀？

青　蘭：桃峰的同志們開始說馬還好好的，決定不退啦；等我知道馬死以後，把錢給他們留下，他們說什麼也不收。

李永光：不收？叫他們全部負擔損失，這也不合適？

青　蘭：人家不收，可咱們怎麼能推卸責任呢？當時，來不及跟你商量，把全部馬價硬給他們留下啦。

李永光：全部馬價？

青　蘭：老隊長，這個事故是因爲我們騙人賣馬造成的，我們應該承擔全部責任啊！

李永光：（略思片刻、牢騷地）唉！咱是啞巴吃黃連，有口難言哪！（橫心地）算了吧，就當病馬死在咱圈裡啦，這檔子事兒，總算了結啦！

青　蘭：不！錢雖然留下了，可事情還沒有了結！

李永光：

什麼？還沒有了結？

老　六：

青　蘭：對，桃峰本來缺少畜力，這馬一死，困難加大，會耽誤他們的春耕，影響水庫投工。老隊長，我們應當組織勞力畜力，去支援桃峰！

三　愛：說幹就幹，咱們就抽出這匹大紅馬去支援桃峰！

老　六：哎呀三愛，你年紀不大，口氣倒不小！馬死在桃峰，賠上全部馬價，這還不夠數啊！還要拉上大紅馬……

三　愛：你還說哩！還不是因爲你自私自利，騙人賣馬，才鬧下這檔子事！

李永光：（喝住）三愛！沒大沒小的，你說些什麼？！

青　蘭：老隊長，三愛的意見是對的，我們應當支持她！

李永光：不行！這大紅馬還要跑運輸，撈現錢，好補回損失！（拿出合同）你看，老六把運輸合同都訂回來了。

青　蘭：（接過合同對老六）你騙人賣掉病馬，又主動訂回合同，你究竟是什麼打算？

老　六：青蘭，賣病馬，我沒有把話說到；訂合同又沒有請示領導，是錯誤。不過，我可是一心爲了咱杏嶺集體打算啊！

青　蘭：照你這樣打算，就會算掉社會主義利益，算掉革命的全局！老六，你過去搞單幹，成天掐著指頭算，想個人發家致富，最後還是認了輸，加入了農業社；現在已經是人民公社了，如果再抱住私心打算盤，可要栽大跟頭啊！

老　六：這，這……（求助地）老隊長，你知道……

李永光：老六的事我都問清楚了，騙人賣馬不對，應該檢查；可給隊裡攬下運輸合同，趕快把肥款補回來，我看倒正是時候。

三　愛：爹，青蘭姐讓我到供銷社已經聯繫好了，化肥可以晚拉；眼下桃峰急需用馬，我們該去支援！

李永光：桃峰，桃峰，一口一個桃峰，就是不想咱杏嶺！

三　愛：杏嶺，杏嶺，你就只盯著杏嶺，真是眼光短淺！

李永光：（怒）啊，你說什麼？

青　蘭：老隊長，支援桃峰，關係著修建水庫這個百年大計，我們應該從全局考慮。

李永光：你就長不考慮，墊出化肥款，捅下的窟窿怎麼補。

青　蘭：老隊長，經濟上的窟窿我們能夠設法補上，可思想上有了漏洞，就會給資本主義大開方便之門，就會離開社會主義道路啊！

李永光：（大怒）啊，好啊！又是眼光短淺，又是思想漏洞……你們翅膀硬了，就來教訓我，告訴你們，要支援大紅馬，不行！

〔李永光怒沖沖下。

〔群眾有的表示不滿，眾議論紛紛。

老　六：青蘭，你看這咋辦吧？

三　愛：（對青蘭）咱不管我爹，乾脆拉去支援桃峰！

一群眾：對！

老　六：（欲言，不敢反駁，而表示不前）

青　蘭：不，老六，先把馬拉回圈裡去吧！

老　六：（意外高興地）哎（牽馬下）

三　愛：青蘭姐，你！……

青　蘭：大家冷靜地想一想，正當春耕大忙時節，正當水庫工程就要動工的時候，從賣病馬騙友隊，到跑運輸撈現錢，這是一股什麼風啊！

群　眾：是一股資本主義的妖風！

青　蘭：對！我們不要只看到一匹馬的問題，要看到走什麼路的大問題啊。

群　眾：（點頭）……

三　愛：青蘭姐你說怎麼辦吧！

青　蘭：支援桃峰，事關全局，天大困難，依靠群眾一定能解決！

三愛等：對，我們去找大家商量一下。

　　　〔眾下場，只留青蘭一人。

青　蘭：（沉思地）自發的資本主義傾向利用了本位主義，本位主義思想助長了自發的資本主義傾向，一匹馬的問題包含著一場嚴重的鬥爭啊！

（唱）一匹馬掀起風浪層層緊，

前後事，細思忖，看風向，心難平，前進中步步有鬥爭，我定要排干擾把路障掃清！

五年前我中學畢業返杏嶺，

老隊長趕車接我，一路同敘革命情。

他說是父老鄉親供我把書念，

貧下中農培養了第一代文化人；

他揮鞭笑盈盈，

話語格外親；

促膝談思想，

把手教耕耘；

鼓勵我為革命

建設新農村，

鬥爭中經風浪
紮根煉紅心。
到如今老隊長只顧杏嶺，
助長了自發勢力作浪興風；
置身在小天地方向不認，
怎能夠帶領群眾奔前程？
眼看他思想掉隊心焦慮，
青蘭我有責任幫助親人。
征途上共同向前不停頓，
堅定方向主義真。
公社化展現了燦爛前景，
一大二公破私心。
社社隊隊齊躍進，
一代新風育新人；
支援桃峰搶節令，
共同攜手並肩行；
人民公社第一春，
春耕一仗要打贏。
只盼水庫修建好，
要迎來春華秋實，五穀噴香，豐收歌兒遍山村！
〔信心百倍，充滿豪情地亮相。
〔三愛等群眾上。

三　愛：青蘭姐！

群眾甲：青蘭，剛才的事，鐵牛、三愛都告訴我們了。

群眾乙：老六的思想我知底，他要求到副業上跑運輸，是想撈外快！

三　愛：我們要堅決批判這種自發的資本主義傾向，決不能讓它自由氾濫！

群　眾：我們要快馬加鞭，提前完成春耕任務，抽出力量支援桃峰！

青　蘭：好啊，大家的意見很對。為支援友隊為水庫早日投工，咱們要：田間地頭搞批判，發動群眾搞春耕。

群　眾：頂著月亮當太陽，日夜奮戰煉紅心（亮相）

—— 幕

第六場

〔次日傍晚。

〔李永光家院內。

〔幕啓：李永光下地歸來，扛鐵鍬進院，掃掉身上塵土，欲進屋，老六追上。

老　六：老隊長，我實在不能幹了！

李永光：怎麼啦？

老　六：咳，還不是那馬的事吆！

（唱）

村裡的年青人貼出大字報，

說我是損害集體挖牆腳。

賣病馬訂合同是為集體好，

沒想到反倒惹下一身臊！

李永光：好啦，好啦，我知道啦。這兩天鬧得我也夠頭疼了，你先回去吧！

老　六：唉！老隊長！

（唱）

我老六受點委屈事還小，

其實是指著葫蘆說水瓢。

李永光：說什麼？

老　六：（接唱）

有人說你本位主義迷心竅，

不回頭要滑向邪路一條！

年青人八哥跟著畫眉叫，

這都是青蘭她點起的火苗苗。

李永光：（不滿地）哼！這般年青人就喜歡唱高調！

老　六：唉，說來說去，他們還是想逼著你支援大紅馬。老隊長，咱不能胳膊肘往外拐，你可要拿好主意呀！

李永光：（煩惱地）行啦，行啦！你快回去吧，我心中有數。

老　六：那……運輸還跑呀不跑？

李永光：（發火）你還有個完沒有？不跑啦！

〔生氣進裡屋。

〔老六洩氣地往回走；三愛上，相遇。

三　愛：老六，我們青年突擊隊搞夜戰，還要在地頭開批判會，青蘭姐說，要你參加。

老　六：開批判會？

三　愛：對。大夥都等你啦，快去吧（下）

老　六：（無奈地）好吧。

〔三愛取包欲下，青蘭上。

三　愛：青蘭姐，批判會安排好啦，老六也通知啦。

青　蘭：三愛，群眾發動起來了，又揭發了老六好些自發活動。你要讓大夥擺事實講道理，主要批判他的自發資本主義傾向。要耐心幫助他。

三　愛：好，我知道啦。（下）

〔李永光端燈從裡屋出。

青　蘭：大叔！今晚開支委會，研究這幾天的問題，請你做好準備。

李永光：（冷冷地）行呀，到時候我就去。

青　蘭：大叔，我想在開會前跟你談談心。

李永光：（不悅地）又是說馬的事吧？青蘭，我把話說在前頭，你要說馬的事，我就不聽。

青　蘭：好，我不說這個，咱說說安排生產的事吧。

李永光：……我今天一早不是都安排好了嗎？

青　蘭：幾個小隊都說，安排的活全幹完啦。

李永光：那就下種嘛。

青　蘭：也都種上啦。

李永光：（意外地）什麼？都種上啦？

青　蘭：是啊，都種上啦。

李永光：啊！幹得這樣快？真沒想到！要這樣，播種計畫能提前完成啊！

青　蘭：是啊，照這樣幹，……不用大紅馬，也能提前完成任務啊！

李永光：什麼？還是要說大紅馬？青蘭呀！你夠累的啦，快回家歇歇去吧！

青　蘭：老隊長！

（唱）青蘭我年輕經驗差，

哪點有錯你指撥。

李永光：（唱）你如今長成材心高意大，

我的話聽不進說也是白搭。

青　蘭：老隊長！

（唱）你飽經風霜年紀大，

為革命熬得兩鬢添白髮。

回頭看看走過的路，

你是咱杏嶺的好當家。

對工作你一向周密籌畫，

這一回還望你多把主意拿。

李永光：（唱）杏嶺的家業來得不容易，

一草一木我都珍惜它。

你卻是一個蘿蔔切兩下，

甜頭送別人，辣頭留給咱。

講風格要支援大紅馬，

盡叫我啞巴吃苦瓜。

青　蘭：（唱）爲支援國家工業化，

建設祖國要靠大家。

眼看著兄弟隊困難加大，

誤節令、難下種把人急煞。

李永光：（唱）你爲別隊把憂心掛，

卻不爲咱杏嶺錦上添花。

杏嶺的擔子壓在咱身上，

胳膊朝外怎能當好家？

青　蘭：（唱）站杏嶺應該要胸懷天下，

咱不能低頭只澆一枝花。

工作中要顧大局看方向，

位置擺錯就會把路走差。

李永光：（唱）咱說的是如何使用大紅馬，

你不要拿大話把天說塌！

青　蘭：（唱）爲用馬能看出道路分兩岔，

這是件大事情應該及時抓！

李永光：（生氣地）好嘛，那就興師動眾給我貼大字報好啦。

青　蘭：（懇切地）大叔，群眾貼出大字報，批判老六的自發傾向，給我們幹部也提了意見和要求，這是好事，我們應該歡迎。

李永光：（動怒）行啦，行啦，你是支書，我是隊長，這個家我能當一牛。不管怎麼說，要支援大紅馬，我堅決不同意！

青　蘭：我這不是跟你商量嗎？

李永光：沒什麼好商量。到支委會上我還是那句話：堅決不同意！（生氣地吹滅油燈，欲進裡屋）

青　蘭：（嚴肅有力地叫住）李永光同志！我們都是共產黨員，擔負著共同的責任，有了不同意見，應該根據毛主席的教導，統一認識，求得解決。你吹滅燈，撇我走，難道問題就解決了嗎？（深切地）大叔，我們不能迴避矛盾，放棄責任啊！

〔青蘭劃著火柴，李永光端過燈點著。

李永光：（背唱）

她一番話語難回辯，

莫非我考慮問題不周全？

青　蘭：（背唱）要點亮他心頭燈一盞，（從包內取出毛選）

毛主席的教導，定能解疑難。

〔後臺伴唱：

毛主席的教導，定能解疑難。

〔青蘭拿出李永光的老花鏡，拭去灰塵，深切地把毛選擺在桌上。

青　蘭：大叔，我們頭腦裡存在的問題，毛主席早就講到過。來，咱們共同學習毛主席著作。

〔李永光就坐桌前，戴上花鏡，翻開毛選。

李永光：（唱）這一頁……。

青　蘭：（背唱）

我紅筆圈藍筆點，

李永光：（從書中拿起一片紅葉）

（唱）她有意拿紅葉夾在裡邊。

青　蘭：（唱）但願他心領神會仔細看……

李永光：（念）"必須反對只顧自已不顧別人的本位主義傾

向……對別部、別地，別人漠不關心……

　　青　蘭：（接念）"就是這種本位主義者的特點，

　　李永光：（又念）"對於這樣的人，必須加重教育……如果發展下去，是很危險的。"

　　（自語）本位主義……危險……。

　　青　蘭：大叔，是很危險的。

　　李永光：（唱）這段話引起我思潮滾翻。

　〔後臺伴唱：

毛主席的話響耳邊，

猶如甘露灑心田。

　〔李永光激動仰望毛主席像，懇切招呼青蘭。

　〔後臺伴唱：

紅燈下兩輩人推心相見，

革命情如泉湧話語萬千。

　〔李永光拉青蘭坐下。

　　李永光：青蘭，毛主席的書，你比我讀得多，學得好，你給我好好講一講。

　　青　蘭：大叔，咱們是應該好好談談心啊！

　　李永光：好，我把心裡話都說給你聽，你好好幫助我。青蘭，自從你當了支書以後，杏嶺的生產又有了大發展。貧下中農看在眼裡，喜在心裡，希望你當好這個家。你也知道，咱杏嶺這份家業來的不容易啊！是老一輩風裡來雨裡去，流血流汗奪來的，是咱貧下中農一把力，一把汗換來的啊！這些天我看你大手大腳，總是為別人著想……說句心裡話，我是擔心你當不好杏嶺這個家啊！你說，我這個想法，是本位主義嗎？

　　青　蘭：大叔！

　　（唱）五年來你幫助我赤誠一片，

經常談心到三更天。

講過舊社會的剝削苦，
講過社會主義生活甜。
你帶頭辦起過初級農業社，
譏笑聲中譜新篇。
咱共同頂住過退社風，
迎來了合作化高潮展新顏。
為公為私兩條路，
兩條道路兩重天。
全靠毛主席指航線，
咱杏嶺才能有今天！
整黨後大家選我挑重擔，
你鼓勵我挑起重擔煉鐵肩。
接過班我更覺任重道遠，
常常是深夜沉思不成眠。
捧寶書默默念，
紅日升起在胸間。
讀寶書更使我方向明辨，
才懂得為誰當家為誰掌權。
—— 天下無產者，
命運緊相連。
階級委託重，
聽從黨召喚。
我一定要為無產階級接好班。
大叔啊！
你看那明月高懸把大地照遍，
小油燈只照這窯洞一間。
革命者要胸懷大局放眼看。
決不可守攤攤坐井觀天。

既要牆內杏花豔，

更盼牆外百花鮮。（拿出圖紙）

這張圖凝聚著人民的心願，

讓山區日新月異換新顏；

眼前是擺下一場攻堅戰，

社社隊隊要相互支援。

賣病馬把桃峰的計畫打亂，

影響了水庫投工非等閒。

咱為了千秋大業早實現，

我們要高瞻遠矚，胸懷坦蕩，

把社會主義光輝前程裝胸間。

李永光：（激動地）青蘭，你說的對，我完全同意，（感慨地）唉！我成天埋頭抓生產，想得不多，看得不遠哪！

（唱）

近年來我學習差眼光短淺，

老花鏡常有塵土蒙上邊。

總以為飽經風霜有經驗，

守攤攤想不到天外有天。

征途上無遠見，我停步不前。

青蘭啊！

從今後老少相幫互學互勉，

為革命幹到老學到老永遠向前！

〔三愛上。

三　愛：爹，青蘭姐，我們剛才開會批判了自發資本主義傾向，老六在會上作了檢查，認識了自己的錯誤，還交代了他準備要搞投機倒把的一些活動。

李永光：（一怔）啊，什麼活動？

三　愛：（拿出合同）他這個合同是通過他的一個投機倒把

的親戚，僞造證明騙來的。他們想借跑運輸爲名，倒販藥材到平川去高價出售。

李永光：（吃驚）啊呀，我可真沒想到呀！

〔老六上。

老　六：青蘭，老隊長，我犯了錯誤。我這個人就是私心重，差點叫我那個親戚拉進了泥坑。大夥幫助我，算是認清啦。這是損了集體肥了自己，是自發資本主義傾向呀！

青　蘭：老六，你思想上有了一點轉變，我們就肯定這一點，但根子不除掉還要舊病重犯！你要接受教訓啊！

老　六：對，我一定改正錯誤。

李永光：唉，我這個本位主義給資本主義開了後門啦！

青　蘭：大叔，本位主義、資本主義都是在一個私字上連著的：本位主義在頭腦裡當了家，資本主義就會來敲咱的門哪！

李永光：是呀，如果這樣發展下去，真是危險啊！

〔幾個小隊長相繼上場。

隊長甲：老隊長，我們二小隊連夜挑燈夜戰，把三天的活幹完啦！請你去檢查品質吧！

李永光：啊？你們任務完成得這麼快啊！

隊長乙：老隊長，我們小隊下種任務也完成啦，今天該幹什麼呀？

李永光：（興奮地）啊呀！你們也幹得這麼快呀！真是群眾的力量估不透啊！青蘭，我建議馬上召開支委會，爲了社會主義建設，爲了水庫早日動工，我們要儘快支援桃峰。乾脆，把留在桃峰的馬價款要回來，把新買的大紅馬送給桃峰！

老　六：我也去桃峰給人家賠情道歉！

眾　：這就對啦！

青　蘭：好！同志們，咱們組織支援突擊隊 ——

李永光：把大紅馬餵得飽飽的 ——

眾　　：—— 人馬齊備，

青　蘭：—— 三上桃峰

〔亮相。

—— 幕

第七場

〔次日清晨。去桃峰路上。

〔幕啓：旭日東昇，朝霞絢麗。

青　蘭：（內唱）

一路歌聲唱不斷……

〔馬嘶聲。永光拉馬，三愛引青年突擊隊隨青蘭上。

青　蘭：（接唱）

山山水水展新顏。

今天送去大紅馬，

眾　　：（齊唱）

越走越覺心裡甜。

〔眾圓場下。

高建山：（內唱）

翻山越嶺笑聲喧……

〔二虎等男女社員擔化肥隨高建山上。

高建山：（接唱）

山高路遠心相連。

買下化肥送杏嶺，

眾　　：（齊唱）

一片深情漫胸間。

〔眾舞，圓場。

〔馬嘶聲，青蘭等杏嶺人馬上，相遇。

青　蘭：老支書，我們領著人馬幫你們春耕來了。

高建山：青蘭，我們把你們留下的錢買下化肥正要給杏嶺進去。

李永光：老支書，請收下這匹大紅馬！

老　六：收下吧！

群　眾：收下吧！

高建山：（接馬）青蘭、老隊長，你們的階級深情，共產主義風格，對我們鼓舞太大啦！

青　蘭：二虎子，快拉大紅馬！

高建山：（唱）一代新風傳佳話，

青　蘭：（唱）公社陽光照萬家。

眾社員：（齊唱）

革命人身在山莊望天下，

全世界無產階級是一家。

青　蘭：（唱）團結戰鬥力量大，

眾　　：（齊唱）

共產主義凱歌響天涯。

── 幕落

劇　終

（選自《文藝戰線兩條路線鬥爭文獻和資料彙編 1942-1974》，

南充師範學院中文系，1974 年 2 月）

園 丁 之 歌

（湘劇）

長沙市碧湘街小學原作
長沙市文藝工作團改編
柳仲甫執筆

時間：現代，春天。

地點：鐵路附近一所小學。

人物：俞英，女，黨員，小學班主任。

　　　方覺，男，小學教師。

　　　小玲，女，紅小兵，學習組長。

　　　陶利，男，四年級學生。

佈景：台右是校辦公室，內設桌椅書架，室外一門通內，門側有個大花窗，台左是個大操坪，坪旁有條小石凳，花草鮮艷，楊柳青蔥，一派春景。遠處車站伴山而立，一列火車停在長長的鐵道上，升煙待發。

幕前合唱：百花園中花似錦，

　　　　　花紅要靠育花人，

　　　　　步履朝陽路，

　　　　　心貼工農兵，

　　　　　滴滴汗水花上澆，

　　　　　喜看來日滿園春。

〔幕在合唱聲中徐徐啓，噹噹噹的下課鈴聲響過，幕內一陣喧嘩。

（兒童們歡躍地唱著：《我愛北京天安門》，由近而遠。

（方覺捧試卷拿算盤、粉筆盒由內上，高興地望著遠去的學生。

方覺：（唱）幸福的兒童樂盈盈，

一路歡歌離校門，

抓緊時間把試卷看，

……

（坐下閱卷）一三得三，三九二七，對啦！（打鉤）對啦！（打鉤）全對啦！不錯，是棵好苗子。（換張翻閱）噢！陶利試題一個也沒做，又交張白卷。嗯！陶利呀陶利！

（接唱）辜負了老師們一片苦心。

（方覺生氣地把卷子甩一旁，另翻閱其他試卷。

〔俞英背挎包唱倒板豪邁地上。

俞英：（唱）踏歌聲邁健步回轉校園，

工人們千言萬語猶在耳邊。

黨派我下工廠深入實踐，

靠群眾同寫出教改新篇。

下水方識水深淺，

吃梨才知梨味甜。

教育革命任重而道遠，

征途上我應該快馬加鞭！（入辦公室）

方老師，還沒休息？（放挎包）

方覺：噢！班主任，你回得正好。

俞英：怎麼！又忙不過來？

方覺：是呀！你看作業沒有看完，試卷又來了，課還沒備好，加之有些學生又不聽話，真是……哎！家長們對我們的教改方案看法怎麼樣？

俞英：對我們鼓勵很大呀！都說改得好，方向對！

方覺：是嘛，經過無產階級文化大革命的鍛煉，老師們都走在毛主席的革命路線上，家長們還能不滿意麼？

俞英：不過我們的工作與工農兵的要求，還有很大的距離。

方覺：噢！

俞英：（遞筆記本）你看。

方覺：（接閱，念）

作業抓得好，思想引導少，

學生不好學，要把原因找，

人從心上育，水往根上澆……

俞英：工農兵的意見多麼中肯啊！這對我們教改工作是一個很大的促進呀！

方覺：我們的心又何嘗不與家長們一樣呢？但要做到每個家長都滿意，十個指頭一樣齊，那難啦！你看！（遞試卷）

俞英：（接卷閱）喔，陶利的考試卷！

方覺：不懂又不學，這樣的學生，你說怎麼辦？

俞英：哎！上次課堂提問不是比過去答得好多了麼？

方覺：你找他談話後，搞了兩天好的，現在又依然故我。

俞英：看來我們還沒有把這孩子的心摸透，水還沒有真正澆到根上……

（小玲捧一疊本子上。

小玲：俞老師，回來啦！方老師，作業本收來了。

俞英：小玲！

方覺：（清點作業本）怎麼？沒有陶利的。

小玲：他不會做。

方覺：不會做，只會玩！

俞英：小玲！他不會做，你們學習小組要多多幫助他嘛！

小玲：我去說明他，他說一上一，二上二，幾句現話懶學得，拿著小火車一溜煙跑啦！

方覺：這……這還像話嗎！小玲，你去告訴他今天不交出作業，明天不準進課堂！

小玲：方老師，又不準他進課堂呀？

方覺：對！並叫他把那些什麼火車模型統統交來。

小玲：那……

方覺：他不交，你就帶他到辦公室來。

小玲：……（猶豫地望著俞英）

俞英：小玲，你先去幫助他完成作業，要熱情啊！

小玲：好！（急下）

方覺：嗯！真淘氣！

俞英：方覺同志，停課，沒收，我看這不是解決問題的根本辦法。

方覺：我的老同學，你剛接手搞這個班，還不太熟悉情況，這學生頑皮搗蛋全班有名，不給以行政手段壓一壓不行啊！

俞英：當然，對學生給以適當的紀律約束是必要的。但是要轉變學生的思想，還是要根據學生的特點，從幫助教育入手，做耐心細緻的思想工作。

方覺：班主任同志。

（唱）為育陶利這棵苗，

我曾傷透腦筋你也把心操，

苦口婆心將他教，

到頭來稀泥糊壁越糊越糟。

俞英：（唱）須冷靜，莫心焦，

教好兒童非一朝。

陶利根正苗兒好，

怎說稀泥一團糟。

好花要靠園丁育，

你我共同努力把水澆。

方覺:努力努力,只怕是挑沙填海空費力。

俞英:不!只要我們育苗人澆水澆到了根子上,他一定會茁壯成長!

方覺:那……那就等著看吧!

俞英:等!那怎麼行?工作還得靠我們做嘛?走!我們一道找上門去(背挎包欲走)

方覺:找上門去?

俞英:對!請陶利的家長幫助我們。

方覺:……好吧!你先走,我還有一大堆作業試題要看,現在沒時間。

俞英:那,我就先走啦!(下)

方覺:唉!(無奈地將本子收好)不在講臺站,豈知教書難啦!(入內)

(陶利背書包執火車模型俏皮地在視窗窺望。

陶利:哎!老師都不在,到操坪試車去。

(唱)小火車,卡嚓卡,

爸爸愛它我愛它。

送旅客,上北京,

運貨物,到長沙。

越過大橋進隧道,

穿南走北樂哈哈。

(跳在石凳上模仿列車員)乘客們,一百零一次列車開車啦!前方是南京長江大橋,這是我國工人階級自力更生建築起來的,請同志們注意觀看。(一翻身跳下石凳試車)嗚!咪!卡嚓!卡嚓!……糟糕!輪盤滾壞了,這又怎麼開動呢?

(兩手搔頭,看見石凳上的書包,忽然靈機一動。)嘿!有辦法啦!把算盤粒拆下來,不是特好的輪盤嗎?

(陶利盤坐在石凳上拆算盤做輪盤。

（小玲邊喊陶利邊上。陶利聞聲忙離石凳隱躲一旁。

小玲：陶利！陶利！嗨！

（唱）陶利喊不應，

急壞我小玲，

一人掉了隊，

全班都關心。

小淘氣又跑到哪裡玩去了啊！（四望）陶利！陶利！

陶利：（搬弄火車）這傢伙連不聽話，這頭進去，那頭又出來了。

（小玲聽到陶利聲音，四處尋找。

小玲：喲！找了半天，他還在這裡……（輕步走近，跳上石凳大叫一聲）嘿！小淘氣！

陶利：（轉驚為喜）小玲！你快來給我幫個忙。

小玲：幫什麼忙？

陶利：上輪盤。

小玲：上輪盤？喔！你又在玩火車啦！

陶利：嗯！小玲，幫我上一上嘛！

小玲：你作業不做，我才不幫你上咧！

陶利：哎呀！蠻巧！你不願上算了，我找別人去！（欲下）

小玲：慢點！

陶利：做什麼？

小玲：交作業本！

陶利：今天沒有，明天交。

小玲：方老師講：今天不交呀！明天又不準你進課堂。

陶利：不進課堂，嘿！我還巴不得。好玩火車。

小玲：還要你交出火車！

陶利：交出火車？

小玲：嗯！看你還是交作業，還是交火車？

陶利：我都不交！不怕他專門照嚴了我。

小玲：真的不交？

陶利：真的不交！'

小玲：那……（心生一計）你就賠紅線球來。

陶利：賠紅線球？哎呀！這也要賠啊！

小玲：搞爛了別人的東西，當然要賠嘛！

陶利：那……買又買不到，小玲！你就莫要我賠算了吧！

小玲：不賠可以，有個條件你答應不？

陶利：答應，你講囉！

小玲：好，你聽！

（唱）快取紙和筆，

認真作習題，

作業按時交，

條件依不依？

陶利：習題我不會。

小玲：小玲告訴你。

陶利：水筆忘記帶。

小玲：你就用我的。

陶利：盤也沒有。

小玲：那……袋裡麼東西？

陶利：是個爛算盤。

小玲：點沒關係。

陶利：不行那不行！（欲開溜）

〔方老師急上與陶利撞個滿懷。

方覺：噢！又是你調皮。

陶利：我……

方覺：你的作業呢？

小玲：方老師，他還沒做好。

方覺：還沒做好？呃！你到底是來讀書的，還是來玩的？

陶利：來讀書的！

方覺：讀書爲什麼不做習題，考試交白卷呢？

陶利：我不會做！

方覺：人家都會，爲什麼你不會？

陶利：那天上課，你不準我進課堂，沒有聽課嗞！

小玲：（擔心地）陶利，你……

方覺：（氣急地）你，你，你呀！

（唱）提起此事我火就來，

你頑皮搗蛋太不該，

你不該身在課堂心在外，

鈴聲未響早離開；

你不該課本上面亂塗改，

叫你補課開小差；

你不該作業不做一旁甩，

專與老師唱對台。

許多同學都可愛，

唯有你不守紀律，不愛學習，不講禮貌鏽鐵不成材！

陶利：未必我盡缺點，連沒一點優點啦？

（小玲一旁拉衣角暗示陶利莫頂嘴。

方覺：噢！還講優點？嗯……（態度緩和地）陶利，我問你，讀書爲什麼？

陶利：爲革命。

方覺：玩火車呢？

陶利：也爲革命！

方覺：什麼！也爲革命？不對！小玲，你說。

小玲：俞老師講，玩火車是課餘的一種有益的活動。

方覺：也不對，這是不務正業，懶惰貪玩；懶惰貪玩，就是好逸惡勞；好逸惡勞，就是資產階級思想，所以，要好好讀書，不能喜愛這個。明白嗎？

陶利：那我爸爸也喜愛火車呀！

方覺：你爸爸那是送旅客運貨物。

陶利：嗯！（對小玲）我將來也可以送旅客運貨物！

〔小玲暗示他不要說。

方覺：像你這樣不愛學習，盡頑皮，將來還能當司機開火車？好啦！從今天起再不許玩火車了，趕快把習題做好交來。聽到嗎？

小玲：陶利，你不會做我告訴你，快把算盤拿出來吧！

（小玲幫他取出算盤，算盤子撒落滿地，火車模型亦掉地上。

陶利：小玲！你！要賠！要賠！

方覺：看你把算盤搞得七零八落，還好意思要別人賠呢！

（小玲闖了禍，忙蹲下拾算盤子。

（陶利將火車模型偷偷拾起，被方老師發覺。

方覺：噢！你那是什麼？給我看看！

陶利：（旁白）給他看，就會沒收我的。

方覺：拿來吧！

陶利：（旁白）不要緊，沒收一個，哼，我還有一個。（無奈交出）

方覺：（接著）火車，哎！輪盤全是算盤子做的噠！

〔陶利趁方老師觀看火車模型，從書包內取出另一個，跳上石凳。

陶利：一百零一次列車開車啦！嗚……

〔方覺近前去抓，陶利急跑，方手中留下一粒鈕扣。

方覺：陶利！掉了扣子！

小玲：陶利！陶利！（急追下）

方覺：哼，到底糊不上壁（氣憤地把火車模型往地上一甩，氣沖沖地坐在石凳上。）

〔俞老師上，火車模型正掉在她腳旁。

俞英：噢！（見方老師轉驚爲笑，拾起火車模型，走向跟前）方老師，又什麼事生氣啦？

方覺：看！把算盤拆了做車輪，奇聞不奇聞！

俞英：啊！是不是陶利又闖禍了！

方覺：只有他才有這種獨創嘛！

俞英：方老師，光恨鐵是成不了鋼的，還得要耐心教育啊！

方覺：他習題不做，考試交白卷的時候，你對我說要耐心，他在書本上畫火車的時候，你對我說要耐心，現在他發展到拆算盤做車輪，你……

俞英：還是要耐心。

方覺：可是事實與你的願望完全相反，越和泥越稀，越來越頑皮，你看（遞扣子）

俞英：（接扣子）扣子！

方覺：簡直像頭小野牛，捉都捉不住。

俞英：這說明我們還要不斷提高思想水準，改進教育方法。

方覺：喔！照你這樣說，責任還在我們囉！

俞英：學生沒有教好，老師當然有責任啦！陶利這孩子還是肯動腦筋的。

方覺：什麼！算術打零分，還肯動腦筋啦？

俞英：同志，對任何事物都要一分爲二嘛！

（唱）園中楊柳綠茵茵，

青枝翠葉也有害蟲侵。

陶利好似園中柳，

縱有缺陷樹猶青。

拾金不昧品德好，

熱愛勞動立志當工人。

（取小火車）

你看這小小火車多靈巧，

不動腦筋怎做成。

方覺：火車雖好離了軌，

俞英：關鍵就在引路人。

方覺：你引東來他西跑，

豈不徒勞枉費心。

（方不耐煩地入室批作業，俞英緩步近前。

俞英：（親切地）方覺同志，我們都是在黨和毛主席培育下成長起來的人民教師，黨支部一再強調對學生要加強正面積極教育。黨信任我們，人民群眾擁護我們，我們一定要以滿腔熱情，高度負責的革命精神把孩子們教好，才不辜負黨和人民的期望！

方覺：呀！我的老同學，我何嘗不是這樣想，總希望這塊鐵能變成一塊好鋼，可是滿腔希望，卻成了泡影。唉！失望啦，太失望啦！

俞英：溫度升高，爐紅火旺，不就變成鋼了嗎？

方覺：難道我們對陶利還不夠溫暖嗎？

俞英：溫度不高。

方覺：噢！溫度還不高？

俞英：是呀！你還記得嗎？從前我們讀書時，在那修正主義教育路線影響下，那些資產階級權威，對我們勞動人民子弟是何等的歧視呀！時而罵我們蠢，時而嫌我們髒，不是懲罰，就是退學，千方百計地排斥我們，那時候你的反抗精神也很強啦，結果一期書未念完竟被他們趕出了學校門。方覺同志，現在我們可不能把他們那一套管卡壓的手段用來對待我們的階級兄弟啊！

方覺：我是一心想把工農子弟教好，出發點不同呀！

俞英：出發點雖不同，但與正面啓發教育卻是背道而馳的。

方覺：啓發啓發，啓而不發。

俞英：不是啓而不發，而是我們感情不深，啓不得法。

方覺：什麼！感情不深，啓不得法……好嘛，那陶利這孩子就請你這感情深、啓得法的老師去啓吧！（欲衝走）

俞英：方老師……

方覺：班主任同志，幾班學生的課要備，作業要看，我不能把精力放在他一個學生身上！

（急衝走）

俞英：方覺！方覺同志！

（唱）望老方氣沖沖走出校門，

不由我思潮滾滾起伏難平。

難道是我對方覺態度生硬，

莫非我做工作缺乏耐心。

（沉思）

（樂奏幕前曲。

百花園中花似錦，

花紅要靠育花人……

（白）毛主席講得多好呵！"教改的問題，主要是教員問題。"

（唱）一輪紅日心頭升，

志更堅來眼更明。

莫道校園風煙淨，

征途處處有鬥爭。

說什麼稀泥糊壁白費勁，

說什麼不卡不壓難教好學生。

分明是資產階級教育的餘毒未盡，

分明是對工農子弟感情不深，

方覺他方向不明迷路徑，

俞英我幫助戰友應熱忱，

朝陽路上一道向前進！

同灑熱汗澆灌滿園春，

看明朝桃紅李熟一派豐收景，

陽光下一代新人在長成，

一個個生龍活虎，德才兼備，能文能武有本領，

奔向那工廠農村邊疆海岸充當建設祖國的生力軍！

人民教師肩負著黨的重任，

為革命育新苗我滿腔豪情。

〔俞持算盤小火車正欲出門。

〔陶利持火車上。

陶利：（念）爸爸叫我回學校向老師作檢討，我……

（陶利在門外徘徊，俞老師出門對面相遇。

俞英：哎！陶利，你怎麼在這裡？快進來，我正要找你。

陶利：俞老師，我……（旁白）方老師不在，不要緊。（入門）

俞英：陶利，看你衣服敞開，像個好學生嗎？

陶利：剛才把扣子搞掉了。

俞英：脫下來，我幫你釘好。

陶利：俞老師，還沒扣子嗤！

俞英：有！（取出扣子）你看！

陶利：嘿！一個樣，特好的。

俞英：這就是你的扣子。

陶利：喔！（脫下衣服給俞。旁白）俞老師呀就是好！掉了扣子還幫我釘，要是方老師，嗯！

俞英：陶利，釘好了。快穿上！（遞衣）

陶利：謝謝老師！（穿衣）

俞英：以後衣服一定要穿整齊，不要敞開呵！

陶利：嗯！

俞英：（看見陶利的小火車）陶利！你還有個小火車！

陶利：（忙把火車藏到背後）我……

俞英：來來！我同你一起來開火車！好不好！

陶利：（旁白）她同我玩，莫是也想沒收我的？

（轉對俞）俞老師，我現在不想玩。

俞英：噢！你這個火車迷還有不想玩火車的？是怕沒收吧！放心，不沒收！

陶利：真的？

俞英：當然真的！

陶利：好！（高興地拿出火車）還沒有盤噠？

〔方老師搬一疊本子上，見此情景，故意不前。

俞英：幫你想個辦法！（從抽屜內取出線它木芯，同陶利一起做火車）

方覺：（旁白）什麼？還幫他做火車，這樣去澆水，只怕會長上天啊！（欲喊又止）慢點！看看她這台戲究竟怎麼個演法？

俞英：（裝好火車）你看！這小火車配這輪盤,行不行？

陶利：（接過大喜）特好的！

俞英：是嘛！你怎麼把算盤隨意拆爛呢？

陶利：我……

俞英：算盤是學習用具，工人叔叔做出來是給你們學習用的。要好好愛惜，知道嗎？

陶利：知道。俞老師，以後我再不拆了。

方覺：（旁白）我這裡收，她那裡送，真是……

陶利：一百零一次列車出站啦！嗚……（轉身欲走）

方覺：（旁白）你看！你看！

俞英：司機同志，你那一百零一次列車準備裝運什麼？

陶利：裝運……大米、灰麵。

俞英：開到哪裡去？

陶利：支援越南人民打美帝！

俞英：好！司機同志！

陶利：到！

俞英：現在有一車援外物資，由起點到終點相距二千五百二十公里，每小時的行車速度是六十公里，要走多少個小時才能運到終點？

陶利：那……我不管，只管開車。

俞英：只管開車？那還行！你看（指鐵路）

（唱）鐵道一條兩頭通，

車來車往沒住停，

一旦時間錯分秒，

兩車相撞大禍臨。

援外物資誤了點，

影響前線事非輕，

時間就是行車令，

（插話）司機同志（遞算盤給陶利）

休再遲疑快算清。

（陶利無奈地接過算盤。）

陶利：（邊算邊唱）

六二三餘二，

逢六進一零，

六，六……

左算右算算不對，

急得我臉上發燒汗直淋。

方覺：（旁唱）順水推舟因勢利導，

這瓢水總算澆到了根。

俞英：計算不出，是嗎？

陶利：嗯！

俞英：看你多少小時能把援外物資運到，還不會計算，怎麼能當司機開火車呵！

陶利：那……我爸爸過去沒進過學堂門也能開車呀！

俞英：你爸爸？……陶利！你知道你爸爸學開車受過多少欺壓，吃過多少苦頭呵！

（唱）舊社會遍地豺狼把道擋，

窮苦人呵！欺凌受盡苦飽嘗。

那一年，你祖父盼兒成長，

托保人借來錢送你爹爹進學堂。

誰知剛剛把學上，

地主要債進門房。

他手中算盤敲得嘀噠響，

利滾利，息上息，三塊錢要還他三十塊大洋。

你爹爹書未讀成反欠一筆閻王賬，

一氣之下離鄉背井走他方。

鐵路上當童工挨過多少鞭和棒，

憑死記靠硬背才學會開車這一行。

陶利：哼！狗地主、狗官僚最壞啦！

方覺：（旁唱）血淚仇激起我胸間翻巨浪，

俞英：階級恨一定要永遠記心房。

方覺：她那裡循循善誘方法得當，

我這裡細思量羞愧一旁。

俞英：看今朝勞動人民得解放，

一排排一隊隊歡天喜地喜地歡天走進課堂。

你爹爹多年的心願今已償，

為革命讀書意志如鋼。

摘掉文盲帽，

又學寫文章。

陶利：（插白）嗯！馬列的書啦！毛主席的書啦！……還有科技的書啦！呵呀呀！

（唱）堆起堆起一大箱。

俞英：（白）就是呀！那你爲什麼只學爸爸開車，不學爸爸學文化，認真讀馬列的書，讀毛主席的書呢？

陶利：我……

俞英：陶利呀！你爸爸過去開的是蒸汽機車，現在開的是內燃機車、電氣機車，將來呀！還要發展到比這更先進、更科學的機車，沒有高度的文化知識，又怎麼能掌握先進的科學技術呢？你看！

（唱）祖國一派新氣象，

萬里山河換新裝，

城鄉機器隆隆響，

衛星飛上銀河旁。

望前程，革命道路多寬廣，

看未來，普天之下紅旗飄揚。

革命的班要靠你們來接上，

偉大的祖國要靠你們建設得更富強。

你是甜水裡生來紅旗下長，

鮮花沐浴著雨露陽光。

縱然你胸懷著美好理想，

沒文化怎能把革命重擔來承擔。

陶利：呵！不要辜負了黨的期望，

要爲無產階級爭榮光。

陶利：（省悟地）俞老師，我……一定聽你的話。

俞英：不！要聽毛主席的話，好好學習，天天向上！

陶利：聽毛主席的話，好好學習，天天向上。俞老師，我請小玲告訴我做習題去！

俞英：來，我告訴你做。

方覺：（勇敢地站出來）不，我來告訴你做！

俞、陶：（同驚）方老師，你……

方覺：俞英同志，你說得對，不是學生啓而不發，而是我對工農子弟感情不深，啓不得法，你剛才的言行，是我坐在辦公室裡得不到的，我要好好向你學習！

俞英：不，我們都要好好向工農兵學習，向我們教育的物件 —— 學生學習！

方覺：對，要做好先生，首先要做好學生。陶利！我過去對你看法不正確，沒有盡到老師的責任，今天，這堂課應該由我補上。

俞英（風趣地）老師主動求教，學生主動求學，這好嘛。

（小玲急喊上。

小玲：淘氣！淘氣！

陶利：哎！

小玲：紅小兵都到齊了，大家幫助你做習題，快走唄！

陶利：好！小玲，莫叫我的小名，叫我陶利吧！以後我再也不淘氣啦！

小玲：噢？

陶利：我要爲毛主席爭光！爲工人階級爭氣！

小玲：陶利！你？

方覺：陶利進步啦！

小玲：呵！歡迎！歡迎！歡迎陶利進步了！

俞英：不！我們還只是起步……

（燈光更亮，遠處火車飛馳，汽笛長鳴。

看！列車在不停地飛奔，革命的道路還很長呵！讓我們師生一道登上這時代的列車，沿著毛主席革命路線

四人齊不斷前進！永遠前進！

（園中花苞一齊開放，樂奏幕前曲。

（幕在樂曲聲中徐徐而落。

—— 劇終

（人民文學出版社 1976 年出版）

閃閃的紅星

（電影文學劇本）

集體編劇，王願堅、陸柱國執筆
根據李心田同名小說改編

第一章

蒼茫的遠山，雲遮霧罩。山埡口上，衣不蔽體的潘冬子，正在奮力砍柴。刀光閃閃，柴屑飛濺。

深沉有力的旁白 ── 已是中年的潘冬子，滿懷激情地回憶起自己戰鬥的童年："每個人都有自己的童年。我的童年，是在階級壓迫的苦水裡開始、在階級鬥爭的烈火裡度過的。那已經是四十多年以前的事了。……"

一把雪亮的柴刀，迎著晨光，高高舉起，又迅猛劈下。一枝胳膊粗細的枯樹枝，在柴刀下清脆地折斷了。

遠處隱約傳來稀疏的槍炮聲。

小冬子停住了手，昂頭凝望著遠處的群山，靜聽著振奮人心的槍炮聲，嘴角上不禁浮泛起笑意。

渾厚有力的旁白："疾風驟雨的一九三一年，當時我才七歲。那年，聽大人說，共產黨、毛主席領導的中國工農紅軍已經到了南山，鬧起了革命，就要到我們這邊來啦。"

槍炮聲漸緊。

　　小冬子縱身一躍，跳到山路邊，興奮地叫了聲："椿伢子！"

　　"哎──"椿伢子提著柴刀，從一塊山石後面跳出來。

　　小冬子朝著遠處的群山一指："你聽，近啦！興許今天就能打到咱們這兒。"

　　"那可太好啦！"椿伢子豎起大拇指一晃，湊到小冬子身邊："冬子，你說他們爲什麼叫'紅軍'？紅軍是紅的嗎？"

　　"這……"小冬子眼球兒一轉，答道："聽我爸爸說，他們帽子上都有一顆紅星……"他說不下去了，把手一揮，"嗨，反正是鬧革命的唄，革土豪老財的命，革胡漢三那老狗的命，幫咱們窮人翻身出氣……"

　　椿伢子："紅軍來了就好啦，我家欠的租穀也不用繳啦！"

　　小冬子的話停住了。只見潘行義正急匆匆地向山上走來。

　　小冬子好奇地瞅著爸爸，問道："爸爸，你到哪兒去？"

　　潘行義："大人的事，小孩子家莫問。"

　　小冬子撅起嘴，隨即又神秘地做了個鬼臉："哼，你不告訴我，我也知道。"他扯住爸爸的衣襟，悄聲地問道："爸爸，你是去接紅軍的吧？紅軍什麼時候來？"

　　"莫問嘛，以後你們就知道啦！"潘行義揚起袖子愛撫地擦了擦冬子臉上的汗水，然後攬住兩個孩子的肩膀，低聲囑咐道："砍完了柴，早點回家。"說罷，又急匆匆向著槍炮聲傳來的方向走去。

　　一線陽光，穿透烏雲，照射在小冬子的身旁。兩個小夥伴並肩站著，望著潘行義那漸漸遠去的背影。

　　椿伢子猜測地："你爸爸是請紅軍去了吧？"

　　冬子默默地點點頭，神往地："紅軍快來吧！紅軍一來，抓住大土豪胡漢三，哼！……"他掄起柴刀，猛地砍到一根樹叉上。

　　槍炮聲響得更緊了。

　　傍晚，柳溪村頭的山路上，小冬子和椿伢子每人挑一擔柴禾，說說笑笑地走下山來。

突然，椿伢子停住了腳，碰了碰自己的夥伴："冬子，快看。"

小冬子向村內望去，一種憎惡的表情，頓時浮現在他的臉上。

柳溪村內，大土豪胡漢三家的大門前，人喊狗叫，亂成了一團：幾輛雞公車、十幾副挑子已經陸續起身；門裡門外家丁們還在你推我擠，手忙腳亂地搬著箱籠細軟。

兩個狗腿子抬著一個紅漆木櫃，吆吆喝喝地撞出門來。為頭的被挑擔的繩子絆了一下，噗地摔倒了，櫃子正撞在一根拴馬椿上，"嘩"地一聲蓋子開了，花花綠綠的衣服倒了出來，銀元首飾撒了一地，各種券契隨風飄散。……

篷車裡傳出女人們惡狠狠的叫罵聲。

大土豪胡漢三命令身後的狗腿子："……這個窮小子能跑到哪裡去？帶上人，給我滿村裡搜！"

那個身背短槍、手提麻繩的狗腿子，神色倉皇地挨近胡漢三："老爺，還是快點走吧，萬一他們打過來……"

"慌什麼？！就是走，也得把潘行義抓到！"胡漢三惡狠狠地揮舞著手裡的馬鞭子，"知道不，這潘行義和他那個秘密農會，就是紅軍的根，紅軍的芽！……"

狗腿子抬手一指："那就是潘行義的兒子。"

胡漢三停住了嘴，兇狠地朝著路口望去。

小冬子和椿伢子兩個小夥伴歡快地走進村來。

胡漢三叉開雙腿，攔住了兩個小孩子的去路。

小冬子把椿伢子撥到身後，橫挑柴擔，挺身向前，毫不畏懼地盯住了胡漢三。

胡漢三逼近一步："你爹到哪裡去了？"

冬子："不知道。"

胡漢三揚起了皮鞭："哼！我看你知道不知道！"

就在皮鞭將要落下的一瞬間，冬子略一側身，把柴擔往前一掄，柴捆猛地砸到胡漢三的臉上。

胡漢三被撞得踉踉蹌蹌，那張豬肝似的大臉上，劃出了條條血印。

胡漢三捂著臉頰，氣急敗壞地："給，給我吊起來！"

椿伢子機靈地放下柴擔，撒腿向村裡奔去。

小冬子被吊在那棵粗大、枯乾的樟樹枝上。他依然昂首挺胸，對胡漢三怒目而視。

胡漢三："說，你爹到哪兒去了？"

小冬子不服氣地："呸！"

胡漢三把皮鞭擲在地下："往死裡打！"

狗腿子揮鞭打下。

小冬子滿腔怒火，咬緊牙關。

胡漢三猙獰的面孔，帶著風聲的皮鞭，輪番交替出現。

"冬子——"隨著喊聲，冬子的母親由椿伢子和宋大爹陪伴著快步跑來。在他們身後是匆匆趕來的男女群眾。

小冬子看著母親："媽媽！"

"冬子！"母親叫著撲到孩子身邊，痛惜地在孩子身上撫摸著。

皮鞭落在母親身上。母親身子一震，霍地轉回身來。面對著胡漢三，她變得又大膽、又剛強。她伸手抓住鞭梢，一下子奪了過來："憑什麼打人？"

在她背後響起了群眾的喊聲："不許打人！"

憤怒的群眾擁向前來。胡漢三驚愕地連連後退："紅軍還沒有來，你們就要造反！告訴你們，只要我還在這兒，這兒就得姓胡！……"

槍聲驟起。

遠處有人喊："紅軍來了！"

胡漢三和狗腿子們倉皇奔逃。胡家那條雜毛狗，也急忙夾起尾巴，溜進門去。

"紅軍來了！"喊聲驚天動地。

小冬子神情振奮地抬起頭來。

一面鮮豔的紅旗，迎風飄舞。

紅旗後面，一隊紅軍在潘行義嚮導下，衝了過來。紅軍幹部吳修竹腰插駁殼槍、揮動大刀衝在最前面。

小冬子又驚又喜地望著。

吳修竹快步奔到小冬子身邊，一手托住了小冬子的身軀，一手揮刀斬斷了繩索。接著，彎下身來，動手給他解綁。

小冬子向著潘行義："爸爸！"

潘行義："孩子，記住，是毛主席的隊伍救了你！"

"毛主席！……"母親深情地喃喃自語。

小冬子轉身撲在吳修竹懷裡："紅軍叔叔！"

吳修竹輕撫著小冬子臉上的鞭痕。

小冬子熱淚盈眶，望著吳修竹。

吳修竹英俊的面孔。

吳修竹八角帽上的紅星閃閃發光。

《閃閃的紅星》歌聲起：

紅星閃閃放光彩，

紅星燦燦暖胸懷，

紅星是咱工農的心，

黨的光輝照萬代。……

歌聲中，閃閃發光的紅星化為一塊木牌上的紅星。木牌上寫著："柳溪鄉工農民主政府"。

四鄉的群眾正湧在胡漢三家大門前，興高采烈地歡慶工農民主政府的成立。

小冬子的母親用心地給木牌披上了彩綢。

吳修竹和潘行義把木牌高高舉起，掛在大門邊上的一隻桃形大鐵釘上。兩人仔細地端詳了一番，相視一笑，向大門裡走去。

　　大門口，用松柏樹枝和映山紅花搭起高大的彩門，彩門上掛著紅燈和巨幅對聯：“永遠跟著共產黨，紅色江山萬萬年。”

　　小冬子用竹竿挑著一長串鞭炮。他的小夥伴椿伢子用香頭把鞭炮點燃。

　　爆響的鞭炮在揮舞著彩旗的人群上空擺動。

　　五顏六色的紙屑，飄落到母親的新衣上。母親和幾個婦女看著木牌，開心地微笑著。

　　五顏六色的紙屑，飄落到正在擊鼓的老篾匠 —— 宋大爹的頭帕上、圍裙上、鬍子上。老人的鼓點敲得更歡了。

　　爆響的鞭炮在歡樂的人群上空擺動。

　　鞭炮化成一盞又紅又亮的五星花燈。

　　提燈遊行大會的行列正走過胡家大院門前。隊伍的最前面，小冬子和椿伢子高擎著一對五星紅燈爲前導。紅彤彤的燈光映著竹竿挑起的大幅標語：“慶祝工農民主政府成立！”“打土豪，分田地！”“紅色政權萬歲！”

　　歡樂的人群裡，金魚燈、兔兒燈、白菜燈……各式各樣的花燈交相輝映。

　　赤衛隊長潘行義率領著幾個手持紅纓槍的赤衛隊員，押著大土豪胡漢三走過。群眾舉起拳頭，高呼口號。胡漢三驚懼地低下了頭。

　　提著花燈、擎著火把的遊行隊伍，來到了村邊的打穀場上。場上更加熱鬧起來。

　　場邊高聳的土樓前面，一盞“跑馬燈”正在緩緩旋轉。燈上，映出紅軍作戰的圖像。

　　吳修竹抱著小冬子。小冬子高興地看著。

　　早晨。小小的院落，撒滿了朝陽的光輝。那盞大紅五星花燈掛在窗前，披著陽光，在春風裡飄來蕩去。

院子裡，潘行義揮著柴刀在砍削一根小紅纓槍的槍桿，砍幾刀，拿起槍頭比量著。

房門前，小冬子的母親正精心地繡著一個"兒童團"的大紅袖標，紅布的反光映紅了她愉快的面頰。

潘行義剛把槍頭安好，小冬子連蹦帶跳地跑進院來。他叫著"媽媽"，撲向爸爸。

小冬子一把把紅纓槍搶到手："爸爸，是給我做的？"

潘行義："成了兒童團員啦，就得武裝起來呀！"

小冬子眼饞地望著倚在門邊的那支"漢陽造"步槍。"兒童團也不如你們赤衛隊呀，使鋼槍！"

潘行義："武器不一樣，可任務是一樣呀，都要消滅敵人、保衛紅色政權！"

潘行義鄭重地把紅纓槍交給了小冬子："去，上學去吧！"

母親拿著書包、書本和兒童團的袖標、紅領帶，從房裡走出來。她把孩子拉到跟前，幫他戴上袖標，系好了紅領帶，又把兩個染紅的雞蛋裝進他的口袋，順手給他背上了書包，然後喜孜孜地端詳著。

小冬子接過那冊嶄新的《列寧小學課本》，喜愛地望著課本封面上那顆鮮豔的紅星。

小冬子把書本貼在胸前，扛起小紅纓槍，歡跳著走出門去。

父親和母親倚門微笑，目送著小冬子走上開滿映山紅的山坡，走進花叢的深處。

傍晚。村外山道。

小冬子和椿伢子兩個兒童團員，還有兩個年齡更小的小學生，背著書包，扛著紅纓槍，唱著歌，蹦蹦跳跳地走來：

打倒列強，

倒列強；

除軍閥，

除軍閥；

民主革命成功，

民主革命成功；

齊歡唱，

齊歡唱。

打倒土豪，

打倒土豪；

分田地，

分田地；

工農團結起來，

工農團結起來；

齊奮鬥，

齊奮鬥。

小冬子：“喂，椿伢子，咱們玩‘打土豪’怎麼樣？”

椿伢子先發制人地：“你當‘土豪’，把你拴起來遊鄉。”

小冬子搖搖頭：“我不幹！”

一個小學生爲難地：“那……誰當土豪呀？”

小冬子：“誰胖誰當‘土豪’！”

兩個小學生齊聲喊：“椿伢子！”

椿伢子指著自己的鼻子，調皮地：“我當土豪？叫我當壞蛋？ ── 我才不幹呢！”扭身撒腿就跑。

兩個小學生：“‘土豪’跑了！追呀！”

小冬子指揮著：“快，你們倆從這邊追，我從那邊繞過去。”端起紅纓槍穿林追去。

兩個小學生：“追呀！”

椿伢子在跑。小冬子在樹叢中穿過。

昏暗的暮色中，一個人正鬼鬼祟祟地從山上樹叢中鑽出來。

小冬子吆喝：“截住他！截住他！別讓‘土豪’跑了！”

那個人聞聲大驚。原來這人正是大土豪胡漢三。他看清迎面跑來的小冬子，小冬子也認出了胡漢三。

胡漢三驚慌失措，喪家犬似的向樹叢中逃去。

小冬子緊追了幾步，隨即將紅纓槍朝胡漢三擲去。鋒利的紅纓槍剁進了胡漢三身邊的一棵樹幹上。胡漢三一驚，被樹根絆倒了。

小冬子奮不顧身地撲上去，一把揪住了胡漢三。

胡漢三轉身推小冬子。小冬子一口咬住了他的右手。

胡漢三想用力掙脫。

小冬子咬住不放。

兩個小學生追趕椿伢子，在林中邊跑邊喊，漸漸跑近。

胡漢三猛地一甩，小冬子摔倒了。胡漢三爬起身，朝小冬子踢了兩腳，看了一下被咬傷的手，連滾帶爬地向叢林深處鑽去。

椿伢子和兩個小學生撲到小冬子身邊："冬子！冬子！"

小冬子慢慢地睜開眼睛："快！胡漢三跑啦！"

第二章

黎明，炮聲隆隆。

小冬子扛著紅纓槍，站在村外一座小橋上。晨光鮮明地映襯出他那峭拔的身影。

小冬子迎著曙光走向橋頭。橋上，支前的隊伍來來往往。

溪邊，母親和幾個婦女正在洗繃帶。

渾厚有力的旁白："老奸巨滑的胡漢三跑掉了。一九三三年十月，當國民黨集中百萬大兵，對我們革命根據地發動第五次'圍剿'的時候，這條惡狼又尾隨著他的主子，對紅色根據地的人民進行了瘋狂的反撲！"

炮聲中夾雜著槍聲。

　　小冬子俯在橋邊，向母親叫道：“媽媽，你聽，這一槍準是我爸爸放的！”

　　母親笑而不答。

　　小冬子：“媽媽，你聽見沒有？多脆！”

　　母親故意地：“我聽不出來。好好放你的哨去吧！”

　　小冬子走回橋頭。

　　椿伢子迎面跑來，上氣不接下氣地：“打，打死了！……”

　　小冬子高興地：“胡漢三？”

　　椿伢子：“比，比，比他大！”

　　小冬子：“什麼東西？”

　　椿伢子：“一個團長。中央軍的。”

　　小冬子：“誰打死的？”

　　“咱柳溪赤衛隊唄！”椿伢子自豪地豎起大拇指：“聽說你爸爸帶著赤衛隊配合主力紅軍在虎頭塇頂了三天，上級誇咱們是這個！”

　　小冬子高興地向著橋下喊：“聽見沒有？咱柳溪赤衛隊打勝仗啦！”

　　一位婦女笑著對母親說：“冬子媽，前方打了勝仗，你們家的功臣該回來，快給人家做點好吃的吧！”

　　母親笑了笑。

　　宋大爹匆忙走來：“冬子媽！”

　　“宋大爹！”母親不安地站起。

　　宋大爹在母親耳旁低聲說著什麼。

　　小冬子注視著。

　　母親擰乾繃帶，放進竹籃，提起來，快步向村裡走去。

　　椿伢子小聲地；“你們家出啥事了？還不快去看看？”

　　小冬子把紅纓槍交給椿伢子：“你替我站一會兒。”

　　椿伢子：“哎！”

小冬子向母親追去。

村內。人來人往，熙熙攘攘。抬擔架的、送飯的、運輸彈藥的，繁忙異常。

小冬子隨著母親，從人叢裡經過，走進胡家大院的大門。

室內。臨時手術室。

架起的門板上，躺著潘行義。他一見冬子娘兒倆進來，便折身坐起。

母親："傷哪兒了？"

"這兒！" 潘行義把右腿向上搬了搬，微微一笑，"不要緊，沒傷到筋骨。"

小冬子看見父親的褲腿被血浸透，欲哭。

潘行義瞪了兒子一眼："兒童團員，還興哭鼻子？打仗嘛，哪能不流血？！"

小冬子連忙揩去了眼淚，偎依在母親身邊。

軍醫進來了。他摸著潘行義的傷口："潘隊長，這顆子彈得取出來呀！"

潘行義："取嘛，留在裡頭又不能生崽！"

女護士拿著個小藥瓶，在軍醫耳邊說："就剩這一針了！"

潘行義問："什麼？"

軍醫："麻藥！"

潘行義一笑："我用不著這個！……"

小冬子一怔。潘行義的聲音："……麻藥留給重傷患，留給最需要的同志。"

小冬子看著父親的臉，思索著話裡的意思。

軍醫："潘隊長，你的傷也不輕啊！"

潘行義："你這同志好死板嘛！你不看我多壯實！"

軍醫："潘隊長！ ── "

潘行義："同志哥，來吧！別為這事兒耽誤時間了！"

軍醫轉臉望著母親。

母親撫摸著孩子，好像很平靜地回答：“他，經得起。”

小冬子看看母親，又看看父親，完全理解了他們的意思。他用同樣平靜的目光看著軍醫，像是重複著媽媽的話。

軍醫深受感動地在小冬子頭上撫摸了一下，向女護士示意：準備好！

潘行義：“冬子，出去玩一會兒！”

母親：“去吧，乖孩子。”

小冬子走出房門沒有多遠，又不放心地停步轉身，挪了幾步，挨近門口，門關著，他想推又不敢推。

在小冬子身後，一隻手把緊閉的房門推開了一道縫。原來是吳修竹。吳修竹挽住小冬子的肩膀，輕輕地把他推近門邊，低聲地說：“別怕，膽子放大一點！”

小冬子偷偷地從門縫望進去，正好與潘行義的目光相遇。潘行義向他鼓勵地笑了笑。

刀剪聲。醫生動手術的背影。

潘行義忍著疼痛，額上佈滿了汗珠，但神色依然十分平靜。

小冬子懂得父親的心境，他兩眼含著大顆眼淚，用力咬緊嘴唇，似乎在分擔著父親的疼痛。

吳修竹慢慢抱起了小冬子，大手掌溫柔地撫摸著孩子的脊背，輕聲地問道：“怕嗎？”

小冬子想了想：“爸爸不怕，我也不怕。”

吳修竹：“對。不管是苦、是難，只要你不怕它，它就怕你啦！”

小冬子看看爸爸，又看看吳修竹，沉思地點了點頭。

只聽“噹啷”一響，接著是母親輕鬆的聲音：“取出來了！”

小冬子從吳修竹懷裡跳下，跑進房內。

母親輕輕地給潘行義拭著額上的汗。

小冬子跑到父親身邊。

吳修竹輕步走近,把小冬子抱到床板上,隨手握住了潘行義伸過來的一隻手。

小冬子小心地撫摸著爸爸那纏著紗布的傷腿: "爸爸……"

軍醫手端盛著子彈頭的磁片子走過,他滿含敬意地望了望潘行義。

"給我。" 吳修竹伸手接過了盤子。

小冬子: "我看看。"

盤子裡放著一顆子彈頭,小冬子伸手拿過來,托在手心裡看著。

潘行義問冬子: "冬子,這是什麼?"

小冬子: "子彈頭。"

潘行義: "哪裡來的?"

小冬子: "白狗子打的。"

潘行義: "那,我們應該怎麼辦?"

小冬子: "等我長大了,我也去打白狗子,叫他們也淌血,淌好多血,給你報仇!"

潘行義: "就給我一個人報仇?"

小冬子被問住了,不解地望著吳修竹。

吳修竹: "孩子!這不是哪一個人的仇啊。白狗子拿槍打我們,要我們流血,是想奪走我們的紅色江山。我們只有消滅天下所有的白狗子,才能使受苦受難的人民永遠得解放呵!"

小冬子凝視著手中的彈頭,沉思著,把彈頭握緊。

室內,燈下。

母親低頭打著草鞋。潘行義穿著一套嶄新的紅軍服裝,坐在母親對面,默默地幫她捋著稻草。

小冬子不安地躺在竹床上。他顯然沒有睡著,不時偷偷地睜開眼睛向爸爸媽媽看上一眼。

　　窗外，紅軍部隊正在通過。傳來陣陣腳步聲、馬蹄聲、鐵器的撞擊聲。

　　沉重有力的旁白：“爸爸傷好了以後，就帶領一些赤衛隊員參加了主力紅軍，又投入了第五次反‘圍剿’的鬥爭。為了保衛紅色政權，紅軍戰士和革命群眾，戰鬥得多麼英勇呵！可是不知為什麼，仗越打越困難，根據地越打越縮小。到了一九三四年秋天，我們中央根據地的主力紅軍，都要撤走了！”

　　母親：“聽說你們這回要走很遠？”

　　潘行義：“是啊，要走很遠。”

　　小冬子一驚，睜開了眼。

　　短暫的沉默。

　　潘行義：“我，你不用擔心。我是黨的人，到哪兒也是革命。就是紅軍走了以後，胡漢三他們一定要反撲回來，你們的日子怕是要過得很艱難了。”

　　母親：“難，倒也不怕，就是一想到胡漢三要回來，咱們辛辛苦苦鬥爭來的好日子又丟了，群眾又要受二茬罪，心裡總覺得沉甸甸的。”

　　潘行義：“不怕，主力紅軍走了，黨還在，遊擊隊還在，照樣領導大家堅持鬥爭。”

　　母親堅定地點了點頭。

　　潘行義：“你的入黨申請交上去了？”

　　母親微笑點頭。

　　潘行義：“這我就更放心啦！咱們的黨又要添一個新黨員啦！”

　　“是啊，只要有黨在，再苦再難咱們也能挺得住！”母親昂起了頭，神情振奮地，“我們一定堅持住。等你們打回來了，咱們再把這好日子奪回來。”

潘行義："等我們打回來的時候,日子就更好了!"

母親:"還能怎麼個好法?"

潘行義:"那時候,土豪劣紳都打倒了,天下窮人都解放了,還要建設社會主義、共產主義哩!"

小冬子半眯著眼聽著。爸爸媽媽關於未來的描述,使他的心情振奮。直到媽媽走近床邊,他才慌忙閉緊了雙眼。

母親給小冬子掖了掖被子,滿懷希望地:"爲了把革命鬧成功,爲了能讓冬子他們這一輩兒過上那樣的好日子,咱們再苦也值得!"

潘行義挪過油燈,照了照被窩裡的小冬子。他那寬厚、粗糙、溫暖的大手,在孩子的臉上輕輕撫摸著:"是啊,革命,爲了後來人,也靠的是後來人呵!冬子媽,我這一走,這孩子就全靠你了!孩子,是革命的後代根芽,一定要領著他順著革命的路子走、按著革命的需要長呵!"

父親慈愛地撫摸和親切的囑託,使小冬子的眼淚再也忍不住了。

潘行義的手觸到了兒子的淚水:"怎麼,你沒有睡著呀!"

"爸爸!"小冬子翻身撲到父親懷裡。

小冬子撫摸著父親軍帽上的紅星:"爸爸,你走了以後,我就使勁兒長。等長大了,我也戴上這麼顆紅星,跟你一樣當個紅軍!"

潘行義高興地:"冬子媽,聽見了沒有?咱們家又要多一個紅軍了。"

母親一面拾掇著剛剛打好的草鞋,一面高興地說:"嗯,有這麼個志氣就好哇!"

潘行義慢慢放下小冬子,從上衣口袋裡,取出了一個黃油布小包,解開了拴著一枚製錢的繩子。布包打開,裡面是一枚紅光閃閃的紅星。

　　潘行義鄭重地拿起紅星，向小冬子說：“孩子，我知道你最愛紅星，總想要一顆紅星。現在爸爸要走啦，把這顆紅星留給你。什麼時候遇到困難了，想紅軍了，就看看它。有它給你引路，你這個兒童團員就一定能長成個紅軍戰士！”

　　小冬子雙手接過紅星，無限深情地望著。

　　《閃閃的紅星》歌聲起。

　　紅星閃閃放光彩，

　　紅星燦燦暖胸懷。

　　紅星是咱工農的心，

　　黨的光輝照萬代。

　　長夜裡，紅星閃閃驅黑暗，

　　寒冬裡，紅星閃閃迎春來，

　　鬥爭中，紅星閃閃指方向，

　　征途上，紅星閃閃把路開。

　　紅星閃閃放光彩，

　　紅星燦燦暖胸懷。

　　跟著毛主席、跟著黨，

　　革命的紅星傳萬代。

　　歌聲裡，冬子的眼前浮泛起有關紅星的美好的回憶：他偎依在吳修竹的懷裡，望著八角帽上的紅星；披著彩綢的“柳溪鄉工農民主政府”的木牌冉冉升起，牌端嵌著紅星；提燈會上那又紅又亮的大紅星，《列寧小學課本》上那放射著光芒的小紅星……

　　各種紅星相繼隱去，最後，只剩下了手心裡的一顆紅星在閃閃發光。這時，小冬子已是捧著紅星站在家門前了。

　　秋風蕭瑟，烏雲亂飛。黎明前的黑暗開始消退。嶺背上，一隊紅軍隊伍正在行進。

　　潘行義從妻子手裡接過草鞋，拴在腰間。

　　母親又把一頂斗笠掛在丈夫肩上。

潘行義迎著冷風，向行進的隊伍大步走去。

風吹著母親的頭髮。她把兒子抱在肩頭。

小冬子望著漸漸遠去的滾滾鐵流，高舉紅星，向父親送別，向紅軍送別。

隊伍漸遠……

激憤有力的旁白："爸爸走了！紅軍走了！好多年以後我才知道：這次紅軍的遠征，是第三次'左'傾路線所造成的嚴重惡果！他們排斥了毛主席的領導，奪了毛主席對紅軍的指揮權，結果，沒有能夠粉碎敵人的第五次'圍剿'，最後，被迫把毛主席親手締造的中央革命根據地放棄了。"

烏雲密佈，雷聲轟鳴，電光閃閃。

小冬子手捧紅星，望著遠方。

第三章

狂風暴雨。

荒野。狂風捲著亂草，滾來滾去。

泥塘。暴雨攪著污水，沉渣泛起。

漆黑的夜晚。

一道閃電，遠山、近樹和大地上的一切都變成了鐵青色。

在雷鳴電閃中，一隊"靖衛團"兵從柳溪村旁的小橋上衝過。

胡漢三滿身泥汗，揮動手槍，尾隨著白匪軍從小橋上衝過。

小冬子家裡。母親在燈下匆忙地打著包袱。

宋大爹跑進："快走！胡漢三進村了。"

小冬子拿起桌上的《列寧小學課本》。

母親提起包袱，吹滅了燈。

宋大爹拉住小冬子的手。

三人走出大門，沿街走去。

犬吠聲、槍聲。

三人閃身躲入一間堆放亂柴的破草房內。

透過用草繩結成的窗櫺，可以看見附近升起的幾處火光。

白匪用槍托推打著一群繩捆索綁的群眾走過。

幾支烏煙瘴氣的火把，出現在胡漢三家門口。

一塊寫著“柳溪鄉靖衛團”的木牌，掛在那只桃形的大鐵釘上。

胡漢三挎著駁殼槍，帶著“靖衛團”的白袖章，來到木牌跟前。

一見大土豪胡漢三，小冬子不由得發出一聲憤怒的呼喊：“媽媽，胡漢三！”

母親默默地抱緊了孩子的肩膀。

胡漢三肚子一挺，雙手一背，不可一世地：“眾位父老鄉親沒想到吧？我胡漢三回來了！這柳溪還是我胡漢三的天下！過去，誰拿我的什麼，再給我送回來；誰吃我的什麼，再給我吐出來。有些人欠我的賬，我得一筆一筆慢慢算！……”

一個狗腿子走過來，附在胡漢三耳邊說了句什麼。

胡漢三惡狠狠地：“什麼，潘行義跑啦？哼，跑了和尚跑不了廟，老子不在，兒子還；老公不在，婆娘還！”

宋大爹悄悄拉了母親一下。母親又拉了小冬子一下。

老少三人離開了破草房。

三個人迎著風雨，在滿是泥濘的山路上艱難地走著。

沉重悲憤的旁白：“胡漢三回來了。階級敵人復辟了。在毛主席革命路線指引下，我們所得來的勝利和幸福生活，被錯誤路線給斷送了。”

小冬子停步，回頭望去。

柳溪村內，火光衝天，不時響起淒厲的槍聲。

小冬子緊抓著胸前的衣襟 ── 那裡，珍藏著他那顆心愛的紅星。他那雙大眼睛裡，閃爍著悲憤的火光。

宋大爹把他抱起來。

三個人影逐漸消逝於夜幕雨幛之中。

低矮的茅屋。竹製的小桌上，放著一盞小油燈。一隻竹籃，遮著燈光。

茅草搭成的草鋪上，母親身披夾襖，坐在燈旁，默默地沉思。

小冬子偎依在母親的身旁，把臉貼在她懷裡。

小冬子："媽媽，就我們兩個人啦！"

母親把孩子抱緊，默默地搖了搖頭："不，有很多很多人跟我們在一起哪！"

小冬子："在哪兒？"

母親沒有回答，緩慢地撫摸著兒子。她的手觸到了孩子胸前的衣襟，突然停住了。小冬子拿出紅星，輕輕地放在母親手裡。

母親深情地望著掌心的紅星，像是自言自語又像回答兒子："沒有什麼！我們的黨還在，我們的紅軍會回來的！"

小冬子："媽媽，我爸爸什麼時候回來？"

母親繼續沉浸在自己的思緒中，沒有回答。

小冬子仰起臉來，懇求地："媽媽！"

母親溫柔地撫摸著兒子的頭髮。"……等到春天，滿山的映山紅全開了，你爸爸他們就該回來了！"

小冬子向母親偎近了些，眼裡迸發出希望和期待的神情。

母親把兒子攬在懷裡，低聲地唱起江西山歌：

夜半三更盼天明，

寒冬臘月盼春風，

若要盼得紅軍來，

嶺上開遍映山紅。

歌聲中，黑夜化為白晝。

寒風中，山林一片枯黃。

江西山歌的音樂聲，在山林裡輕輕回蕩。

小冬子腰別柴刀，向山上走去。他登上一塊高高的山石，手捧紅星，仔細看了看，又仰起頭來，眺望遠方。紅星，在陽光的照耀下，鮮豔得象一朵盛開的紅花。

他走近一株枯黃了的映山紅，一手抓住枝條，一手輕輕掐著，眼裡重又浮上了希望和期待的神情。

一幅奇妙的幻象浮現出來：彷彿，他用手掐過的地方，冒出了嫩芽，長出了新葉，吐出了蓓蕾。

一支映山紅開了。

滿坡的映山紅都開了。

爛漫的山花叢中，現出了一條寬平的大道。大道上，紅旗飄揚，威武雄壯的大隊紅軍，正快步走來。

在行軍行列裡，小冬子看見了爸爸。他一邊走，一邊含笑招手。

爸爸越走越近。於是，他看見了爸爸的面孔，看見了爸爸軍帽上那顆閃閃的紅星。……

小冬子高興極了。他從幻覺中醒過來，微笑著環顧四周。

山坡依舊。只是在他的面前，站著一個打柴人。

小冬子吃驚地後退，警惕地摸著後腰上的柴刀。

打柴人微微一笑，原來是吳修竹。

小冬子一下抱住了吳修竹的胳膊："大叔，你們可回來了！"

"孩子，大叔沒有走啊！"吳修竹愛撫地攬著冬子的肩膀，"怎麼，想爸爸啦？"

小冬子輕聲地："我媽媽說，到了春天，映山紅開了，紅軍就回來了。"

吳修竹："紅軍一定會回來的！"

小冬子："那多好哇。"

吳修竹笑了笑："要是紅軍回來了，爸爸問你：'小冬子，我走了以後，你都幹了些什麼哪？'你怎麼說？"

小冬子被問住了，他怔怔地望著吳修竹。

吳修竹："你說：'爸爸，我等你來著！'是不是？"

小冬子想了想，默默地點了點頭。

吳修竹撫摸著多子的頭，語氣嚴肅起來："可不能光是等著啊，孩子！我們要和敵人鬥！胡漢三雖凶，也不過是草上的露水瓦上的霜，只要我們堅持鬥爭，把敵人打垮了，你媽媽說的那個'春天'就來了，勝利的花兒也就開啦。"

小冬子深沉地點點頭。

莊嚴的《國際歌》樂聲起。

一面鮮紅的黨旗出現在土屋的牆壁上。

黨旗旁邊，映出兩個人影：一個是吳修竹，一個是小冬子的母親。

吳修竹的聲音，莊嚴有利："服從黨章，遵守黨紀。"

母親的聲音："服從黨章，遵守黨紀。"

草鋪上，小冬子半跪在那裡，神情莊重地望著母親的背影。

吳修竹："執行決議，嚴守秘密！"

母親："執行決議，嚴守秘密！"

小冬子站了起來。

黨旗的特寫。

吳修竹："犧牲個人，永不叛黨！"

母親："犧牲個人，永不叛黨！"

吳修竹的聲音："為共產主義事業奮鬥到底！"

在母親重複這句誓詞的同時，小冬子舉起握緊了的小拳頭，表情像大人一樣莊嚴。

吳修竹和母親轉過身來，看見了站在茅草堆裡的小冬子。

　　母親走過來，緊緊地把兒子抱起。小冬子從來沒有見過母親這樣激動、幸福。

　　好久好久，母親把兒子放下，在草鋪上坐下來。

　　吳修竹：「從現在起，你就是中國共產黨的一名黨員了。最困難的時候做一個共產黨員，是很光榮的！」

　　母親嚴肅地點點頭：「以後，我是黨的人了。我已經把自己全都交給了黨。黨需要我做什麼，我就做什麼！」

　　小冬子望著黨旗，同樣嚴肅地附在母親耳邊：「媽媽，你是黨的人，那我就是黨的孩子啦！」

　　吳修竹和母親高興地注視著孩子。

　　小冬子：「黨叫我做什麼，我就做什麼！」

　　吳修竹轉向母親：「同志，聽聽這細伢嫩崽的聲音，咱們的鬥爭就更有信心啦！」

　　小冬子投到吳修竹懷裡，興奮地：「我也更有信心啦！」

　　「真是好孩子！」吳修竹摟住了小冬子，他神情激動起來，「冬子，眼下雖說還是冬天，可是最冷的時候已經過去了！你日夜盼望的春風，已經吹來啦！」

　　母子二人興奮地注視著吳修竹。

　　吳修竹：「上級給我們傳達了毛主席、黨中央的指示，指示說，今年一月，黨中央在貴州召開了遵義會議，糾正了『左』傾路線的錯誤。從今以後，又是毛主席領導我們的黨，指揮我們的紅軍啦！」

　　天亮了。一輪紅日冉冉升起。金色的陽光，穿過晨霧，從窗洞裡射進來，把屋裡照得通明透亮。

　　母親激動萬分，低聲地：「孩子，聽見了嗎？」

　　小冬子同樣激動，深情地喃喃自語：「毛主席！」

　　吳修竹：「現在，毛主席親自指揮咱們的紅軍，在貴州打了大勝仗！扭轉了『左』傾路線所造成的被動局面。紅軍正在勝利前進！"

母親："那，咱們這裡……"

"這，毛主席已經給咱們想到了。" 吳修竹提高了聲音，"毛主席、黨中央指示我們：動員廣大群眾，堅定勝利信心，開展遊擊戰爭，狠狠打擊敵人！"

母親："老吳啊！鄉親們要知道這個消息，不知該多高興哪！"

吳修竹："就是要儘快讓大家聽到毛主席、黨中央的聲音！"

母親："我這就下山去。"

小冬子跳起來："媽媽，我也去！"

母親："你跟吳大叔上山去等著！"

小冬子嚴肅地："吳大叔說啦，不能等！"

母親和吳修竹相視一笑。

夜，星光點點。

從山埡口上望去，黑沉沉的村落，不時傳來 "靖衛團" 匪兵巡夜的口令聲。到處籠罩著白色恐怖的氣氛。

一小隊 "靖衛團" 匪兵，在胡家狗腿子帶領下，從路口走過。

草叢微微一動。母親機警地察看了一下，領著小冬子疾步跨過埡口。

河邊舂米房。水輪緩緩轉動。米房門輕輕打開，小冬子側身出來。他把手指往嘴裡一插，發出幾聲動聽的鳥叫。

母親從一棵大樹後走出來。她和冬子低語了幾句，閃身走進米房。

房內。由水輪帶動的幾個石杵一上一下地舂米。

母親一進門，房內五六個男女群眾欣喜地圍上去。

房外，水輪邊上，小冬子在警惕地放哨。

榨油房裡。

　　六七個榨油工人圍坐在一盞油燈下。

　　燈光映在母親的臉上。她正在熱情地向工人群眾作宣傳。

　　門外，大樹的枝椏上，小冬子在放哨。

　　柳溪村邊山坡上的小土樓。窗洞裡透出一縷燈光。

　　離土樓不遠的山坡上，宋大爹和小冬子伏在一塊山石後面瞭望。

　　一陣山風吹來，衣著單薄的小冬子打了個冷戰。他向宋大爹身邊靠了靠。

　　宋大爹解開衣襟，把小冬子暖在懷裡，攥著那雙冰涼的小手，問：“冷嗎？”

　　小冬子：“爺爺，不冷。心裡熱著哪！”

　　宋大爹感情激動地：“好呵！……”

　　小冬子：“什麼？”

　　宋大爹像是回答小冬子，又像自言自語：“咱們的黨最知道群眾的心呵，派了你媽媽來……”

　　小冬子：“還有我哪！”

　　“對，還有你。”宋大爹笑了笑，“這一來，群眾聽到了毛主席的聲音，就好比這山林裡吹進了春風，咱這老根據地又該興旺起來啦！”

　　小冬子靜靜地聽著宋大爹的話。突然，遠處傳來犬吠聲。他碰了碰宋大爹：“爺爺，快看！”

　　遠處，鬼火似的出現了點點火光。

　　宋大爹探身看了看，推了冬子一把：“快去告訴你媽！”

　　房內，人們正圍著母親談論著。小冬子突然跑進。

　　母親看出發生了情況，她示意大夥鎮靜，然後站起身，吹熄了油燈，轉身走出了樓門。小冬子快步跟上。

　　犬吠聲中，一串串火把，從幾個方向急速飄來。

　　母親向閃著火光的方向望了望，走到宋大爹身邊：“宋大爹,快帶上群眾向後山轉移,我掩護!"

宋大爹:"不行,你快帶冬子走……"

母親堅決地:"這是黨的決定,快!"

宋大爹帶群眾向後山走去,母親拉過小冬子,把自己的襖給他披上,平靜地:"孩子,跟宋爺爺一塊走。"

小冬子扯住了母親的衣襟:"媽媽,你……"

母親嚴肅地,"媽媽是黨的人,決不能讓群眾吃虧。黨需要媽媽這樣做!"

小冬子倔強地:"我是黨的孩子!……"

母親欣慰地俯下身來,親切地:"不,黨需要他的孩子跟宋爺爺一塊,帶著群眾轉移。聽話,聽黨的話!"

小冬子領悟地點點頭,抓著衣襟的手鬆開了。

母親目送群眾隱入樹叢,然後從竹籃裡掏出一支土造的"撅把子"手槍,把一顆子彈捺入槍膛,警惕地注視著敵人。

淒厲的冷槍聲中,一支支火把,向土樓圍攏、逼近……

宋大爹、小冬子和群眾隱蔽地從灌木叢中穿過,迅速向山上轉移。

母親突然發現一隊敵人、一串火把向群眾轉移的方向撲去,不由得渾身一震。她環顧四周圍攏來的敵人,毅然奔進土樓。

土樓裡,油燈又亮了。

母親慢慢地吹滅了火柴,關緊了樓門。

一群"靖衛團"匪兵正沿著山路搜索。胡家狗腿子突然看到了土樓裡的燈光,連忙向胡漢三報告:"土樓裡有人!"

胡漢三兇狠地朝著土樓一揮手。匪兵們向土樓擁去。搜索灌木叢的匪兵也轉身向土樓擁去。

土樓裡,母親站在窗口,鎮定地注視著敵人。

匪兵圍住了土樓。隨著雜亂的槍聲,子彈射穿了土樓的房門。

母親猛地拉開房門,高舉起一顆手榴彈向敵群投去。

灌木叢中，小冬子緊靠著宋大爹，回頭注視著土樓。

突然傳來了手榴彈的爆炸聲。

小冬子緊握柴刀，低低地叫了聲："媽媽——"

手榴彈爆炸處，硝煙未散，敵兵死傷狼藉。

狗腿子從地上抬起頭："是冬子媽！"

胡漢三從地上爬起來，撲打著硝煙、塵土，叫喊著："抓住她！"

土樓裡，母親向著湧向樓門的匪兵輕蔑地瞥了一眼，迅速關上了樓門。

又是幾發子彈射穿了樓門。

母親靠在牆邊，略略思索了一下，疾步走到桌前，提起手槍，吹滅了油燈，向後門走去。

她拉開了後門，剛想突圍，突然幾道手電筒光一齊射來，亂槍打在她的身旁，一發子彈射穿了她的左臂。

她鎮靜地環顧四周，又毅然回身，關好門，撲到窗前。

樓外，匪兵喊聲越來越近。借著昏暗的火把光亮，母親看見胡漢三正揮動著駁殼槍，帶著匪兵衝向樓門。

母親憤怒地舉起手槍，瞄準了胡漢三。

槍聲響了，胡漢三右手腕中彈，手一哆嗦，駁殼槍掉在地上。

胡漢三跟跟蹌蹌扶住了一個匪兵，咬牙切齒地："燒！給我燒！"

狗腿子把火把向土樓投去，點燃了樓邊堆放的乾草。

土樓腳下立時騰起了火焰。

後山腰的灌木叢中，轉移的群眾正在隱蔽行進。

走在後面的宋大爹和小冬子，回過頭來，向著土樓方向瞭望。

土樓前，濃煙滾滾，火焰亂竄。

胡漢三正指揮著匪兵們把一支支火把投向柴堆。

火光中，母親走上樓梯，來到樓頂。

她倚著一截斷牆，打出了最後一發子彈，然後把槍在斷牆上摔打了幾下，又隨手抓起磚塊，投向敵群。

火光從樓下騰起。

母親用力推著危牆。危牆坼裂、歪斜。母親奮力把斷牆推下樓去。

火光從母親背後騰起，火舌捲向樓頂。

母親雙手舉起一個米罐子，向樓下匪兵砸去。

樓下。碎磚、亂石、菜罈、米罐凌空飛下。

匪兵們抱頭掩面，倉皇後退。

土樓頂端，烈焰瀰空。

高亢、激越的歌聲起：

映山紅啊映山紅，

英雄兒女血染成。

火映紅星星更亮，

血灑紅旗旗更紅。

高舉紅旗朝前邁，

革命鮮花代代紅。

熊熊的烈焰中，母親挺身而立，雙手高舉起一根燃燒著的房樑，猶如高擎著一支巨大的火炬。她那炯炯的目光，穿透火焰，怒視著樓下的匪兵。

熊熊的烈焰遮住了整個畫面……

土樓的火光，映照著山林。

火光映著小冬子悲憤的面孔。

火光映著宋大爹和革命群眾悲憤的面孔。

一個青年農民，抓著一塊石頭，猛然湊到宋大爹身邊。他眼淚迸流，憤怒地低叫道："大爹——"

身後的群眾，刷地湧向前來。人們湧在宋大爹旁邊——只要他一聲令下，就是拚死也衝下山去，援救這位為革命獻身的女共產黨員。

宋大爹熱淚盈眶，激動萬分。他再也控制不住自己了。他高舉起手裡的篾刀。

就在這時，小冬子突然站起身，一步跨到了宋大爹的面前。

"爺爺！"他那壓低了的聲音，略帶悲切，卻果決、有力，" '媽媽是黨的人，決不能讓群眾吃虧。' ── 這是我媽媽說的……"

他說不下去了。他那一雙含淚的大眼，祈求似地望著宋大爹。

宋大爹一把抱住了小冬子。

火勢更大了。火光映照著革命群眾和小冬子那悲憤的面孔、含淚的眼睛。

小冬子手握著柴刀，眼噙著淚水。母親的英雄形象、革命精神，深深地印在了他的心底。

歌聲延續下來。

遊擊隊駐地。遊擊隊員們肅穆地站著，一雙雙眼睛關切地望著小冬子。

小冬子既無哭聲，又無眼淚。他邁著堅定的步子向前走來。

紅旗迎風飄舞。

小冬子繼續走向紅旗。

遊擊隊員們關心地圍攏過來。

突然，小冬子出人意外地從胸前取出紅星，遞向吳修竹，用發自肺腑的聲音說道："叔叔！收下我吧，我要當紅軍！"

吳修竹一把抱住了小冬子，無比激動地："好孩子！"

吳修竹把小冬子高高舉起，舉向紅旗。

紅旗飄舞，飄舞。

傍晚，遊擊隊列隊集合，準備出發。

隊前的紅旗、梭標上的紅纓、大刀上的紅綢，迎風抖動。

隊員們軍帽上的紅星迎著晚霞閃閃發光。軍帽下的面孔都一樣莊重、嚴峻。

小冬子依然是一身兒童團打扮，跟著宋大爹站在隊尾。

吳修竹站在隊前，正在結束戰前的動員：“……遵義會議的光芒已經照亮了我們紅色老根據地的山林，革命群眾鬥爭的烈火已經燃燒起來了，我們要堅決戰鬥，夜襲柳溪，打擊敵人的氣焰，鼓舞群眾的鬥志……”

小冬子專注地聽著。

吳修竹：“……動員廣大群眾，堅定勝利信心，開展遊擊戰爭，狠狠打擊敵人！”

黑夜。遊擊隊從山上走下來。

遊擊隊穿過叢林。

在一道高坎前，小冬子抓著宋大爹的手在攀登，背後的柴刀發著亮光。

遊擊隊從拱橋上走過。

拱橋的橋頭，吳修竹迎著走上來的宋大爹：“戰鬥馬上開始，你和冬子留在這……”

小冬子：“不，我也去！”

吳修竹命令地：“留下！”

小冬子目送著吳修竹的背影，噘著嘴坐到臺階上。宋大爹走過去想說句什麼，小冬子不滿地翻了宋大爹一眼，走下橋去。

湍急的山溪，濺著浪花。

小冬子站在一塊光石旁邊，撩了幾把水，使出全身力氣，霍霍地磨著柴刀。

宋大爹望著小冬子的動作，滿意地點頭微笑。

小冬子用手指輕輕地試試刀刃，又繼續磨刀。

柳溪村頭的山坡上，兩個隊員把一個“靖衛團”的哨兵按倒在地。

吳修竹揮動著駁殼槍，帶領著一隊隊員輕捷地衝進村內。

東方微明。

拱橋下，小冬子繼續磨刀。

突然，柳溪方向傳來了槍聲。

小冬子一躍上岸，揚著柴刀向柳溪跑去。

槍聲更緊。小冬子在飛跑。宋大爹在緊緊追趕。

小冬子跑上他曾經放過哨的小橋，跑到橋中央。

迎面傳來“追呀”“繳槍不殺”的喊聲。被紅軍遊擊隊追趕著的一群白匪正向小橋這兒倉皇逃命。

小冬子猛然止步。

喊聲：“追，別讓白狗子跑了！”

小冬子焦急地望望手裡的柴刀，又環顧四周：怎麼辦？

突然，他的眼睛一亮，向著橋中央撲去。

連接橋板的竹索，閃閃發光。

小冬子揮動柴刀，向竹索奮力砍去。雪亮的柴刀，閃著寒光，一下，又一下……

匪兵向小橋潰逃。

小冬子奮力猛砍。

小冬子砍斷了竹索，連忙彎腰去掀橋板，但沒有掀動。

匪兵向著小橋奔逃。

小冬子吃力地掀著橋板。宋大爹趕到，兩人一齊用力·橋板離開了橋桁。

匪兵跑上橋面。爲頭的幾個，踏上活動橋板。橋板蹺起，匪兵們驚叫著跌下河裡。

柳溪村內，戰鬥剛剛結束，群眾熱情地向胡家大院門前湧來。

吳修竹從桃形釘上摘下“靖衛團”的木牌，用力摔去。木牌破爲兩半。幾個遊擊隊員押送著十幾個白匪走過。匪兵們個個像落湯雞似的，渾身精濕，耷拉著腦袋。

跟在後面的宋大爹走向吳修竹：“老吳，胡漢三那只老狗抓住了沒有哇？"

吳修竹搖搖頭："不湊巧，胡漢三昨天剛到鎮上搬救兵去了。"

宋大爹指指俘虜："修竹啊！咱們的小冬子今天可辦了大事兒啦！"

吳修竹："小冬子呢？"

宋大爹回身四顧："噫，一轉身就不見了！"

吳修竹默默地點了點頭，向著母親就義的土樓方向走去。

音樂聲起，江西山歌的旋律。

被烈火焚燒過的土樓，在藍天、彩霞的映襯下，巍然聳立。土樓頂上，一面鮮豔的紅旗，迎著朝陽獵獵飄動。

土樓的牆上，新寫的大字標語墨蹟未乾："消滅白匪，討還血債！"

小冬子站在遊擊隊宣傳員和椿伢子旁邊，手持麻刷，仰望著紅旗。他彷彿看到了母親在烈火中的崇高形象。

吳修竹走到小冬子身邊，領著他，慢慢地踏上臺階，轉身向著聚攏來的遊擊隊員和群眾："不久以前，一個共產黨員，曾經在這裡用鮮血向我們宣傳過革命真理和黨的指示。一個戰士倒下去，千百個戰士站起來！同志們，讓我們拿起武器，開展遊擊戰爭，狠狠打擊敵人，奪回紅色政權，最後勝利一定是我們的！……"

小冬子用心地聽著。

那個在土樓的後山上帶頭要去營救母親的青年，一聲大喊劃破了寂靜："老吳，發給我們槍吧！"

眾青年："對，發槍吧，我們參加遊擊隊！消滅胡漢三，為烈士報仇！"

"刷"的一聲，無數隻鋼鐵般的拳頭，有力地舉向半空。

小冬子興奮地看著。

主題歌的音樂起。

遊擊隊凱旋了。

遊擊隊員和新參加的青年組成的隊伍，浩浩蕩蕩地從村中走過，從胡漢三家門口走過。

小冬子和椿伢子手拉手地走在隊尾。兩個小夥伴依依不捨地分別。

椿伢子望著小冬子的背影，高高地豎起大拇指。

小冬子雄赳赳地走著。

他那穿草鞋的赤腳，踏在"靖衛團"的木牌上。

他用力地踩著，踩著，踩著……

一雙穿著馬靴的腳，出現在木牌旁邊。

胡漢三回來了。他疲憊不堪地從地上揀起"靖衛團"的破木牌，咬牙切齒地狂喊：

"封山！封山！把他們困死！餓死！凍死！"

一連串白匪移民封山的畫面：

一隊男女群眾，扶老攜幼，提著包裹衣物，在大隊"靖衛團"和國民黨匪兵的押送下，緩慢地走著。一個老人依戀地回頭眺望：山根下的村落，煙火衝天。

黑夜，山間小路上，十幾個匪兵在追擊運糧上山的群眾。一個人中彈倒下了。青年農民們扛著糧米鑽進了叢林。

姚灣鎮外的橋頭，新設的哨卡。一座碉堡尚未修完。橋頭上，幾個白匪哨兵來往巡查。橋頭的枯樹上，貼著一張大字"告示"："嚴禁鹽米進山，違者嚴懲不貸。"

冷風吹動著"告示"的紙邊，颯颯作響。

第四章

冬夜。寒風凜冽，松濤呼嘯。

一枝粗大的松明，斜插在草棚的立柱上，火光隨風搖曳。

松明下，吳修竹在縫著一件小棉襖。棉襖是用母親的破夾襖改做的，棉花巳經鋪好了，正縫著紉線。他的動作有點笨拙，卻細針密線，縫得十分仔細、認真。

對面，小冬子趴在一截木樁上，手捏一塊炭頭，正聚精會神地在毛竹板上寫著："消滅胡漢三"。

一根線縫完了，吳修竹拾起棉襖端詳了一番，然後轉到小冬子身後，把棉襖在小冬子身上比量著。他邊比量邊看著小冬子寫的字，忍不住贊許地微笑點頭。他回到松明下，抽出一根線，湊到松明前紉針。

一個上哨的遊擊隊員（在柳溪帶頭參加遊擊隊的青年）走進來。他湊到吳修竹身邊，撫摸著、欣賞著小棉襖，又深情地望著吳修竹，把巴掌大的一團舊棉花塞到吳修竹的手裡。

隊員轉身，默默地注視著在讀書的小冬子。兩人對視，微微一笑。隊員關切地脫下身上那件顯然是放哨穿的舊棉衣，輕輕披在冬子的身上，然後提起槍大步走出了棚子。

小冬子脫下棉衣拿在手裡，向棚外追去。隊員已經消失在寒風裡了。

吳修竹朝著小冬子的背影看了看，把隊員剛給他的棉花扯鬆，仔細地絮進小棉襖裡。

小冬子抱著棉襖慢慢地走到放哨的隊員背後，把棉衣披到隊員身上。隊員回頭看是冬子，感動地把他摟在懷裡。

拂曉。嚴霜沾滿樹枝、枯草，冷風刺骨。

小冬子身背竹兜、手提柴刀，歡快地從山坡跑下。

在一段陡崖下面，叢生著一片野草、野菜。小冬子跑過去，挑出野菜，砍下筍芽，放進竹兜裡。

一棵倒下的枯樹邊，小冬子仔細尋找著，把一撮撮松菇、木耳掰下來。

小冬子揀起了一個松塔。一隻小松鼠竄到對面的松枝上。小冬子倒舉柴刀，向著松鼠瞄準。松鼠大膽地看著冬子。小冬子笑著把松塔扔給松鼠，松鼠一蹦一跳地跑走了。

小冬子與兩個採野菜的遊擊隊員相遇。他欣喜地抓起自己兜裡的野菜，放進隊員的竹籃裡。

清清的小溪，瀑布飛泉，浪花四濺。

小冬子在溪水裡淘洗野菜，不時呵口熱氣暖一暖凍紅了的小手。

大樹下，青石旁，幾塊岩石，支著一口不大的黃銅鍋。

鍋裡開水沸騰。小冬子正把一籃子洗淨的野菜倒進鍋裡去。

他坐在灶前，向鍋底填了一把柴禾，然後掏出《列寧小學課本》，用心地朗讀起來："天是房，地做床，野菜野果當乾糧；不怕苦，不怕難，紅軍戰鬥在高山上……"

琅琅讀書聲中，野菜在鍋裡翻滾。

吳修竹走過來。

吳修竹掏出了一個小布包，打開來，拿起一塊核桃大的鹽巴，朝冬子晃了晃："你看，這是什麼？"

小冬子："鹽。"

吳修竹："是啊。眼下咱們斷了糧；鹽，也就剩下這麼一點點了。人不吃鹽就沒有勁，就不能行軍打仗啊！……是很苦，對不對？"

"苦。"小冬子點點頭，"可我不怕！"

吳修竹："對。胡漢三搞封山，想困死我們，凍死我們，餓死我們，可我們不怕！"

小冬子專注地聽著。

"困難，是個欺軟怕硬的玩藝！兩年前，有一個同志負了傷，需要開刀把子彈取出來，可是麻藥太缺了，他一咬牙，就這麼開！……"

小冬子："那是我爸爸。"

"是啊！要革命，要和困難作鬥爭，就是要有這麼一股子勁才行哩！"吳修竹把聲音提高了，"光不怕死還不夠，還要不怕苦；任何艱難困苦都能挺得住，才能成爲一個真正的紅軍戰士！"

小冬子激動地點點頭。

吳修竹像刮珍貴的犀牛角那樣，小心翼翼地往鍋裡刮了點鹽面兒。

他望了望正在添火的小冬子，從腰帶上解下飯碗，背轉身又刮了點鹽面兒進去，盛上一勺菜湯。

吳修竹："冬子，這一碗是你的，快趁熱喝了吧！"

一個隊員跑步過來："隊長，宋大爹來了！"

"把它喝了啊！"吳修竹又向小冬子交待了一句，轉身隨隊員離開。

小冬子端起碗喝了一口：是鹹的；又從鍋裡舀了一勺嘗嘗：是淡的。

小冬子望望吳修竹的背影，頓時，淚水湧上了眼眶。他把碗裡的菜湯倒回鍋裡去，用勺子攪了攪，然後敲著鍋邊："叔叔，── 開飯羅！"

樹林中，宋大爹、吳修竹邊走邊談。

林中空地上，遊擊隊員們正圍著三、四個農民裝束的男女群眾，在熱烈地談論。吳修竹親熱地和群眾招呼著。

吳修竹問宋大爹："山下情況怎麼樣？"

大爹："胡漢三當上了縣'靖衛團'團總，又求他們老闆，調來了一個營的正規軍。"

吳修竹："好嘛！咱們多牽住一些敵人，主力紅軍那邊就減少一分困難啊！"

"就是讓你們受苦啦，"宋大爹話裡透著歉疚，"胡漢三心忒毒，清鄉、併村、封山，到處修碉堡、設卡子，眼看有東西運不上山，群眾心急得像火燎啊！"

"大爹，這就夠叫鄉親們爲難的了。"吳修竹把宋大爹讓進草棚，摘下個裝水的竹筒遞過去，"他胡漢三封山，咱們就軍民協力來它個反封山！"

宋大爹坐下來，提起那件就要完工的小棉襖："嗯，這手線活還不賴哪！怎麼這樣小！"

吳修竹："小冬子的。同志們怕凍著他，大夥湊的。"

宋大爹捏著那厚實的棉花，感歎地："你真是，又當爹，又當娘！"

吳修竹："別這麼說，黨才是他的親爹娘啊！"

宋大爹喝了口水："咱們部隊有行動？"

吳修竹接過棉襖，釘著紐扣，"上級黨有指示，爲了粉碎敵人的封山計畫，部隊跳到外線去活動一個時期。"

宋大爹："你們到外線去行軍打仗，冬子這孩子年紀小，把他交給我吧！"

吳修竹："我也是這麼想。讓他跟上你這個老師，在群眾鬥爭這個大學校裡學習學習、摔打摔打，多長點知識。日後見了老潘，咱們得交給他個革命戰士哇！"

宋大爹："這你放心！"

吳修竹笑了笑："咱們的冬子是只小鷹，不是個雞娃，你老人家可別把他窩在翅膀底下呀！"

大樹下，熱熱鬧鬧。竹子的，木頭的，陶瓷的……各式各樣的飯具，挨個兒伸向鍋前。

小冬子一勺一勺地分著菜湯。

傳來吳修竹的喊聲："小冬子——"

"哎——"小冬子把飯勺塞給一個隊員："幫個忙兒！"

小冬子向草棚走去。

他走進草棚，高興地撲到宋大爹身上，喊了聲"爺爺！"

宋大爹拉著小冬子的手,親切地:"冬子,咱們走。"

小冬子:"哪兒去?"

宋大爹:"跟爺爺下山去。吳大叔他們要到老遠的地方去打遊擊去。"

"我也跟吳大叔到老遠的地方打遊擊去。"小冬子不服地:"我已經長大啦,我有勁,不信,咱們試試。"

宋大爹和小冬子掰了掰腕子,然後拍打著小冬子的腦袋:"呵!個子是高了點,勁也大了點,可不知道這裡面革命思想增加了沒有。來,讓爺爺考考你。"

宋大爹朝吳修竹笑笑,撩起衣襟,從褲帶上解下了一個雕花竹筒:"來,試試,拿不拿得動。"

小冬子疑惑地看著竹筒:"這有什麼,一個小竹筒子!"

"呵,口氣不小。這可不是普通的竹筒,這裡面裝的是山下工農群眾的心啊!"宋大爹摸過一隻洋瓷碗,放到木樁上,"孩子,把裡面的東西倒出來吧!"

小冬子拿起竹筒晃了晃,拔掉塞子,向著小碗倒下去。雪白的鹽粒"刷刷"地流進碗裡。

"鹽?"小冬子欣喜地望望這晶亮的鹽粒,又驚奇地望著這奇特的"鹽罐子",沉思著。突然,他一把扯住了宋大爹:"爺爺,咱們走!"

吳修竹贊許地點了點頭,提起棉衣走向小冬子:"來,穿上!"

宋大爹幫助小冬子把胳膊插進袖筒裡。

吳修竹幫他摘下兒童團的紅袖標,換下兒童團的紅領帶,一邊爲他系著棉襖扣子一邊說:"課本都給你帶上了,好好學習。記住,見面的時候,我還要考你哪!"

宋大爹一手提起小包袱,一手拉住了小冬子:"走吧!"

小冬子依依不捨地:"吳大叔,咱們遊擊隊要是抓住了胡漢三，可得告訴我呀。”

山間茅屋前，放著一堆新編成的竹器。頭戴破舊的“一口鐘”絨帽、一副小篾匠打扮的小冬子，正在把它們分捆成兩擔。

宋大爹在屋裡喊：“冬子，水筒帶上了沒有？”

小冬子：“沒有哩。”

宋大爹走出來，把那個雕花竹筒遞給小冬子。冬子接過，搖了搖，聽了聽，掛在扁擔上。

宋大爹給冬子理了理棉襖，扣好了扣子。

一老一少各擔一擔竹活，向山路上走去。

陰霾的天空，細雨濛濛。

一老一小沿著羊腸小徑走下山去。

他們跨過枯水的山澗，走過溪上的小橋……

山腳下，嫋嫋青煙，浮動在姚灣鎮的上空。

姚灣。這個上千戶人家的大鎮子，碉堡聳立，籠罩在一片白色恐怖之中。

鎮外橋頭，匪兵哨卡。

在白匪兵虎視眈眈的目光下，宋大爹拉著小冬子的手，從容地走過木橋，通過哨卡。

鎮內，大街上，幾個“靖衛團”丁捆綁著兩個純樸的中年農民，從宋大爹、小冬子的身邊走過。

鎮中心唯一的一家鹽店。店內空空蕩蕩，門前冷落蕭條，只有櫃檯上擺著一小瓷盆鹽粒，正中插著“計口售鹽”字樣的木牌。門前，一個荷槍實彈的“靖衛團”丁在走來走去。

小冬子放慢了腳步。他貪婪地盯著那個小小的鹽堆，簡直恨不得一把抓來。宋大爹碰了他一下，他才戀戀不合地走開。

他們走過“茂源米號”。小冬子注視著擁擠在門前等候買米的人群。店門的小窗戶打開了，一隻小手伸出來，把一個寫有“今日無米”的牌子掛在門上。群眾騷動。……

冷清的小巷。一老一少漫步走著。

宋大爹連聲擊著竹筒叫賣。

一扇破舊的小門開了，走出一位中年婦女和一個小女孩。她四顧無人，悄悄地把一個小紙包叫小女孩遞給小冬子。

宋大爹和小冬子走近鐵匠爐。正在打鐵的中年鐵匠高興地把小冬子叫到爐旁，取過瓷碗，把一點鹽面倒進小冬子的竹筒。

一個小院門打開，走出一個老農民，向宋大爹打個招呼，把小冬子引到廚房裡，把小鹽罐裡的鹽面倒進小冬子的竹筒。

小冬子看見鍋裡冒出熱氣，心裡一動，忙打開鍋蓋，看是開水，順手抄起竹杓舀起一勺，倒入竹筒，搖了搖。

一老一小繼續走著。

兩擔竹器都已賣完，宋大爹扁擔上只剩下了兩個竹筐。小冬子提著那只雕花竹筒在後面跟著。

他們走出了鎮子。

橋頭的哨卡上，白匪哨兵正在挨個兒搜查一長串走出鎮子的群眾.在宋大爹前面隔著三、四個人的地方，一個中年農民正在受檢查。他把竹杠拄到地上，匪兵在他身上仔細地搜摸著。

突然，一個哨兵喊："立正！"

一乘有篷的椅轎飛步走來。已經當上了縣"靖衛團"團長的胡漢三，身著馬褲、皮靴，坐在椅轎上。椅轎在橋頭停住。胡漢三一雙狼眼盯住了被檢查的群眾。

宋大爹和小冬子幾乎同時發現了胡漢三。宋大爹不動聲色地把身體移動一下，把小冬子遮住。

前面，白匪哨兵已經搜完了那個中年農民。他手一揮："快走！"

胡漢三厲聲地："慢著！"他向狗腿子作了個手勢。

狗腿子從一個匪兵身上抽出刺刀，走上前去，一把奪過那中年農民的竹杠，舉刀向竹杠一端刺去。

狗腿子倒過竹杠；大米從竹杠裡流出。

小冬子一驚。

白匪惡狠狠地圍上去，捆綁那個農民。

胡漢三獰笑：“怎麼樣？這些奸猾的刁民，骨頭都是紅的。你們一點也疏忽不得！必須加意盤查！”

小冬子一雙充滿仇恨的大眼，緊盯著胡漢三。

宋大爹向小冬子要過雕花水筒。

白匪向宋大爹招手。宋大爹站起來，拉小冬子要走。

小冬子搶上一步，從宋大爹手中拿過竹筒，向宋大爹丟個眼色，提起竹筒不動聲色地向河邊走去。

宋大爹正看著小冬子走下河灘的背影，一個白匪不耐煩地過來，把他強拉了過去。

白匪周身上下搜查著宋大爹。

被搜查完畢的宋大爹，系著扣子，離開了白匪哨卡。他在距橋較遠的一棵大樹旁邊停下，坐在一塊石頭上，遙望橋頭。

被檢查過了的男女群眾，一個個從宋大爹的面前走過。

小冬子提著水筒從河邊草叢裡走出來。大步向哨兵闖去。

白匪搜查冬子。小冬子故意向身後藏竹筒，戲弄白匪；白匪奪過竹筒，仔細察看，用懷疑的目光打量著小冬子。

小冬子神態自若。

白匪把竹筒扔在地上，掄起槍托砸去。雕花竹筒破成了兩半，一汪清水從竹筒裡流出。白匪伸出手指蘸了點水放進嘴裡嘗了嘗，然後呵斥地：“走！”

小冬子理直氣壯地衝著白匪大叫：“你賠我！賠我！……”

宋大爹跑過來把小冬子拉走。

山路上，宋大爹看看冬子，鼓勵地：“孩子，別洩氣，只要人沒出事，咱們再想辦法！”

小冬子忍不住內心的激動，搖了搖頭。

宋大爹不敢相信地：："你……"

小冬子掀開了襖襟：："爺爺，你看 ——"

棉衣裡子已經滲出了水漬。

宋大爹捏了捏水漬，放在舌頭上一舔，激動地一把抱住了小冬子：："真是個好孩子，像個兒童團幹的！"

歡樂的音樂。

那件棉衣扒出的棉花，被兩隻大手按在一鍋清水裡揉搓著。

宋大爹笑容滿面，挽起袖筒把棉花撈出來，用力擰著。

火光升起。

小冬子吹火。火光把他的臉映得通紅。

鹽水冒泡了，沸騰了。鹽水越來越濃，終於變成了雪白的鹽巴。

小冬子懷著勝利的喜悅，拈起了一小塊，嘗了嘗，笑了。

燈下，小冬子和宋大爹正在往一隻竹筒裡裝鹽巴。

忽然響起了敲門聲：一下，兩下，三下。

宋大爹驚喜地：："是你吳大叔！"

小冬子跑去開門。

吳修竹一隻腳剛跨進門裡，小冬子撲了上去：："大叔！"

吳修竹撫摸著小冬子那件拆去了棉花、顯得短小了的棉襖，望著桌子上的鹽巴，許久許久，才說出一句話來：："又長啦！"

宋大爹掩上門：："你怎麼來了呢？"

吳修竹：："來看看。山上吃了咱小冬子給搞的鹽，也得來道謝道謝哪！"

小冬子：："不，不是我，是爺爺、奶奶、叔叔、嬸嬸們搞的！"

吳修竹滿意地笑了。他拍著孩子的肩膀：："好，去送點水給放哨的叔叔喝。"

小冬子：："哎。"

宋大爹望著冬子走出去的背影，讚歎地：："你的話不假，真是只小鷹！”

　　吳修竹：“是呀，翅膀硬了，該讓人家自己去飛飛了。”

　　宋大爹不解地：“怎麼？”

　　吳修竹：“敵人看看封山整不住我們，最近又準備再調來些正規部隊，大規模搜山。”

　　宋大爹：“那你們就到山外來。群眾讓胡漢三害苦啦，都盼著你們哪！”

　　吳修竹：“是啊，我們正是準備和敵人換換防 —— 配合兄弟支隊深入到白區活動；瞅機會敲掉胡漢三那個地頭蛇！”他略頓了頓，商量地：“就為這，我想把冬子送進姚灣鎮去。”

　　宋大爹：“到鎮上去？”

　　吳修竹：“‘茂源米號’要找個小學徒。老闆是個專替白匪採辦軍糧的傢伙。讓小冬子和椿伢子兩個小夥伴在一起，聽聽消息、摸點情況，咱們就多了個耳目。”

　　宋大爹沉吟地：“……他還小！……”

　　吳修竹笑了笑：“在你老人家眼裡，他總是小，小。‘鋼在火裡煉，刀在石上磨’嘛，人，總是得從兒童團時候過呀！再說，還有你老人家幫助他們嘛！”

　　宋大爹笑了。

　　小冬子歡跳著走進來，偎依在吳修竹身邊：“大叔，放哨的叔叔說你們打了好多個勝仗，可你一點兒沒告訴我。……”

　　“那裡面也有你一份呀！”吳修竹親熱地把小冬子拉在自己懷裡。

　　小冬子想起了什麼，從桌上拿起《列寧小學課本》和竹板、炭頭，放到吳修竹面前。

　　吳修竹：“幹什麼？”

　　小冬子：“大叔，你不是說過，要考我嗎？”

　　吳修竹：“考過了。”

小冬子："什麼時候？"

吳修竹："剛才呀！"

小冬子一雙清澈的大眼不解地看著吳修竹。

吳修竹："孩子，在這裡你已經畢業了，黨要送你到一個新的學校去。"他的話嚴肅而又親切，"在那裡，有新的功課、新的鬥爭等待著你！"

小冬子堅定地："黨要我幹什麼，我就幹什麼！"

第五章

兩岸青山，夾著一灣綠水。

一隻竹排順流而下。宋大爹撐篙。小冬子腳穿布鞋，頭紮頭巾，安靜地坐在小包袱上。

初升紅日，映照江頭。

嶙峋的山石，蒼松翠竹，迎面而來，又緩緩逝去。

小冬子手捧紅星，滿懷豪情，遠望長空。

一隻雄鷹在藍天下盤旋。

歌聲起。

小小竹排江中游，

巍巍青山兩岸走，

雄鷹展翅飛，

哪怕風雨驟，

革命重擔挑肩上，

黨的教導記心頭。

小小竹排江中游，

滔滔江水向東流，

紅星閃閃亮，

照我去戰鬥，
革命代代如潮湧，
前赴後繼跟黨走。
砸碎萬惡的舊世界，
萬里江山披錦繡。

　　"茂源米號"的櫃房。矮胖的沈老闆上下看了小冬子一眼，打著官腔："叫什麼？"

　　小冬子："郭震山。"

　　沈老闆："小名兒呢？"

　　小冬子："小……小山子。"

　　沈老闆："多大啦？"

　　小冬子："十二了！"

　　"嗯，小了點。"沈老闆乾咳了兩聲："我說小山子，你以後在我這兒幹活，手腳可得乾淨點兒！"

　　小冬子低頭看著自己的雙手。

　　沈老闆："這都不懂？不許偷東摸西的！"

　　小冬子的臉，頓時漲得通紅。他翻了沈老闆一眼。

　　沈老闆眉頭一皺。

　　這時候，門簾一掀，椿伢子走進來了。他笑著走向沈老闆："老闆娘讓我喊他去幹活兒！"

　　沈老闆鼻子裡哼了一聲："去吧！"

　　雪亮的柴刀，有力地劈下。

　　小冬子光著脊樑在後院裡劈柴。黝黑的背上，滿是亮晶晶的汗珠。

　　亂柴堆積如山。

　　堆積如山的亂柴，變成了整齊的柴垛。

　　小冬子正在劈柴，前面傳來沈老闆的喊聲："劉來子，小山子,快來!"

小多子放下柴刀,向店門走去。

米號門前,一片混亂:買米的人你擁我擠地擁向大門。老闆在門裡指揮著幾個夥計,一面上門板,一面把人群往外推。

沈老闆搖晃著煙袋在嚷叫:"沒有米了,沒有米了!"

買米的人憤怒地質問:"為什麼有米不賣?" "為什麼不賣?"

沈老闆見小多子站在那裡不動,生氣地:"小山子,還不快把門上上!"

小多子疑惑地走了過去,吃力地拿起了一塊門板。

門板上好了。沈老闆把一塊木牌遞給了小多子:"去,掛上!"

小多子接過木牌。上面寫著四個大字:"今日無米"。

小多子從店門小窗口上探出身去,把"今日無米"的牌子掛在門外,向著買米的人群掃了一眼。

買米的群眾仍舊聚集在門前,有的在擂著店門,有的在憤懣地議論:"有米不賣,想把我們餓死?!" "老闆沒安好心!"……

人群裡,小多子看到了宋大爹。

宋大爹一身篾匠裝扮,肩上搭條口袋,擠向前來。他眼睛看著小多子,口裡卻在嚷著:"放著米不賣,這裡面有鬼,一定有鬼!"

小多子怔了一霎,依依不捨地退進窗口。

椿伢子領著小多子在米號後院走著。

他在兩扇緊鎖著的房門前停下,把小多子推到門邊:"你看——"

小多子從門縫中看去,只見白米一囤挨著一囤,囤席上寫著"穀積如山" "倉滿囤流"的紅帖。

看著，小冬子陷入沉思。

昏暗的小屋，昏暗的燈光。

地上鋪著兩條麻袋。兩個小夥伴頭挨頭趴在麻袋上。

小冬子："這個老闆真壞！"

椿伢子："咳！咱們在這裡，見不到自己人，看不到紅星，不能唱歌，又不能玩'打土豪'，還得裝得老老實實、規規矩矩的，多憋屈的慌！……晦，什麼時候能跟吳大叔在一塊打白狗子，那才好哪！"

小冬子："看你說的，咱在這裡也是打仗呀。"

椿伢子想了想，突然叫道："喂，小冬子！"

小冬子："我叫郭震山。"

"噢，對了。"椿伢子一笑，"喂，你剛才說，毛主席領著紅軍到了陝北，陝北大得很吧？"

小冬子："大。吳大叔說，比原來咱們的中央根據地還大哩。"

椿伢子："那，你爸爸在延安一定能見到毛主席啦？"

小冬子："能，準能。"

椿伢子翹起大拇指晃了晃，正要說什麼，門外傳來了腳步聲，沈老闆乾咳著走過來。

小冬子連忙噗地吹滅了燈。

沈老闆的腳步在房門前停了一下，又走遠了。

黑暗裡，兩個小夥伴伏在窗前，手捧紅星，仰望著寧靜的夜空和晶亮的北斗星。

小冬子攀著椿伢子的肩膀，神往地："要是咱倆能跟老鷹一樣，長上兩隻翅膀，朝著北斗星飛呀，飛呀，一直飛到延安，去見毛主席，那該多好啊！"

"說不定毛主席還發給咱一支槍哪！"椿伢子興奮地，"你說，毛主席知道咱們嗎，認識咱倆嗎？"

小冬子肯定地："知道。誰叫什麼名、誰幹了些什麼，毛主席全知道！"

椿伢子："哎呀，那咱倆可得好好幹哪，不幹出點名堂來，空著手怎麼去見毛主席呢！"

小冬子："對，咱倆要幫助吳大叔他們消滅胡漢三，把所有的白狗子都消滅得乾乾淨淨……"

椿伢子接過話頭："把咱們紅色天下奪回來……"

小冬子："那時候，咱們就去延安，戴上咱的紅星，帶上好多好多映山紅花兒，去見毛主席！"

兩個小夥伴越說越高興，越抱越緊。

傍晚。小冬子手提煤油壺，走向後院。

後門開了，沈老闆陪著一個身著長衫、頭戴禮帽的客人走進來。

小冬子一看，認出是胡家的狗腿子。他略一楞神，隨即若無其事地擦身而過；然後轉回身，目送著他們走進客房。

小冬子拿著個煤油燈罩，呵著氣，擦著，輕腳輕步地挨近客房的窗口。

沈老闆和胡家狗腿子說話的聲音，清晰地傳出來。

狗腿子："……沈老闆，這批糧食可是軍糧，是胡團總奉命承辦的公事，出不得丁點兒差錯！"

沈老闆："那是，那是。"

狗腿子："這麼一轉手，就看大加三的利。'茂源米號'可要發大財啦！"

"這，孫副官放心，決虧不了弟兄們。"沈老闆乾笑了幾聲，又壓低了聲音問，"這回進山的一共是多少隊伍？給個數，我好準備。"

"這可是軍事秘密！"狗腿子壓低了聲音。

小冬子向窗口又湊近了些。

　　狗腿子：“……正規軍一個營，保安團兩個連。”

　　沈老闆：“除了這，鎮上你們這一個中隊的‘靖衛團’不也得吃飯？”

　　狗腿子：“這好說。鎮上除去帶路搜山的，就剩二、三十個人了。”

　　沈老闆：“隊伍什麼時候開拔？”

　　狗腿子聲音更低了：“明天一早就往山裡開。這米嘛，至遲明天天黑以前就得放出去。記住，可千萬別漏了風。”

　　沈老闆：“是。今天半夜裡裝船。”

　　小冬子機警地輕步走開。

　　深夜。昏暗的小屋，昏暗的油燈。

　　小冬子趴在麻袋上，捏著一段鉛筆頭，在一張紙頭上緊張地寫著什麼。

　　椿伢子蹲在門邊了哨。

　　小冬子停住了筆，在他耳邊響起了白天聽到的對話的聲音：

　　……

　　沈老闆：“這回進山一共是多少隊伍？”

　　狗腿子：“正規軍一個營，保安團兩個連……鎮上就剩二、三十個人了。”

　　沈老闆：“什麼時候開拔？”

　　狗腿子：“明天一早……”

　　…………

　　小冬子捏緊了筆頭，急速地寫下去。

　　椿伢子忍不住，湊過來，趴到小冬子身邊看著。

　　小冬子把寫好的紙條遞過去。

　　椿伢子看著，高興地晃了晃大拇指：“嘿，你的字寫得真不賴哪，跟帳房先生寫的差不多啦。是在山上學的？”

　　小冬子正想得出神，沒有應聲。稍停，他拉過椿伢子，果決地：“宋爺爺說：米裡有鬼，一點不假。那米，是給搜山白匪做軍糧的，得想辦法幹掉它！”

椿伢子：“怎麼幹？”

小冬子附在椿伢子耳邊，聲音更低了。

椿伢子兩手一拍：“要得，要得！”

小冬子：“這可是大事，明早買菜的功夫，我去找宋爺爺問問”，他把紙條一晃，“還有這個也得快送上山去。”

“咱們先準備好嘛！”椿伢子跑出去，拿來了筆、硯、木牌。

一隻手把“今日無米”牌子上的“無”字擦掉，又端端正正地寫上了一個“售”字。

兩個小腦袋湊在一起，端詳著木牌。

傳來了腳步聲。沈老闆在門外厲聲地：“你們還不睡，點燈熬油地幹什麼？”春伢子早把木牌藏到了身子下面。

沈老闆的聲音：“快到後門裝船去！”

椿伢子聽著漸漸遠去的腳步聲，朝小冬子做了個鬼臉。兩個小夥伴開心地大笑起來。

早晨。“茂源米號”大門緊閉，門上卻掛起了“今日售米”的牌子。

買米的人群擁在門前，打量著牌子：“今天賣米啦！”“怎麼還不開門？”

有人掄起拳頭擂著米號的門板。

沈老闆披著衣裳匆匆走出，驚愕地看著被推擂得搖搖晃晃的門板，高叫：“沒有米，沒有米！小山子，快把門頂好。”

小冬子應聲而來，又向大門跑去。

小冬子從小視窗探出頭去。

群眾擁擁擠擠，叫著：“開門，快開門！”

擠在人群中的宋大爹和小冬子打了個照面，湊近身邊一個怒容滿面的年輕人，小聲地：“我見店裡的米都在後門裝船了，怕是又要運走啦！"

　　青年人氣憤地猛揮動著手裡的口袋："什麼？米都在後門裝船啦？放著米不賣，要運走？要餓死人哪？！"

　　曾經見過的、給過小冬子鹽的鐵匠憤怒地喊："走，去把米截住呀！"

　　又一個曾經給過鹽的婦女："反正不去也得餓死，走呀！"

　　"走呀！"群眾向後門擁去。

　　宋大爹向小冬子使了個眼色，跟隨群眾向米店後門奔去。

　　小冬子一笑，關上了小門。

　　"茂源米號"後門，人山人海，熱鬧非常。群眾早已衝上米船，動手搶米。

　　沈老闆在岸上呼天搶地地喊叫："來人哪！來人哪！"

　　船上的人揮動著各種工具在搶米。

　　船上的人越來越多。有人喊："船進水了！""船進水了！"

　　有人喊："'靖衛團'來了。"

　　群眾擁上岸去。

　　十幾個"靖衛團"白狗子趕來，端著槍衝進人群，亂打亂抓。

　　一隻船的船舷被水淹沒，慢慢沉下水去。

　　"今日售米"的木牌被攙在桌子上。

　　沈老闆像瘋了一樣："這一字之差，兩萬斤白米全光了！是誰？誰幹的？"

　　遊擊隊的營地。

　　宋大爹對吳修竹說："……冬子幹的！"

　　一個遊擊隊員讚歎地："冬子這一手幹得真漂亮！"

　　吳修竹看完了情報，把紙頭一揚："搞掉了敵人的糧，幹得好；這情報，搞得更好！"

宋大爹和隊員們圍上來。

吳修竹："敵人搜山的部隊今天一早出發了。"

遊擊隊員們高興地："打！"

一個隊員："打它的埋伏！"

"打，當然要打。"吳修竹略一沉吟，下了決心；："我看就把山讓給國民黨的正規軍去爬去吧，我們來個'雷公打豆腐'，襲擊姚灣鎮，搗他的老窩去！"

大家齊聲地："好！"

吳修竹一揮手："準備出發！"

晚，"茂源米號"裡，一盞大煤油吊燈把客廳照得通亮。飯桌旁坐著米號老闆和喝得半醉的大土豪胡漢三。胡漢三滿臉怒氣，沈老闆心煩意亂。

沈老闆舉起酒壺給胡漢三倒酒，口裡不停地訴苦："……就這麼一下子，我的兩萬斤米全完啦！"

胡漢三不滿地："米號破點財是小事，耽誤了搜山的軍事行動，事可就大嘍！"

沈老闆一驚："這……"

胡漢三："搶米的事查了沒有？"

沈老闆："已經報了警察局。"

"警察局頂個屁用，"胡漢三生氣地，"這不像平常的聚眾鬧事，恐怕是共產黨、遊擊隊的活動。……"

客廳外，小冬子端菜走來，椿伢子迎上。

椿伢子："讓我去，當心胡漢三認出你來！"

小冬子："不，我去！"

沈老闆叫聲："小山子，上菜！"

小冬子端著一盤菜走到桌前。

胡漢三忙把話停住，一雙醉眼看了看小冬子。

小冬子不動聲色地退出去。

客廳外面。小冬子停步傾聽。

胡漢三的聲音："這個伢子是哪裡人？"

沈老闆的聲音："本地人。鋪保說，他家就在鎮外。"

胡漢三的聲音："噢，既是本地人，那就算了。"

小冬子眼珠兒轉了轉，輕步走開。

客廳內。胡漢三正色地："……家賊難防啊，還請老闆在店夥裡徹底查一查，兄弟願意幫忙。"

沈老闆："多謝胡團總！"

小冬子端菜進來。

胡漢三的一雙狼眼有些懷疑地盯上了小冬子。

小冬子沉著、冷靜地往桌上擺菜，倒酒。

沈老闆："胡團總，請！"

胡漢三帶傷疤的右手，端起了酒杯。

沈老闆："胡團總，你這手……"

"沒什麼，讓個小狼羔咬了一口！"胡漢三故意瞟了小冬子一眼。

小冬子面不改色。

小冬子端著一盆水，走進裱糊得華麗而粗俗的客房。

胡漢三醉醺醺地半躺在一張竹靠椅上。

小冬子把水盆放在盆架上，發出的聲響驚醒了胡漢三。他強睜開眼睛，懷疑地盯著小冬子的背影。冬子轉身向外走。

胡漢三突然喊："潘冬子！"

小冬子像沒有聽見一樣，繼續走去。

胡漢三改了口氣："你回來！"

小冬子在門口停下。

胡漢三："你媽媽在家嗎？"

小冬子："不在。"

胡漢三："死了？"

小冬子轉身，正視著胡漢三："不，活著！"

胡漢三站起來，蹣跚地走近小冬子："你爸爸呢？"

小冬子："在家。"

胡漢三："做什麼的？"

小冬子："殺豬的。"

胡漢三走近："還會殺人吧？"

小冬子沒有回答，卻突然笑了起來。

胡漢三逼近小冬子："別笑，你叫什麼？"

小冬子："郭震山！"

胡漢三那只帶傷疤的手揪住了小冬子的胸口："不對，你姓潘，叫潘冬子。你爸爸叫潘行義，你媽媽叫火燒死了！……"

正在這時，椿伢子來到門口："郭震山，你媽來了，在外頭等著你哩！"

胡漢三一怔，鬆開了手。

米店後門的河岸。兩個小夥伴站在黑暗裡低聲談話。

椿伢子焦急地："冬子，快走吧！"

小冬子默默地搖搖頭："不！"

椿伢子："明天，胡漢三酒醒了，會認出你。"

小冬子堅決地："我不讓他活到明天！"

"你？"椿伢子遲疑了一霎，"那，我跟你一塊兒……"

小冬子："不，你走！"

椿伢子奇怪地指著自己的鼻子："我？"

小冬子："你。你快去找宋爺爺，向他報告。請他告訴吳大叔，趁著這裡一亂，趕快打進來！"

椿伢子還有點遲疑："這……"

小冬子推了他一把："快，戰鬥嘛，迂迂磨磨，還是兒童團員哪！"

椿伢子一跺腳："好！"轉身便走。走了兩步，又返回來，俯到小冬子身邊：“冬子，你可多加小心呵！”

小冬子抓住了椿伢子的手，激動而又嚴肅地，“告訴宋爺爺、吳大叔：我是黨的孩子，是兒童團員，決不會給黨丟臉！”

深夜。小冬子背插柴刀，手提一把煤油壺，躡手躡腳來到胡漢三睡覺的房門口。房門虛掩，門上掛著一把鋥亮的銅鎖。

屋裡傳出胡漢三的鼾聲。

小冬子止步，想了想，輕輕把門推開，走進。

桌上，一盞帶罩子的半明半暗的煤油燈。

小冬子毅然提起油壺，把煤油全部澆在胡漢三的床上。然後，拿過油燈，拔下燈罩。

被子點燃了，帳子燒著了，滿床騰起了熊熊烈焰。

火光映著小冬子充滿憤怒和仇恨的臉。他從容地拔出柴刀，提在手裡，大步向房門走去。

就在這時，被燒得焦頭爛額的胡漢三，連滾帶爬地滾到床下，又掙扎著向門邊爬了幾步。

小冬子回轉身來。他威嚴地站著，鄙夷地盯著腳下的胡漢三。

胡漢三仰臉向上一望，驚懼地：“是你？……”

小冬子厲聲地：“是我！紅軍戰士潘冬子！”

雪亮的柴刀，迎著火光，高高舉起，又凌空劈下。

小冬子走出房門，回身上鎖。

火焰、濃煙，從窗口噴吐出來。

這時。傳來了激烈的槍聲。

小冬子略一思忖，閃身走出了店門。

大街上。宋大爹扛根扁擔，提把篾刀，和椿伢子一道向米店方向跑來。

小冬子在奔跑。

椿伢子：“冬子！”

小冬子高舉柴刀：“宋爺爺，胡漢三砍死了！”

"好！"宋大爹拉住了小冬子，"你吳大叔帶著部隊打進來啦。"

小冬子："走，接他們去！"

兩個小夥伴手牽著手，跟著宋大爹向著一條僻巷跑去。

一隊被遊擊隊追趕著的"靖衛團"散兵，由狗腿子帶領著，狠狠逃命。他們跑過鎮中心的十字街口，迎面遇上了吳修竹帶領的一隊遊擊隊員。

吳修竹和隊員們射擊。白狗子倒下了幾個。

白狗子折進又一道巷子，迎面傳來"繳槍不殺！"的喊聲。他們跌跌爬爬地往回竄。

巷口上，就在"計口售鹽"的鹽店門口，宋大爹老少三人迎面遇上了潰逃過來的白匪。

"繳槍不殺！"宋大爹高舉起扁擔，小冬子、椿伢子亮起柴刀，向著敵人撲去。

吳修竹帶遊擊隊員們從三面包圍過來。

殘匪們跪倒在地，舉槍投降。

尾　聲

萬里晴空。

盛開的映山紅。

小冬子和吳修竹一起，穿行在花叢之中。他戴著一頂合適的八角軍帽，穿著吳修竹做的那件顯得小了的夾襖。

在他們的後面，遊擊隊員們正走下山來。

花枝拂面，彩蝶紛飛。

歡快昂揚的旁白："激烈的階級鬥爭中，我們送走了又一個寒冬，迎來了春天。由於毛主席抗日民族統一戰線政策的輝煌勝利，我們在江南堅持鬥爭的紅軍遊擊隊，奉黨中央的命令，準備開赴抗日前線。毛主席從延安派來接我們下山的親人，就要來到了！」

歌聲起。江西山歌的旋律。

在一塊高高的山石旁，小冬子慢慢地停住了腳。望著那絢麗的山花，他情不自禁地把手撫到胸前，掏出了那顆閃閃的紅星。

紅星鮮豔得象一朵盛開的紅花。

他手捧紅星，無限深情地：「吳大叔，你還記得嗎？」

吳修竹：「什麼？」

小冬子：「我媽媽說過，等映山紅全開了，咱們的紅軍，我爸爸他們就回來了。」

吳修竹領著小冬子的手握緊了。他緩緩地點了點頭：

「我還記得，你想和你爸爸一樣，把這顆紅星戴到軍帽上，當一個紅軍戰士！」

小冬子希望地：「那，什麼時候？……」

吳修竹：「現在！」

他脫下了小冬子的軍帽，接過了那顆紅星。

小冬子凝視著那滿山的鮮花。他那孩子氣的臉上浮泛著希望和期待的神情。

吳修竹半蹲下身軀，為他整理戴有紅星的軍帽。

小冬子微笑著，注視著吳修竹。他看到了吳修竹那英俊的面孔；他看到了吳修竹八角帽上那閃閃的紅星；他看到了遊擊隊員們向他表示祝賀的笑臉。

抬頭望向前方，他又看到了他在多次夢幻中曾經見到過的景象——在爛漫的山花叢中，載著紅軍戰士的兩騎快馬飛馳而來。

小冬子和吳修竹快步迎上前去。

快馬飛馳。

小冬子跑步。

最前面那個騎白馬的人，就是潘行義。

小冬子放慢了腳步，注視著來人，耳畔彷彿響起了媽媽那激動人心的歌聲："若要盼得紅軍來，嶺上開遍映山紅……"

小冬子撲上去："爸爸！"

潘行義跳下戰馬，緊緊摟住了兒子。望著兒子軍帽上那顆閃閃的紅星，熱淚盈眶。

吳修竹走過來了。

潘行義握著吳修竹的手："老吳！我差一點認不出他了！"

吳修竹："可不，三年了嘛！你走的時候，他還是個孩子，這會兒，成了個紅軍戰士啦！"

小冬子偎近爸爸："爸爸，這些年，你給我的紅星，我一直放在身上。"

潘行義："後來，你吳大叔又幫你把紅星戴到了軍帽上，是不是？"

吳修竹："不，是他自己把這顆紅星戴到了心頭上！這些年裡，閃閃的紅星照耀著他，孩子可從來沒有後退過一步啊！"

潘行義向著小冬子："孩子，記住：是黨把你拉扯大的。你前面的路還很長很長。以後每走一步，都要看一看，看是不是走在了毛主席的革命路線上！"

主題歌聲起。

紅星閃閃放光彩，

紅星燦燦暖胸懷。

紅星是咱工農的心，

黨的光輝照萬代。

服裝整齊的遊擊隊員們，在吳修竹、潘行義的帶領下，離開了陽光燦爛的駐地。在吳修竹身後，小冬子和椿伢子並肩走著。

走過開遍映山紅的山坡。

走過胡家大門前。

當年吊打過小冬子的枯樹枝上，一長串鞭炮在歡快地抖動。

　　在敲鑼打鼓的群眾行列裡，宋大爹神采奕奕地點響了披紅掛綠的鳥銃。

　　深沉有力的旁白："革命的道路艱難曲折，革命的前途無限光明。在閃閃的紅星照耀下，我度過了自己戰鬥的童年；在閃閃的紅星照耀下，我又踏上了新的戰鬥歷程。"

　　隊伍雄壯地前進。

　　紅旗下，小冬子英姿勃勃。

　　軍帽上，紅星閃閃發光。

　　一九七四年三月

（原載《解放軍文藝》1974 年第 2 期）

創　　業

（電影文學劇本）

大慶油田、長春電影製片廠
《創業》創作組集體創作
張天民執筆

第一章

一、拉駱駝的人

一九四九年初秋。

連綿無盡的祁連山雪峰，風起雲湧。"叮咚""叮咚"的駝鈴聲響起……

戈壁灘上，一支駱駝隊緩緩前來。這是裕明油礦的運輸隊。

駱駝隊走過一望無際的大沙丘。長年累月，風吹沙移，使沙丘留下一行行鮮明的波紋。駱駝隊走過，在沙丘上留下一行長長的蹄印。

拉駱駝的是一個二十三歲的石油工人，穿著一件糟爛的老羊皮，舊布頭巾紮著一頭粗硬的短髮，面孔骨骼突出，一雙眼睛閃著光焰，若有所思，望著遠方祁連山腳下一片黑霧籠罩的油礦 —— 他是十斤娃。

十斤娃走著，一雙補丁摞補丁的大鞋沉重地踩著戈壁灘上的卵石。灰綠色的駱駝草星星點點地散落在茫茫的戈壁灘上。

　　一個穿黑制服、戴大蓋帽的礦警在後面押運。他倒挎著步槍，滿頭大汗，打開水壺，貪婪地喝了一口水。

　　十斤娃和他的駱駝隊走在乾旱的戈壁灘上。

　　突然，狼嗥似的警笛聲傳來，十斤娃停步望去。

　　一輛黑色的鐵皮囚車，從油礦那邊揚塵捲土而來。鐵欄桿的視窗內有幾個被捕工人的面孔。最顯眼的是馮超，他是油礦工務課的小職員，三十歲的樣子，穿著一件直領舊學生裝。頭髮蓬亂，戴著手銬，以驚恐悲涼的眼色看著過路的十斤娃。

　　囚車疾駛而去。

　　十斤娃心情沉重：出門幾天，礦上又在抓人。

　　“叭”地一聲，十斤娃渾身一震，礦警從背後抽了他一皮鞭。糟紙似的老羊皮立即裂開一道口子，鮮血從肩頭洇了出來。十斤娃用手摁住肩膀，猛地轉過頭 —— 一雙憤怒的眼睛！

　　這噴火的眼睛，這火山即將爆發似的眼睛，瞪著那尖嘴猴腮、賊眉鼠眼的礦警。礦警四顧無人，嚇得連連後退。

　　十斤娃用手掩一下衣襟，猛然想起，這衣襟裡，貼著熱乎乎的胸口藏著一份《中國人民解放軍佈告》，是他從外地一個小鎮的牆頭上偷偷揭下來的，他要把這帶進礦裡，告訴那些受盡苦難的工友……於是，他強壓怒火，不與礦警糾纏，拉緊韁繩，向前走去。

　　茫茫戈壁，高高低低，鋪滿了大大小小的石頭。這乾旱、荒涼的曠野上，長著一墩一墩堅韌的駱駝草。

　　黑沉沉的百尺峭壁夾著烏黑的石油河谷，巨大的陰影投在“裕明油礦”的大門上，四根磚砌的門柱兀立著，柱上掛著嚇人的獸頭浮雕。密密的鐵絲網從大門兩側延伸開來，爬上有明碉暗堡的黃色山頭，圈著整個礦區。大門內外站著兩對荷槍實彈的黑衣礦警。

　　駱駝隊走過來。

押運的礦警拿出"特許證"給站崗的看，請求通行，順手掏出"三五"牌香煙，讓著他們。

十斤娃的駱駝隊被放進礦區。

戈壁灘上的土坑上下坐著一群探望親人的婦女們，在那裡等待、避風；有人已經等上幾天了。十斤娃的母親周大娘突然發現兒子回來了，站起來，揚起手大叫："十斤娃！"奔向門口。

十斤娃聽見喊聲忙回頭，驚喜地喊一聲："娘！"甩掉韁繩，想奔出門外會見親人。

礦警攔住他，吼叫著："幹什麼？快回來！不許出去！"

十斤娃返回身跑到鐵絲網跟前。兩手抓住鐵絲網，眼巴巴地望著娘。

奔到門口的周大娘被礦警攔住，不準靠近，不準見面。礦警吼叫著："去！去！"連推帶搡地推走周大娘。

周大娘望著兒子跟蹌後退，無奈，離開油礦走向茫茫的戈壁灘。

風沙無情地摔打著駱駝草。

突然，汽車喇叭聲響起，裝滿箱籠行李的卡車從礦裡開出來 —— 國民黨開始逃跑了。汽車催促著前面的大車；大車上摞著七八具屍體，蓋著草席，露出一雙雙烏黑的赤腳。十斤娃明白：礦上又有工友被折磨死了。屍車來到門外，那群等在戈壁灘上看望親人的婦女蜂擁而上。有的人總算見到了親人，哭喊著："讓我看一眼吧！…'我可怎麼活下去呀！'""孩子他爹……"瘋了似地追逐著屍車。那個趕車礦警的皮鞭雨點似地打在她們的頭上、背上。

十斤娃心如刀割，一雙冒火的眼睛望著這悲慘景象，滿腔憤恨。抓住鐵絲網的手越握越緊，鮮血從手心裡滴落下來，他竟不覺得疼痛……

二、井　噴

黃昏。沉悶的下工汽笛聲震動山谷。

峭壁下彎曲的小道上，一群小工、童工、老頭排成長隊在挑最後一趟原油。他們勞累一天，精疲力竭，工頭提著皮鞭驅趕著他們。

工頭甲：「快點！下班交衣服！」

工頭乙：「快！別磨磨蹭蹭的！」

戴著破氈帽的范師傅關照著十四歲的童工油娃，向山上爬去。

黑沉沉的峭壁下，壓著一排排被油煙熏黑的小窯洞。

一個窯洞，掛著破草簾，洞內一片漆黑。

夜沉沉。

在這大山的胸膛裡有人正說著話：「……今天，又抓走了工務課職員馮超他們幾個人，聽說還要炸掉這個油礦。天黑得大發勁了……」哧地一聲劃亮一根火柴，點上大塊卵石摳成的原油燈，洞內紅光熠熠、黑煙嬝嬝。那人接著說：「也就快亮了！」

說話的是老周師傅——十斤娃的父親，一個身材魁梧的壯年漢子。十斤娃、十四歲的童工小油娃驚奇地聽著。

十斤娃突然想起那張自己冒著生命危險帶進來的佈告，忙從胸口掏出來，遞給老周師傅。

老周師傅接過來，打開看看。

毛主席簽署的《中國人民解放軍佈告》在燈火的紅光中展開。

老周師傅看到佈告背面有漿糊和揭過的痕跡，欣喜地問兒子：「從牆上揭下來的？」

十斤娃點點頭。

老周師傅：「好小子！」

油娃不解地問：「周大伯，這是啥？」

老周師傅眼裡閃爍著興奮的光彩：「小油娃，這是毛主席、解放軍的命令!"

一句話勾起了小油娃的記憶,他說:"周大伯,我今個還聽說礦上來了個解放軍!"

十斤娃一驚。

油娃忙告訴他:"真的!就在你出門的這幾天……"

老周師傅看油娃一眼,叮囑地說:"小油娃,可不能亂說。咱們要用身家性命保護他!"說著,疊起佈告,對十斤娃說:"孩子,這有用啊!我馬上就交給他!"老周師傅把這個"他"字說得很重,但是,現在只有老周師傅一個人知道,這個"他"指的是誰。

老周師傅剛剛把佈告揣在懷裡,洞口傳來一聲吆喝:"收衣服啦!"隨著聲音馬鞭子挑起破草簾,闖進來一高一矮兩個工頭。

拿馬鞭的工頭:"快把衣裳、鞋都脫下來!"

挂著一根青銅棍的工頭喊:"怎麼還不脫!"

每天下工收衣裳是油礦的慣例,官僚資本家怕工人逃跑。可是近日來他們自己正準備逃跑,顧不上了,所以油娃問道:"領班,好幾天沒收了,今天犯了什麼病?"

老周師傅說:"到這節骨眼上,誰還想跑?"

挂青銅棍的工頭說走了嘴:"跑光了倒省心了!就是不許你們出去!"

拿馬鞭的工頭瞪了那個傢伙一眼:"少跟他們廢話!快脫!"

十斤娃知道事情有些蹊蹺,看看父親。老周師傅警覺地思謀著。他想出道理來了,對工頭說:"啊!今兒黑價有事吧?"

正在這時,外面傳來嚇人的吼叫聲。

老周師傅一怔,聽聽聲音,喊道:"井噴!"

拿馬鞭的工頭罵起他的夥伴:"他媽的!這兒還沒收完呢!"

老周師傅全明白了："雜種！你們想毀掉這個油礦！"一把揪住一個工頭的脖領，十斤娃也一躍揪住另一個工頭。

工頭："周老大！你……你想造反？"

老周師傅揪住工頭向兒子喊道："十斤娃，快把收的衣服給工友們送去，叫大夥出來壓井，保住油礦！"

十斤娃一搡把工頭扔倒在地上跑了出去。老周師傅也扔開另一個工頭奔出洞外。油娃也跟著跑出。

拿馬鞭的工頭一邊爬起來一邊向同夥喊："快，別讓他們跑了！"

油礦井場。敵人製造了井噴，企圖破壞油礦，毀掉鑽機。這時，油、氣、水大量噴出井口，黑色噴柱噴了幾十米高，衝上二層平臺，原油挾著地層裡泥沙石塊飛上天空，又落了下來。井場一片油海，尖叫聲能震破人的耳膜。油柱噴射著，油井吼叫著。

國民黨匪兵、工頭、礦警隊把井場團團圍住，槍口對外，戒備森嚴，不準人內。

工人們和敵人搏鬥。老周師傅趕來，吼叫著，帶領著工友們往裡衝。

工人們用鐵鍬、撬杠跟礦警、匪兵搏鬥。

老周師傅和工人們衝進井場，碰上十斤娃和油娃，老周師傅說："快去挖油池，一滴油也不能糟蹋！"十斤娃和油娃領會地轉身跑向石油河坡下。

"跟我來！"老周師傅一揮手向井場跑。

後到的工人仍在與礦警搏鬥，礦警狼狽後退。蠢豬似的礦警隊長嘶嚷著："站住！再不站住我要開槍啦！"工友們根本不理他，還是往裡猛衝。

老周師傅指揮著工人們壓井。范師傅跑來望望井架，井架上還亮著電燈，燈頭在氣流的衝擊下搖晃著。他喊道："老周！天然氣很大，燈泡一碎，馬上就是一場大火！"

老周師傅想了一下，向配電房猛跑。

配電房。老周師傅跑進來，拉下電閘。

井架上的電燈熄滅。井場一片漆黑，人聲嘈雜。井噴的吼聲震耳欲聾。工友們在壓井。

井場外，一個黑暗的角落裡，一個戴禮帽的瘦猴趕來，他是裕明油礦偽特別黨部書記長。他看到工友們已經衝進包圍圈，正在壓井，冒了火，叭地打了礦警隊長一個耳光，罵道："混蛋！為什麼不開槍？"

礦警隊長捂著腮幫答道："怕著火。"

偽書記長眼睛裡閃出陰冷的光："廢物！美國顧問的深謀遠慮全叫你們這幫蠢豬給毀了！去！推上電閘，燒光！不能給共產黨留下！"

跟隨他前來的穿茄克大衣的油礦經理在一旁搖頭晃腦地說："書記長，這些工人聚眾鬧事，得給我想辦法呀！"

偽書記長陰冷地笑笑。

蠢豬似的礦警隊長拔槍向井場跑去。

配電房前。

老周師傅高高舉起一把大管鉗威武地挺立著，向前來合閘放火的礦警吼道："誰敢合閘！"

礦警們與守衛配電房的工友們搏鬥著。

礦警隊長手舉匣槍向老周師傅喊道："躲開！不躲開我可開槍了！"

老周師傅高舉大管鉗，凜然不動。

井場外，黑暗的角落裡，一個戴鴨舌帽、穿西裝的特務跑到偽書記長跟前，他帶來了獄中轉來的材料，神秘地小聲報告："書記長，重要情報！周老大跟那個共產黨有聯繫！"遞上一本檔案夾子，裡邊有叛徒的口供。

偽書記長眨動著閃著鬼火似的小眼珠："周老大？"

　　偽經理在一旁煽動著："對，對，把周老大抓住就好了！"

　　特務諂媚地："抓住周老大，就能抓住那個共產黨！"

　　偽書記長想想，命令道："走！"這一群人跟隨他去抓老周師傅。

　　偽書記長帶一班人跑到配電房前。這時，礦警隊長正瞄準老周師傅，偽書記長邊跑邊喊："別開槍、抓活的！"

　　話音未落，"噹"地一聲槍響，子彈飛出槍口，瀰漫在井場的天然氣轟地一聲著起熊熊大火，井架立即成了一隻天燈。

　　偽書記長對礦警隊長："他媽的！你們怎麼開槍了呢？"礦警隊長支支吾吾地解釋著。舉著大管鉗的老周師傅中彈。他忍著傷痛昂首挺立，火光映照著他剛毅的臉，像一尊銅像。

　　工友們怒火中燒，衝向礦警們，這不可阻擋的洪流，壓垮了礦警的隊伍，一片混亂。此起彼伏的驚叫聲和哀鳴聲。

　　老周師傅挺立著，像一尊銅像。

　　石油河邊，正在挖土油池攔油的十斤娃聽見槍聲，望見大火，扔下鐵鍬向井場迅跑。

　　油娃向井場迅跑。

　　范師傅幾個人抬著身受重傷的老周師傅離開火海，來到石油河邊。

　　十斤娃猛撲到父親身邊。

　　油娃和工友們一聲一聲地叫著："周大伯！""老周！""周師傅！"

　　老周師傅靠在一個工友的胸脯上，睜開眼看見十斤娃，猛然他從中彈的胸口掏出一件紅色的東西。這是一隻"護礦隊"袖標，上面穿了一個彈孔，被鮮血浸透。老周師傅急速地把它塞進十斤娃的衣襟裡。

　　十斤娃不知道父親給了他什麼物件，只覺得有一樣粘乎乎的東西貼在胸脯上，他想看看，抽出那只帶血的袖標的一角。父親的大手一下子摀住他的胸口,而後警覺地望望周圍。

井場,人聲嘈雜,井吼震天,人影在火光中閃動。幾個身上著火的工人奔跑著。僞書記長帶著一班人狼狽地從石油河上逃竄。

老周師傅的大手從十斤娃胸口無力地滑落下來……

他,中國第一代石油工人,戈壁灘上倔強的奴隸,入黨沒幾天的一個新黨員,我們主人公十斤娃的父親,在解放前夕,爲了保護油礦,就這樣英勇地犧牲了。被燒得通紅的鋼鐵井架,轟然倒下。油井在怒吼,大火在燃燒,汽笛在長鳴——這是他莊嚴的葬禮。

十斤娃,年輕的奴隸,瞪大一雙悲憤的眼睛,黃豆大的淚珠子無聲地滾落下來!

三、天快亮了

又是那壓在沉沉大山下的小窯洞。

地上鋪著草,有三個用芨芨草捆成的枕頭。現在,屋裡只有十斤娃和油娃兩個人了。

小油娃悲痛地抽泣著。這無父無母、無名無姓的孤兒,自從進了油礦就跟老周師傅相依爲命;周大伯像他親生的父親,十斤娃就是他的哥哥。然而,現在只剩下兩個人了。

這窯洞,是周大伯一鎬一鎬開的。

這卵石原油燈,是周大伯一點一點摳的。

這枕爛了的芨芨草枕頭,是周大伯親手捆的。

然而,現在只剩下兩個人了。

悲憤已極的孤兒油娃忿忿地用拳頭抹去眼淚,順手抄起一根鐵棒,一聲不響地奔了出去。

十斤娃驚異地看看油娃的背影:他幹麼去?他是報仇去了!怎麼辦?他猛然想起父親的遺物,從懷裡掏出紅袖標。

帶血的袖標告訴他:"護礦。"

他收起袖標,匆匆趕出去。

黎明前。油礦的山巒黑沉沉。

峭壁上面是油礦辦公大樓，是美國顧問居住的白色的"裕明別墅"。今天，那裡徹夜燈火通明。

峭壁下的大溝裡是礦區，是工人們汗黑的窰洞。遠處，隔著一個山腳是燃燒著的油井。

順著彎曲的小道，黑壓壓的人群擁過來，爬上來。人們舉著火把，拿著大鉗、鐵棒、木棍、斧頭，不管它是什麼，只要能做為武器就行，他們要給老周師傅報仇去，要砸爛經理、顧問的天堂，要去和駐紮在油礦的國民黨部隊、礦警隊拼命。

小油娃和范師傅走在最前頭。

這憤怒的波濤，翻捲，奔流。

馬上就是一場血和火的惡戰。

誰能阻止住這一股洪流？

"站住！"一聲吶喊，有如雷鳴，有如洪鐘，餘音在山谷中迴響。

人們停了下來，驚異地抬頭望著。

十斤娃抄近路從上面下來，伸開雙臂堵住只容兩個人側身通過的小路。

人們吃驚地議論著，憤怒地質問著十斤娃。

油娃："我們去給周大伯報仇！"

工人們吼著："報仇！" "躲開！" "讓我們過去！"

十斤娃想不出怎麼說服人們，突然他掏出紅袖標，雙手撐開，舉過頭頂。

火把的紅光輝映著有彈孔的袖標："護礦隊"。

要組織起來護礦，不要盲目行動去報仇。工友們沉默了。范師傅"噹"地一聲放下肩頭的大管鉗，思謀著。

油娃："范大叔，咱們怎麼辦？"

范師傅低頭不語，應該衝開十斤娃的攔阻，還是聽十斤娃的？一時拿不定主意。

火把呼呼地燃燒，山上山下連綿成長長的火龍陣，後面的人繼續朝前擁，前面人越集越密，議論紛紛。人人心裡都是一個問題：到底應該怎麼辦？

突然間，十斤娃的身後響起一個宏亮的聲音："工友們！按老周師傅的囑咐去幹！"

這聲音驚動了人群。十斤娃轉回身看去。

一個三十歲的工人站在眼前。他穿著粗布褲子，粗布對襟褂子，戴著一頂舊工人帽，方圓臉，兩道濃黑的眉毛，眼睛炯炯有神，閃著機智的光芒。他是華程，我解放軍某部團政委。抗日戰爭期間，他負傷後到延安學習，當過一個時期的陝北延長油礦負責人；解放戰爭中保衛延安時，帶領過一支石油工人游擊支隊，為保衛黨中央、保衛毛主席，轉戰陝北。現在奉黨的命令提前進礦，瞭解情況，組織工人護礦，迎接解放。

十斤娃、范師傅、油娃驚異地看著他。

華程一眼瞥見十斤娃手裡的袖標。這只袖標的主人他是熟悉的，可是他已經犧牲了，袖標上有一個彈孔。華程伸手想接過袖標仔細看看。然而十斤娃警惕地一甩手，把袖標藏在背後，衝他瞪起一雙疑惑的大眼睛。

華程不生氣，反倒親切地笑了。

年輕的奴隸十斤娃，看夠了冷眼和蔑視，這輩子頭一回看見這樣一張陌生人的和藹可親的臉。

華程機警地判斷："我沒認錯，你是十斤娃！"並鼓勵地說，"你做得對！"

是怎麼回事？十斤娃更加迷惑了。

范師傅大聲問："你是誰？"山坡小道上的工友們心裡都有同一個問題："你是誰？"

華程向著隊伍："我是頂著別人的名字來礦上幹活的。"

一句話，把他和工友們的距離拉近了。礦上每天都在死人，工頭不上報，吃空額，有時招一批人，也就是頂著死人的名字幹活。

華程爲了證明自己的身分，從口袋裡掏出一張疊得四四方方的大紙，打開，是那張《中國人民解放軍佈告》。十斤娃、油娃想起周老大那句話：“我馬上就交給他！”不用問，就全明白了。

十斤娃的眼裡又驚又喜。

天真的油娃衝口而出：“毛主席派來的解放軍！”

“解放軍？”

“解放軍！”

隊伍裡“嗡”地一聲，一個個傳開了。幾天來，在煙薰火燎的黑窯洞裡，在泥濘油污的鑽臺下，在採油井房，在設備簡陋的煉場，受苦的工友們秘密地、充滿希望地談著這個消息。今天證實了，這不是謠傳，不是夢想，這是實實在在的啊！小油娃認出他來了！那還有錯！

人們像潮水一樣往前擁，緊緊地圍上了華程，一張張油污的臉，一雙雙激動、興奮、明亮的眼睛望著他，期待地望著他。

華程張開手臂，熱情地說：“毛主席關懷著我們這些戈壁灘上的石油工人！咱們中國石油工業未來的希望寄託在你們身上！”

十斤娃看看大夥，看看華程，眼睛放射出光輝，好像突然之間他更年輕了，更英俊了，火把的紅光在他身上、臉上熠熠閃爍。

華程沉靜了一下，望望那峭壁頂上燈火通明的“裕明別墅”，接著說：“這個油礦是咱們這些奴隸創造的。可是那些毒蛇猛獸，喝乾了我們的血！要報仇，就得組織起來把他們消滅乾淨！一切歸勞動者所有，我們要做新世界的主人！”

十斤娃憨厚地笑著。這些話是他容易理解的，是他心裡片片斷斷想過的，今天，華程把它系統地說了出來，說得那麼深刻，那麼有力，那麼吸引人。在十斤娃眼前展現出一個全新的世界，他在向著這個世界微笑。

華程說著，臉色嚴肅起來："但是，敵人在垮臺以前，要把油井炸掉，把油礦燒毀……"

工人們憤怒地喊道："我們不幹！"

范師傅望望那還在燃燒著的油井，自告奮勇地說："我帶人去救火！"一揮手，領一群人走了。

一個青年工人："我帶人去起炸藥！"又有一群人跟他向採油礦方向走了。

一個老工人："我們去找經理！"

華程看看他，說："好，用工人護礦隊的名義告訴他們：聽候接管。保護有功者獎，怠工破壞者罰。"

華程就是這樣把工人們組織起來，按照毛主席簽署的《佈告》指引的方向行動起來，保護人民的財產。這時，許多工人從懷裡掏出火紅的袖標戴在自己粗壯的胳臂上，戴在那破舊的老羊皮衣袖上。十斤娃也戴上了父親的鮮血染過的袖標。他轉身剛要跟著工人們走，華程叫住他。

"十斤娃！"華程把那張牆上揭下來的佈告又還給他，"你去 '裕明別墅'，送送那位可愛的洋大人，不能叫他把地質資料和章工程師帶走。"

十斤娃會意，接過佈告轉身而去。

四、憤怒的眼睛

拂曉。在峭壁頂上的 "裕明別墅"。

十斤娃把《中國人民解放軍佈告》端端正正貼在大理石的牆壁上，轉身看看。

一間寬大的客廳，擺著沙發、流線型躺椅，地上鋪著華麗的新疆地毯。靠牆的玻璃櫥內擺設著珍貴的文物：陶俑、佛雕、樽和鼎。

　　美國顧問在中國這個革命的火山口上再也坐不住了，他忙了一宿，準備天明啓程回老家去，所以弄得桌子上杯盤狼藉，地上到處是碎紙片。現在他還在忙著把衣物裝進皮箱。

　　油礦工程師章易之 —— 一個三十多歲的細高個子，穿著一件黃色的舊皮茄克，舊法蘭絨褲子。衣著有點寒酸，但很乾淨規整。他從被窩裡被顧問請來，讓他考慮跟著一塊"撤退"。他沒答應，顧問不放他走，只好坐在一架落地式大收音機前，無聊地擰來擰去。

　　突然，收音機裡出現一個新鮮的、明朗的廣播員聲音：

　　"……《別了，司徒雷登》……"

　　這聲音立即吸引著章易之，他擰大一點。專注地聽著。

　　"美國的白皮書，選擇在司徒雷登業已離開南京、快到華盛頓、但是尙未到達的日子 —— 八月五日發表，是可以理解的，因爲他是美國侵略政策徹底失敗的象徵。……"

　　美國顧問被這聲音嚇了一怔。他看看章易之，倒了一杯"威士卡"，斯文地走過來，關掉收音機，說："喏，我說你想好了麼？工程師先生！跟我走。"

　　章易之看一眼顧問："不！大學畢業以後，我騎著駱駝來到這裡。……我要用我的知識，使我的祖國富強起來。"

　　正在這時，十斤娃走進走廊，站在客廳門口聽著屋內的談話。

　　美國顧問不大高興，但又無可奈何，他搖搖頭說："章易之先生，你以爲你的祖國會富強麼？它還會找到新油田麼？"走到皮箱跟前，翻騰出一本發黃的美國石油雜誌，"章，你聽，'中國東南部找到石油的可能性不大，西南部希望更爲遙遠，西北部不可能成爲一個重要的油田，東北、華北也不可能含有大量的石油……'"

　　十斤娃站在門口聽著。

　　—— 一雙憤怒的眼睛。

美國顧問把這本舊雜誌給了章易之，接著說："好呀！這位美國權威給你們描繪出一幅多麼美好的圖畫！哈哈哈……"仰天狂笑起來。

章易之心情複雜地看著他。顧問那種對中國蔑視的態度，傷害了他做為一個愛國者的自尊心，他忿忿不平；但這本雜誌上的話他是熟知的，確實是出自一位地質專家的筆下，做為一個地質科學家他無可反駁，只得捧著雜誌發呆。

美國顧問順手裝進幾個唐三彩陶馬和小型佛雕，提起皮箱："走吧！"匆匆走出。

章易之不動，又擰開收音機。

顧問來到前廳，在這裡遇到穿老羊皮、戴紅袖標的十斤娃，給他送行的是一雙憤怒的眼睛。

"你！……"顧問不由得後退了一步。今天，一切都反常了，章易之不馴，這個普通"苦力"又這樣大膽地盯著他。他一反斯文的常態，近乎歇斯底里地咆哮道："我們會封鎖中國的沿海，叫你們活不下去！"手杖碰到牆角的"美孚"油桶，噹地一響，顧問殺氣騰騰地敲擊著油桶說："看！'美孚'！沒有'美孚'，你們這裡只是一片黑暗！"

十斤娃站立著 —— 一雙憤怒的眼睛。

美國顧問不敢正視，回頭叫一聲"章！"悻悻而去。

屋內傳來廣播聲："……我們中國人是有骨氣的。許多曾經是自由主義者或民主個人主義者的人們，在美國帝國主義者及其走狗國民黨反動派面前站起來了。……"

章易之拿著那本舊雜誌，挺著腰桿走出來。

在門前的雨搭下，美國顧問等候章易之："快！沒有時間了！"

章易之果斷地："不！我不能跟你走！"

美國顧問看一眼章易之，好像不認識這個人似的。想想，無奈地：

　　"哼！那麼，把油礦地質資料統統給我拿來！"

　　章易之看看十斤娃，十斤娃堅定的眼色使他膽子壯了起來："不！我不能！"

　　顧問老羞成怒，舉起手杖威脅，十斤娃、章易之不屈地站住。正在這時，顧問發現牆上有張佈告，他歪著頭，探著身看著。念道："……一切外國僑民，必須遵守人民解放軍和人民政府的法令，……"他伸出一隻長滿黑色汗毛的大手要去撕下來，十斤娃抓住他的手，一把推開，提起一隻"美孚"油桶，一桶油全潑在美國顧問身上！

　　顧問從頭到腳都是油，像一隻落湯雞。皮箱、手杖全扔了："來人哪，造反啦！"尖叫兩聲，奔向一輛黑色福特轎車，拉開車門，一想，又跑過來，抱起皮箱，揀起手杖，鑽進汽車，開足馬力，倉皇逃去。

　　十斤娃憤恨地把空油桶向汽車尾部砸去，"噹啷啷"，油桶滾出去很遠很遠。

　　十斤娃餘怒未消，扭回身發現章易之抱著那本宣佈中國貧油的舊雜誌，奪過來三把兩把扯個稀碎，扔在地上。

　　章易之嘟囔著："這是學術著作……"彎下腰，想把它揀起。他不滿地看一眼十斤娃，心裡說：顧問是顧問，學術是學術，你怎麼能這樣……

　　十斤娃補丁摞補丁足有九斤半沉的大鞋踩在破碎的雜誌上。

　　廣播聲："……多少一點困難怕什麼。封鎖吧，……"

　　章易之逐漸直起身來聽著。

　　廣播聲繼續著："封鎖十年八年，中國的一切問題都解決了。中國人死都不怕，還怕困難麼？"

　　十斤娃年輕英俊的臉放射著光彩。他的大鞋踩著"中國貧油"那本雜誌，挺立著，挺立著，鮮明的袖標閃著光輝。

此時，遠方傳來隆隆的炮聲。

五、解放了

炮聲隆隆，越來越近。

高高的山巒占滿整個銀幕。鑄鐵一樣的山石上，投過來一道金色的晨曦。十斤娃，一個小小的身影，在山巔上，向著晨光熹微的東方奔跑。

短撅撅的老羊皮，火紅的袖標，充滿希望的臉色。……他在高山上瞭望、傾聽。

遠方炮聲隆隆。大地震動。

雪峰夾峙的祁連山口，出現一個小小的紅點，像一團火在跳動。近了，更近了，是一面紅旗。紅旗引路，大隊的中國人民解放軍騎兵部隊飛奔而來。

騎兵，馬蹄揚塵。

戰車，捲起煙霧。

重機槍在戰士的肩頭上顛動著。

赤腳的、穿沒底兒破鞋的、穿補丁鞋的人們，工人、家屬、老頭、婦女、骨瘦如柴的孩子，爆發出歡呼聲，潮湧一樣地奔跑，奔跑。

十斤娃穿過人群，向前奔跑。

火紅的旗，火紅的袖標，火紅的心啊！

壓在"三座大山"底層的石油工人們，今天，終於見到了、親手摸到了毛主席領導的工農子弟兵！

戰士，嘗一嘗戈壁灘上的紅棗吧！大娘用抖顫的手端著只粗瓷碗，嘗一嘗吧！

戰士，貼一貼小女孩的臉蛋吧，如果不是你們來了，她還會有比她的父兄更好的命運嗎？

十斤娃一把抓住第一個碰到的騎兵戰士，激動得說不出一句話。這個戰士年紀跟他相仿，高個子，臉上掛著親切的微笑。他叫許光發，幾年以後他轉業到石油戰線，朝夕和十斤娃相處。兩個人，一個火辣辣，一個熱乎乎；一個粗壯豪爽，一個細緻柔和，性格完全相反，倒也很合得來。這在當時，誰也沒有想到。許光發跟他打個招呼忙去趕隊伍，追擊散匪去了。

華程同志公開露面了。他身穿軍裝，風度瀟灑地穿行在人群之中，年輕的、圓臉龐的通訊員背著匣槍跟隨著他。

一輛戰車停下，下來戰車團長，他穿著長筒靴，挎著手槍，迎上華程熱烈握手。

戰車團長：“老華！你腿真快呀，什麼時候離開延長油礦，到這兒接管來了？”

華程：“才到兩個月。”

戰車團長跟他告別，走向戰車。

有一個人來向華程報告：“被捕的工人回來了。”

人們閃開一條路，四個剛從敵人監獄裡出來的人走過來，領頭的是馮超，他衣裳破爛、滿面傷痕。華程同情地看看他們，與他們握手。

馮超不認識華程，問道：“您是……”

通訊員：“華程同志，咱們礦的軍代表。”

馮超自我介紹：“我叫馮超。”

華程：“你們受苦了。”

馮超看看周圍的人，擔心地問：“老周師傅呢？”

華程：“他……犧牲了。”沉靜了一下，而後抬起敏銳的眼睛說：“不過，有人又戴上了他的袖標！”

不遠處十斤娃的背影，臂上有彈孔的袖標紅得耀眼。

馮超看一眼十斤娃，心裡打了個寒噤。

華程招呼一個幹部：“送他們回礦。”那人領著出獄的人走了。

華程走到十斤娃身邊，拍拍他的肩膀關切地問：“十斤娃，你沒有個大名麼？"

油娃插嘴道："他大名叫周挺杉。"

華程重複著："周挺杉？"

范師傅心情沉重地說："對。這個大名起了二十三年，沒人叫過……"

華程想到：這又是一個在舊社會沒有個正式名字的人！不由得一陣心酸。他抬眼望望進軍的洪流，望望歡慶解放的人們，克制一下，扭過頭，對十斤娃說："周挺杉同志，心裡裝著天下受苦人，挑起擔子跟黨走！咱們，解放了！"

"解……放……？"周挺杉念叨著，豆大的淚珠忽地湧出眼眶，抬頭望望祁連雪峰，望望潮水般的工人弟兄們，氣吞山河地喊道：

"解 —— 放 —— 啦！"

"解 —— 放 —— 啦！"工人們呼應著。

"解 —— 放 —— 啦 —— "千山萬穀回蕩著這喊聲。

黑沉沉的大峭壁轟隆隆地倒塌下來！

不可一世的陰暗碉堡稀裡嘩啦地倒塌下來！

歡騰的樂曲聲響起。

六、不信沒有油

茫茫的雲海。

壯麗的山河。

鑽機轟鳴，轉盤飛轉。

—— 二十四歲的周挺杉站在黨旗前舉手宣誓：誓爲共產主義的實現奮鬥終身。

轉盤飛轉。

—— 進入壯年的周挺杉已經成爲一名鑽井隊長。他頭戴鋁盔，弓著腰，奮力地拉著貓頭繩。頭上大汗淋漓。

轉盤飛轉，歲月流逝。

　　裕明油礦新區。井架立在山包上，鑽機轟響，正在鑽進。井場峭壁邊緣立著大標語牌："爲實現一九六〇年持續躍進而奮鬥！"標語牌下可以望見佈滿抽油機的石油河谷。

　　周挺杉在扶刹把。這時他已經三十四歲，長出青須須的鬍茬，方臉上骨骼突出，紋路清晰有力，身材魁梧健壯，精神煥發。一雙眼睛堅毅有神，專注地盯著前面的指重表。

　　井場上，成排的鑽桿前，范師傅和油娃指點著一張草圖，在研究一項技術革新方案。范師傅還是老樣子，瘦長臉，黑眉毛下有一對嚴厲的眼睛，微微駝背。他對著草圖搖著腦袋，顯出一種老不滿意的神情。油娃變化很大，他已長大成人，二十五歲了，成爲一名司鑽。他長得虎背熊腰，大鼻子大嘴岔，墩墩實實的中等個子，眼睛裡總是洋溢著一股快樂的光芒。"三座大山"壓了他十四年，到底沒有把他壓倒。他樂觀豪爽，不知道什麼叫苦和累。此刻他正對著草圖憨厚地笑，顯出對什麼都很滿意的神態。

　　女地質技術員姚雲朗走來。她二十六七歲，結實健美，穿了一身褪色的布工作服，半高腰翻皮靴。她是石油地質學校的畢業生，在井隊勞動和工作六七年了。在工人師傅的教育、幫助下，她蕩滌了自己身上的學生味兒、知識份子腔，養成質樸、熱情、坦率的性格。她來到油娃、范師傅跟前，一拍油娃的肩膀："油娃，馬上到五千米啦！"

　　油娃："是麼？技術員！我馬上就去。"

　　姚雲朗走上鑽臺，主任地質師章易之也在鑽臺上，兩個人專注地看著方鑽桿。這是一個關鍵時刻，周挺杉井隊在向月進尺五千米大關衝擊。

　　方鑽桿上用紅鉛油劃著一個杠杠，這是到達五千米的一個標誌。方鑽桿轉動著，鑽機轟隆作響，鑽頭在地下猛烈鑽進。一會兒紅杠杠隱沒在轉盤下。

　　章易之興奮地說："好啊！"

姚雲朗高興地叫道："章地質師，周隊長！月上五千米實現啦！" 她又轉過身向井場上幹活的工人們喊："月上五千米實現啦！"

工人們歡呼著。

周挺杉交班，若有所思地走下鑽臺。

石油河上卵石累累，掛滿黑色原油，溪水奔流直下。轉彎處，水流平緩的地方，水面上漂著一層原油。這些油都是從上游斷壁上滲出彙聚到石油河裡的。

兩岸峭壁之間有一架鐵索棧橋，橋上掛著標語："下班多撈一勺油，支援社會主義建設。"

此時，石油河上聚集著許多人，有下了班的工人們，也有工人家屬、小孩，人人拿著一個鐵舀子在水面上撇油倒進小桶，再送進大桶。國家缺油。石油工人就這樣一點一滴的增產節約，支援社會主義建設。

周挺杉的母親周大娘六十多歲了，兩鬢如霜，精神矍鑠，也在撈油；周挺杉的妻子陳淑芬幫她提著小桶去倒油。

周大娘叫住兒子，關心他正在鑽進的這口井的情況，盼望它能是個高產油井，因而問道："這口井能噴油麼？"

周挺杉沒言聲。這口井沒給他們帶來什麼好消息，地質部門已經決定不下套管，不試油了。他沒法回答母親，歎口氣去撈油。

周大娘從兒子的臉色就明白了：又打了一個乾眼。她深深地歎了口氣，接著撈油。

周挺杉默默地、一勺一勺地撈著油。他為國家缺油而焦急，而憂慮，心上像壓了一塊大石頭。

從小河那邊跑來了興致勃勃的馮超。他穿著一件油亮的皮茄克，戴著一頂皮制帽，拿著一個皮面筆記本，老遠就喊道："周隊長，你們創造了全國進尺新紀錄，晚上開發獎大會。六點鐘，你帶上隊伍……" 精明強幹的馮超，安排得十分周到，連入場儀式都計畫妥當了。

可是，周挺杉卻打斷了他：“馮處長，大夥商量了，我們不去領獎！”還是悶頭撈他的油。

馮超出乎意料，不知道是怎麼回事，他從河中的卵石上連跳帶蹦地過來，嚴肅地說：“這是專家的建議。”他把“專家”兩個字強調了一下。

周挺杉平靜地：“你是專家工作處長，你知道，一棵樹上的果子還酸甜不等，都是專家的建議，也有對有錯。”

這樣對待專家，可把馮超嚇了一跳，他左顧右盼，然後小聲告誡：“老周，這話你只能跟我說……”

“馮處長，電話！”河對岸有人來找馮超接電話。

馮超不耐煩地回答：“你叫他等會兒！”繼續對周挺杉說，“咱們不會搞工業，你不靠人家靠誰？！”

“靠自己。”周挺杉簡單明確地回答，提起小桶走向旁邊的大桶。

“自己？你，還是我？”馮超找一塊乾淨的石頭坐下說，“我只不過是在華程同志進礦以前，領導過一次自發的罷工，至於搞工業，還得照貓畫虎地跟人家學。在舊社會，你一直是個拉駱駝的，念過幾本書？”

周挺杉：“毛主席說，破除迷信，解放思想。一句話，壯了我們石油工人的膽！十年了，我們打了不少乾窟窿，拼了命才找到兩三塊十幾平方公里的小油田，得想想走什麼路了！”他走回來，站在馮超面前。

馮超也站起來，嚴肅地批評說：“你有一股危險的情緒！”

“馮處長！”叫電話的人又來了，“專家的電話，發脾氣了！”

這才引起馮超的重視，答道：“哎，我馬上去接！”又一次問周挺杉，“這麼說，領獎的事你準備對抗到底了？”

周挺杉不言聲。

馮超："好吧，我報告給礦長，如果通報批評，我可……"盡到了自己能盡的責任，馮超抱著對同志犯錯誤表示惋惜的表情走了。

周挺杉"哼"了一聲，並無回頭之意。

馮超跳過卵石，迎面碰上章易之。馮超一滑，險些落水，穿著水靴的章易之扶他一把，馮超匆忙去接電話了。章易之看著他的背影，對周挺杉說："整個油礦數他最忙，風雲人物……"然後，回過頭，勸解似的，"老周，獎還是去領吧！"

周挺杉仍是不言聲。

章易之："你怎麼啦？"

周挺杉看一眼地質師，在身上揩揩油手，從口袋裡掏出一張磨毛了邊的報紙，遞給章易之。

章易之打開報紙。這是一張《人民日報》，報上頭版頭條發表了一條新聞公報，紅字通欄標題："第二個五年計劃提前三年完成"。

章易之歎口氣："啊，我看過了，全國許多工業部門都提前三年完成了國家五年計劃，我們石油沒有提前。"

周挺杉思潮起伏，抬眼望望群山中的油礦。

油礦全景：只有幾平方公里大小的油礦，山頂山窪抽油機密佈，一上一下地抽著油。

周挺杉樸實誠摯地說："過去，我是蛤蟆坐在井裡，只看見碗大的天，不知道咱們這油礦有多大。那次參加群英會出去一看，人家各行各業都在大躍進，都需要油啊！……"

北京街頭，長安街上人來車往，公共汽車上背著巨大的煤氣包。

周挺杉接著說："我問人家，這是哪國的汽車？背著個啥傢伙？人家告訴我，這是咱們的汽車，沒有油燒，背的是煤氣包！

老章，我是個石油工人，讓國家作這麼大的難，還有臉領國家的獎金？"

一番話出自肺腑，周挺杉深深地激動著。

章易之不理解這種感情，他勸慰地說："找不到大油田是地質上的事，你急有什麼用？"

周挺杉看章易之一眼，感情深沉地說："國家沒有油，國家有壓力，咱們是國家的主人，要分擔這個壓力！"

章易之還是勸解地："可……老周，你不明白，咱們可能確實是……"他猶豫一下，直率地，"……貧油！"

周挺杉的心頭受到猛然一擊，他聽不得這種沒出息的話，額上繃起青筋，眼睛呼呼冒火，問："誰說的？"

章易之像個耐心的師長在教一年級學生，爲了向周挺杉通俗地解釋地質學，他彎下腰揀起一塊岩石說："陸相地層是不可能有大油田的。"

周挺杉接過這塊岩石，眼睛放射出火一樣的光芒，嚴峻而自豪地說："我就不信，石油就埋在人家地底下，咱們這麼大的國家就沒有油！"說著，高高舉起那塊岩石，向石油河底砸去，石頭激起一片水花……

轟隆巨響，北方廣闊的大草原上，一股股黑色煙柱拔地而起，直衝晴空。

這是石油地質普查人員在採用連片地震方法查明地下構造規律。地震車裡，儀錶亮著紅綠燈，自動記錄著資料。操作員聚精會神地工作著。

轟！轟！轟！一連串的爆炸。

三月。黃昏。裕明油礦石油河上。

像往常一樣，周挺杉帶著下了班的工人們撈油。

像往常一樣，周大娘、陳淑芬和家屬們在撈油。

多撈一小勺油也是好的，國家需要油啊！

　　一個穿舊軍裝的人氣喘吁吁地跑來，顧不得繞橋，顧不得踩著石頭，他穿著鞋在河水裡奔跑，水花濺濕了半截身子。他是井隊指導員許光發 —— 裕明解放時與十斤娃見過一面的騎兵戰士。

　　許光發邊跑邊喊："同志們！老周！"

　　出了什麼事？

　　許光發喘息未定，對圍上來的工人們說："咱們在北方大草原田家莊，發現了大油氣藏！"

　　周挺杉興奮地聽著。

　　許光發："中央決定，石油戰線要集中優勢兵力，調集全國的精兵強將，在那裡展開一場石油會戰！"

　　章易之聽見這話也奔過來。

　　許光發："章地質師，讓你馬上回礦長室，給你買好了飛機票。"

　　章易之也非常興奮，拿著油舀就走，走了兩步才發現手裡的舀子，他把舀子還給工人們，急忙走了。

　　人們歡騰起來。

　　范師傅："隊長，我們怎麼辦？"

　　油娃："我們要首先報名！"

　　一個工人："隊長，可不能把咱們拉下！"

　　周挺杉想了想，說："指導員，趕快打報告，請求參加石油會戰！"

　　工人們圍著指導員許光發七嘴八舌地說："打報告！""走啊！"

　　周挺杉來到撈油的家屬裡面，站在周大娘面前，激動地看著娘說："娘！……"

　　周大娘也聽說了喜訊，慈祥豁達地望著兒子，她完全理解兒子的意思，深沉地說："去吧，孩子，娘懂！"

　　周挺杉振奮地抬頭仰望。

晴空白雲，一隻雄鷹振翼高飛。

第二章

七、草原盛會

汽笛長鳴，列車在飛奔前進。

八百里秦川，嫩柳、麥田、桃花從車窗外閃過。

嫩柳、麥苗、桃花化作大雪紛飛……

北國大雪原。雪後初晴。

田家莊小站 —— 兩股道岔，小小站房。月臺上人群熙攘，鑼鼓齊鳴，一片歡騰。

火車進站。周挺杉穿著雪白的老羊皮站在車梯上，凜冽寒風吹襲著他，他熱血奔騰，興奮地望著這場面：鐵路沿線，萬頭攢動，車輛穿梭。全國各地支援會戰的物資，石油戰線調集來的各種設備堆在車站內外，堆在線路兩側的雪地上。貨車占滿了道岔，車上巨大的井架、泥漿泵卸不下來。汽車上水泥、重晶石粉、白灰和白麵、大米互相壓摞著。汽笛聲、馬嘶聲、機器聲、人吼聲交織成一曲雄壯的交響樂。

會戰前線指揮所王副指揮、當地駐軍的代表、田家莊老貧農田大爺在車門口迎接井隊。

周挺杉走在月臺上，穿過人群。三五成群的工人們穿戴著各種裝束來往、交談，五湖四海的口音此起彼伏，有的寒暄，有的問路，有的找不到隊伍，有的在找他們井隊的設備。

周挺杉在人群中碰到一個老工人，一桿"硬骨頭鑽井隊"的大旗在他手中擎著。周挺杉一把抓住這個老夥伴：

"呵！老盛！離開裕明三年，扛著這傢伙來了？"一指紅旗。

老工人："我算啥，我們這幫四川娃子厲害喲！"指著他身後的一群個子不大的小夥子們。那些人正嘰嘰哇哇地講著四川話。

正說著，一個大個子工人走過來，抓住周挺杉。

"老周！好傢伙，你月上五千米，把我們青海冷湖都攪翻了！"

"那算啥！快去看看大草原吧，到這兒，不上一萬米不行啦！"周挺杉豪壯地大聲嚷嚷。

轉業戰士秦發憤背著背包跨過鐵軌走過來。他東張西望，不論見誰都一律叫師傅。他拍拍一個戴大皮帽子的人的肩膀："師傅！採油……"那人一回頭，原來是個年紀只有十八九歲的姑娘，是個女焊工。

秦發憤不好意思地 "嗯呐" 了兩聲，尷尬地笑著走了。

女焊工繼續整理著她的臉盆、電焊面罩。

秦發憤走著，迎面碰上穿一件新做的小羔皮襖的油娃。

秦發憤："師傅！"

油娃："別客氣！"

秦發憤："採油指揮部在哪兒？"

"採油？……"油娃這才認認真真地看看秦發憤。只見這個人在面前一站，像是戳起一截鐵塔，粗胳膊粗腿，起碼得穿四十二號鞋。棕黑的方圓大臉，顯出一副憨厚純樸的神態。一身整潔的新軍裝，就是沒有領章帽徽，背著一床疊得有棱有角薄薄的被子，真發愁他怎麼能蓋上腳。油娃看個夠，越看越喜歡這個人，於是他眉頭微蹙煞有介事地說："真可惜了兒你這麼大個兒！幹採油？上班四件：量油、測氣、清蠟、掃地，連女娃子都能幹。"

"啊！"秦發憤吃了一驚。

偏巧，這時從月臺上傳來一聲清脆的喊聲："新疆女子採油隊集合啦！立正，向右看齊！向前看！報數！……"女子採油隊的紅旗飄揚，幾十名女娃子英姿颯爽。

這裡秦發憤可認真地犯了愁。

　　油娃趁熱打鐵：“有把子力氣，還得說是幹鑽井啊！”他充滿一種自豪感。

　　秦發憤下了決心：“鑽井活重？行！那就幹鑽井去！”跟上油娃走了。油娃幫他抱著軍用皮大衣，兩個人邊走著，秦發憤邊說：“參軍前在家打過井，熟悉！”

　　油娃忍住笑：“水井啊？”

　　秦發憤認真地答應：“啊！”

　　油娃忍不住哈哈大笑起來。

　　——秦發憤今天還是油井、水井不分，明天將成爲出色的石油工人，因爲他是中國人民解放軍的戰士。

　　月臺一角搭了個席棚，這是田家莊生產隊設立的接待站。老貧農田大爺提著把黃燦燦的銅壺給石油工人倒水。茶棚裡，有不少工人就著熱水啃著乾糧。

　　一個臨時搭就的鍋灶前，一個青春煥發的農村姑娘扒著灶門吹火，被煙氣嗆得直揉眼睛。她叫龍燕。她抬起頭，對田大爺說：“舅姥爺，你看我爹夠多小氣，借他點柴禾淨給些濕的！？”

　　“你爹又怎麼啦？”龍虎灘屯富裕中農龍富貴搭茌了，對閨女專揭自己頭上的瘡嘎渣兒大爲不滿。他穿著大個牛皮靰鞡，嚓嚓地踩著雪走過來，把一摞大碗捧給田大爺說：“舅舅，你看我龍富貴爲了石油會戰，連金邊細瓷碗都貢獻出來了。”把碗交給田大爺，又補充說：“八個啊！”

　　一個挑水的青年農民說：“哎喲，鐵公雞也拔毛啦！”

　　說得在場的人都哄笑起來。

　　在茶棚裡喝水的一個新工人趙春生笑得前仰後合。突然他停住笑，看見周挺杉在前面跟人說著話，趙春生喜出望外，叫一聲“周大哥！”急忙奔了過去。

　　周挺杉見趙春生來了很高興，忙問：“趙春生，你怎麼來了？”

趙春生："油礦招工,我爹就叫我來了,到老礦一問,你們走了,我緊攆慢攆……"

周挺杉："總算攆上了!好,就在這兒好好幹吧!"

"哎,當個石油工人多榮耀,頭戴鋁盔走天涯!"到底是個初中畢業生,趙春生說話還有點詩意哩。

在兩股道岔之間,巨大的部件還沒從貨車上卸下,把這裡夾成一個胡同。

周挺杉好不容易打聽到指揮所的地點,正要去找,在這裡迎面碰上油娃,他後邊還跟著一個大個子轉業兵。

油娃報告："隊長,咱們的鑽機還沒到。"然後湊近來,在周挺杉耳邊說:"轉業戰士,揀的!"

"揀的?"周挺杉莫名其妙。

油娃向他擠擠眼睛,意思是說,搞會戰,不分工種,哪裡有活就在哪裡幹唄,你就別細打聽了。

秦發憤上前一步叫。道:"師傅!"

"叫什麼名兒?"周挺杉問。

"秦發憤。"

"啥?秦發憤!這個名兒好啊!咱倆換換?"周挺杉風趣地說。

秦發憤卻當了真,正經八百地說:"抗美援朝的時候起的。"

"啊,有紀念意義!"周挺杉拍拍他的肩膀說,"好哇,發憤拿下大油田吧!"

秦發憤認真地點點頭。

周挺杉對油娃說:"走,咱們到前線指揮所去。"

油娃對秦發憤:"好啦,妥了!"把皮大衣還給秦發憤,跟周挺杉走了。

八、決策時刻

大雪原,一望無涯。遠處,矗立著幾座蒸氣騰繞的井架。

周挺杉、油娃深一腳淺一腳地走著。

走遠了。雪地上，兩個小黑點向前移動。

圓木柵欄院內有幾座大牛棚，幾座新搭的活動板房。沒有轉移完的奶牛在遠處哞哞叫著。拖拉機開進開出。圓木樁子上掛著白木牌子："草原牧場第五牛舍"。

周挺杉、油娃走到門口，愣住了。

一個女幹部從牛棚內出來，摘掉牛舍牌子，換上一塊新寫成的木牌："創業油田會戰前線指揮所"。

周挺杉笑了，與油娃走進院裡。

牛棚內。大牛棚用布簾、棉毯、木箱隔開，過道兩側，一個桌子或是一張行軍床就是一個科室。牌子上寫著：供應處、後勤處、財會科、生產處、女宿舍 —— 閒人免進。供應處長在膝蓋上往煙捲盒背面批條子。後勤處正在開會。女宿舍裡一個女同志在燒水，爐子上坐著鋁盔。

背行李的、拿網兜的、背工具袋的人進進出出，幾台電話鈴這個響完那個響 —— 總調度室更是繁忙。

一群人圍著總調度 —— 這是一個三十多歲、精明強幹、不知疲倦的人，他可以幾乎是同時回答著幾個人的要求。

一個井隊長："我們井隊到了，住在哪兒？"

總調度："到田家莊。"

特種車隊長："總調度，我們特種車輛大隊明天到，還沒房子呢。"

總調度："天大的房子地大的炕，在四區找地方搭帳篷。"

"我們井隊行李到了，有卡車嗎？"

"兩輛夠不夠？"總調度開著條子。

青年鑽井隊長："我要兩台吊車！"

總調度："我們手裡只有一台吊車，還是借鐵路的！"

青年鑽井隊長："沒有吊車可怎麼卸鑽機呀？"

中年隊長："總調度，給我兩台拖拉機吧？"

"……"

這一切對答、安排並沒有耽誤總調度接電話。

周挺杉看插不上話就向油娃示意，兩人離開總調度室。

剛來到過道裡，碰上一個穿藍棉襖、戴栽絨帽、架著一副跟鏡的年輕人，他叫魏國華，北京石油學校學生。他抱著一卷大圖紙。

周挺杉："哎，同志，我們的井位在哪裡？"

魏國華停下："井位？井位還沒定下來呢！"

周挺杉急切地："什麼時候定下來？"

魏國華不慌不忙地推推眼鏡："難說。"說完要走。

周挺杉叫住他："哎哎，我說你是地質所的秀才吧？你們怎麼也不著個急？"想了一下，幽默地說，"那好吧，我跟你上地質所，就住在你們那兒啦！"說完看一眼油娃。

油娃立即領會："對，對，不定下井位，就睡在你們的辦公桌上！"一轉臉工夫魏國華走了，兩個人連忙追出去。

魏國華弓腰鑽出牛棚的便門，向地質所走去。

周挺杉、油娃跟蹤不放。

周挺杉："喂，等等！"

魏國華看一眼這兩個陌生人，斷定他們是井隊工人。他被糾纏得有點不耐煩了，帶有點教訓的口氣說："哎，你這個同志，急哪門子呢？等幾天，不就是少打兩口井嗎？"

周挺杉一心撲在多打井、快打井上，怎能容忍這種話，他急了："少打兩口井？你為什麼不叫我多打兩口井？我看，你老兄腦袋裡有條蟲，得想個什麼法子，給你提出來！"說著，伸出手要把魏國華那條蟲從腦袋裡挖出來似的，小魏不高興地一躲。

油娃憨厚地笑著。

魏國華轉身走到一幢活動板房門口，拉開門。

周挺杉大聲吵嚷著跟過來：“說話輕飄飄的，你……”

“噓——！章總正在講話呢！”魏國華輕輕地拉開門走進去。

周挺杉和油娃也跟進去。

活動板房是用三角鐵做架子，膠合板做牆拼裝起來的。屋內是地質指揮所，繪圖桌、儀器箱、繪圖板拼起來的會議桌占滿屋子，牆上掛滿了圖件：“創業長垣構造圖”，“田家莊設計井點陣圖”，“鑽機運行圖”，“×井綜合柱狀圖”。前線指揮所政治委員兼指揮華程、年輕的王副指揮、原專家工作處長現任副指揮的馮超坐在前頭，女地質技術員姚雲朗坐在幾個工程技術人員中間。還有一些工人代表，有坐長條白木板凳子的，有坐木箱的，剛下火車的坐在行李捲上。這是在開“三結合”設計座談會，根據總指揮部意圖討論油田勘探方案。

總地質師章易之先談自己的意見。他穿著整齊，說話簡潔扼要，手拿一根白木指示棒，不時指指某個圖件，臉上是興奮的神色：“……通過地震，圈出了這個地區有三個大構造：田家莊、龍虎灘、無名地……”

魏國華悄悄地走進來，把一卷子圖紙放在桌上。

周挺杉、油娃悄悄進來，坐在門口的木箱上，專注地聽著。那張大圖上畫出的三個可能含油的構造，使他們異常興奮，眼界頓開。多少年來，他們盼的就是走出小山溝，甩開膀子幹，拿大油田啊！

章易之：“……其中，田家莊構造上幾口探井，先後噴出工業性油流，日產十二噸左右，來頭不小！我們一定要好好地搞，珍重這個發現！因此……”然後說出他的具體方案，“準備以田家莊一號井為中心，用比較小的井距，逐步向外擴大，爭取快些——最多兩年吧——查明田家莊地下油藏的情況，而後，投入開發。”他放下指示棒，回到自己位子前安然地坐下，抬頭看一看會場的反應。

周挺杉大爲失望 ── 田家莊是三個構造中面積最小的，兩年才能查明，第三年以後才能投入開發，什麼時候出油呢？龍虎灘那麼大，無名地更大，什麼時候才去勘探呢？國家的石油落後帽子什麼時候才能甩掉呢？

人們也是這樣思考著。

全場一片沉默氣氛。

華程的眼睛離開面前的一堆資料，敏銳地掃一下會場，風趣地說："這幾天，章總地質師熬紅了眼睛 ── 哦，在馮副指揮的參與下 ── 搞了這樣一個方案。大家可以橫挑鼻子豎挑眼，品頭論足嘛……"

章易之也風趣地："我這個醜媳婦不怕見公婆！"

全場活躍，氣氛一下子熱烈起來。

姚雲朗灑脫地站起來："我來向我老師的方案開一炮！"

章易之以長者風度說："歡迎，歡迎。"

姚雲朗整理一下思緒，犀利地說道："別忘了歷史教訓。五八年以前，我們吃夠了照抄書本、迷信洋人的苦頭！油田勘探，一上手就局限在一個局部構造上，小井距，一步一步爬行，這種少慢差費的勘探方法。章總今天還在用。"

華程意味深長地看一眼章易之。

章易之臉色微紅，有點尷尬，也有點驚異。

會場上，人們議論起來。

一個技術人員："國外有的油田，就是這樣，爬行了十幾年，才找到油田的主要部位。這不行……"

馮超有點不安，看一看會場。

華程興奮起來，注意地傾聽。

章易之不服氣地："那依你們說……"

馮超胸有成竹地一揚手，制止章易之，站起來。

幾個青年人小聲議論："誰？""老礦工人運動出名人物，專家最欣賞的生產管理人才。""啊……"大家投以敬佩的目光。

馮超神采飛揚地說："幾天來，心情振奮！石油工業開會坐末排的日子結束了！該我們施展一番了！我支持章總這個方案，同時，還有一個進一步的設想，那就是，完全憑藉我們自己的力量，在草原上建設一座有街心花園、研究中心和工人文化宮……這樣現代化的石油城。"

周挺杉注意地聽著，思索著。

馮超身旁的王副指揮忍不住了，說："憑藉自己的力量走洋人的老路？按照外國人那套先蓋樓房後找油的辦法，不符合多快好省。今天，我們應該按照總路線的精神，因陋就簡，先搞生產，後搞生活，建設咱們中國式的大油田！"

周挺杉滿意地笑了。

馮超："王副指揮，你可是工人出身啊，應該理解我這個方案是處處為工人著想！"話說得有感情，彷彿含有不容辯駁的力量。之後，他面帶微笑地問道："因陋就簡，工人心裡會怎麼想？"

這話問得幹部們不好回答，使得一些知識份子點頭思考。華程不動聲色，他相信會有人出來回答。

"我們工人想的是一拳頭砸出一口井，拿大油田，讓原油咕嘟咕嘟地冒，淹死敵人！"門口，傳來了洪亮的嗓音，穿著老羊皮，帶一身風塵的周挺杉說話了。

人們的眼光一齊轉向門口。周挺杉和油娃並肩而立，像中流砥柱。

華程敏捷地抬起眼睛："哈哈，周挺杉！"忽地甩掉披在肩頭的舊軍大衣站起來，步履生風地奔過來，興奮之情不可名狀！王副指揮、馮副指揮、章易之、姚雲朗也跟了過來。

人們與周挺杉、油娃握手。

周挺杉："華程同志，快給我們井位吧！"

華程看他那急切的樣子，笑笑，又轉眼看看章易之。

章易之有點歉意地說："馬上就給，馬上就給。"

華程又指著姚雲朗，"也別放過姚雲朗，副總地質師。"

姚雲朗還不知道，吃驚地問："政委，我……"

華程："黨委昨天深夜決定的。"

周挺杉："那我們隊的地質員……"

章易之："黨委已經通知了地質所，決定讓魏國華到你們隊當地質員。"轉過臉向會場上尋覓，叫道："小魏啊，過來！"

真是"冤家路窄"，周挺杉和"小秀才"魏國華又見面了，周挺杉伸出手做一個"捉蟲"的樣子，爽朗地大笑起來。魏國華本來有點尷尬，這時也被逗樂了。

華程親昵地挽著周挺杉的胳膊穿過會場，來到巨幅地質圖前。章易之指著圖詳細給他介紹情況："看看吧，田家莊、龍虎灘、無名地，含油有利地區……"

周挺杉興奮地："這三個構造連起來，可真像一隻大老虎，無名地是頭，龍虎灘是肚子，田家莊是尾巴。"

華程："老周，時機成熟了，我們要闖出一條自己的道路！"他期待地看著周挺杉，請他發表意見。

周挺杉激動地說："我說華政委，章總，咱們別抓住老虎尾巴抖威風啦！乾脆，騎上這只大老虎吧！"走到桌前，他抓起一把紅色圖釘，又回來，"這裡打井（把一顆圖釘按在田家莊構造上），這裡也打井（又把一顆圖釘按在龍虎灘構造上），無名地也穿它幾個窟窿！（按上兩顆圖釘，用拳頭"通通"砸兩下）大井距，甩開勘探！解剖整個地區，尋找更大更高產的油田，抱個大'金娃娃'！"

馮超不以為然地皺皺眉頭，章易之不敢相信地搖搖腦袋。會場上的人們開始是震動、靜聽，接著是興奮、激動，人們小聲議論，傳來嗡嗡的說話聲。

　　華程眼裡閃出睿智的光，他因勢利導，借題發揮，激動地說：
"好！老周！我補充你的意見。"邊走邊說，走到圖前，"我們
現在要採取區域展開，重點突破，各個殲滅的方針。咱們一手拿
田家莊，一手伸向龍虎灘和無名地，爭取一年內拿下這三個構造。
如果能抱個大'金娃娃'，那好，後到的井隊統統壓上去！一舉
改變石油工業的被動局面！"

　　像是投下一枚炸彈，人們議論、爭吵，有的鼓掌，有的深思，
有的提出各種各樣的問題，有的擔憂，有的信心百倍。華程瀟灑
地扔下指示棒，拉周挺杉坐下，端起一杯水，吹著裡面的水……
時而瞥一眼會場。

　　會場熱氣騰騰，人們激動不已。一個戴眼鏡的瘦高個子青年
站起來在人們頭上大聲吵嚷："我總的感覺是我們'解放'
了！"

　　章易之沉不住氣了，他無限憂慮地說："政委，這……"

　　華程招呼大家："大家靜一靜，聽聽章總的。"

　　章易之："雄心太大，怕是騎虎難下啊！"他以質問的口氣
說，"在座的誰敢保證甩開以後井井見油？"

　　華程看著章易之那副認真的神情笑了，說："馬克思主義者
不是算命先生，章總！"

　　章易之張口結舌說不上話來。

　　馮超見此情景又站起來，他相信自己雄辯的口才和有力的論
據，想"力挽狂瀾"，於是帶有杞人憂天的神色說："我們的會
戰，是在困難的時期、困難的地點、困難的條件下上馬的。田家
莊方案加石油城計畫，適合今天的需要，它可以幫助我們克服困
難、渡過難關、穩定隊伍……"

　　華程緊接著說："困難確實存在。但是，克服困難，我們靠
什麼呢？"

　　周挺杉回答說："不能靠退縮到石油城裡去！我們靠黨的領

導，大搞群眾運動。按照毛主席制定的革命路線前進，堅定地走獨立自主、自力更生的道路！"

群情振奮，熱烈鼓掌。馮超面帶慍色悄悄坐下。

華程說："這是完全符合會戰總部黨委意圖的！我們一定能完成這個戰略意圖！"

群情越發激昂，掌聲四起。

剎那間，馮超開動腦筋，快速地分析了形勢。他知道，大勢已去，群眾跟著周挺杉、華程走了。爲了表現自己的"黨性"，也爲了挽回對自己不利的群眾影響，他抓住一閃即過的時機站了出來，以沉重的口氣說："這……我理解錯了。既然總部黨委也是這個意圖，做爲一個黨員，我撤銷原來的方案，堅決擁護甩開勘探！"

章易之大爲驚駭地看著馮超，馮超剛一說完，他就漲紅著臉霍地站起來說："做爲一個黨員，我服從黨委的決定，但，……保留意見！"

華程用紅藍鉛筆敲打著手心，深思著。

周挺杉眉頭緊鎖，思考著未來的鬥爭……

九、順水推丹

深夜。章易之、馮超住的活動板房裡，點著煤油罩燈，原油爐子燒著火牆，白木板搭成的桌子上堆著圖表、資料和幾塊有生物化石的岩芯。章易之正伏案審核一張龍一井設計井點陣圖。他翻閱著田家莊、龍虎灘已取得的資料，反覆核對著。

另一個角落是馮超的小天地，佈置得井井有條，比較考究，有不少外國的小玩藝，煙斗啦，煙盒啦，幾本俄文書啦。勞累一天，馮超剛回來不久，正在原油爐子上煮咖啡。條件較差，馮超倒也能克服困難自得其樂，他用一隻刷乾淨的鋁盔權當咖啡壺。煮好了，他倒了兩杯，放上方糖，端一杯熱氣騰騰的咖啡給章易之送過來。

馮超：“來，喝一杯。”

章易之聞見咖啡香味：“咖啡？”

馮超矜持地說：“真正非洲貨，專家送給我的。”他看看桌上的圖紙問道，“龍虎灘一號井設計出來了？在構造的頂部最有希望見油嘍……”

“如果它有油的話。”章易之答道。審核完了，在圖下“負責人”一欄裡飛快地簽上自己的名字。他直直腰略作休息，打了一個呵欠。

馮超抿一口咖啡，隨便似地問：“還堅持原來的想法哪？”

一句話又勾起章易之的不滿，他直率地說：“我不會隨機應變。沒學會！”

馮超明白這是衝誰來的，但他不予計較，解釋說：“你是地質家，可以堅持己見，像我，搞行政的，是個副手，黨內又沒有職務，地位難處哇！”

章易之為了表示安慰之意，告訴他一個消息：“聽說要正式建立前線黨委，是補選……”

馮超早就知道，但裝做不知道，興致勃勃地問：“知道醞釀什麼人？”

章易之搖搖頭。

馮超：“要是能選上你、我，還可以把方案拿到黨委會上……”

章易之：“我，從來沒想過！”

馮超不信，問道：“是麼？”

章易之熱誠地幫助他道：“做為一個黨員，你怎麼可以在會上出爾反爾，你……”

馮超笑了：“說你是個書生，政治上的事，你……”莫測高深地搖搖頭。

章易之：“什麼意思？”

"好啦，不說這個。"馮超拉把椅子坐在章易之對面，與章總談心，"你想過沒有？這個油田是解放以來最重要的發現！誰沒有自己的想法？搞好了關係重大啊！"

章易之："你說的是對國家，還是對個人？"

馮超不可理解地說："這怎麼能分開呢？"

章易之認為這話說得含糊，他自己堅持意見並不摻雜個人欲望，於是申明說："我認為，我們應該為黨的事業而堅持鬥爭！"

馮超對這位知識份子出身的幹部要求並不太高，只要他堅持就可以了，至於他說得如此冠冕堂皇，馮超只能一笑置之。跟這位書呆子不能太認真，不然他會跟你吵上一夜。因此馮超笑道："我跟你一樣！"

章易之這才放心地去查閱一本資料。

圖紙上放著一隻放大鏡，馮超拿起來，身子俯伏在圖上。

放大鏡移動著，最後停留在寫著"龍虎灘一號井"字樣的圓圈上。

"咚咚咚"，測量隊員把一個木椿釘在雪地上。木椿上寫著規整的仿宋字："龍虎灘一號井"。

測量隊員背起圖紙、三角架、儀器箱上了汽車。

這是幾天以後的一個黃昏。在龍虎灘屯外一塊高崗地上，錯落的農家房屋在望。

離木椿不遠，還立著一塊小小木牌，上面歪歪扭扭地寫著五個大字："龍富貴房場"。富裕中農龍富貴，穿著大皮坎肩子，大靰鞡鞋，從房場木牌前走到龍一井井位元標記前，眼望著正在裝車的測量隊員，狠狠地踢了木椿幾腳。

摩托聲由遠而近。馮超騎著摩托來了。

一個戴眼鏡的測量隊員說："馮副指揮，這一傢伙甩這麼遠，能行麼？"

馮超聽出來問話的人是持懷疑態度的，批評他道："這是總部黨委的決策！”

測量隊員不敢再說什麼了，上了車，汽車開走。

馮超檢查一下井位元標記。

龍富貴笑容可掬地迎上來說：“您是石油的？副指揮？我叫龍富貴。”

“啊，什麼事呀？”馮超不在意地答道。

龍富貴：“把我的房場給占了！我問了那位戴眼鏡的，他做不了主。這井，能不能挪個地方？”

馮超感興趣地：“挪個地方？往哪兒挪？”

龍富貴：“荒草甸子上不行麼？別占我的房場。”

馮超沉吟半晌：“唔，農民的利益是應該考慮……”看一眼龍富貴。

龍富貴認為有門兒，忙說：“你要是答應了，那就不用麻煩測量隊，我能挪。你答應了？”期待馮超再肯定一下。

馮超立即收住，板起臉教訓地說：“答應什麼？我什麼也沒答應！你們這些人只考慮個人利益！我告訴你說，這口井要是見了油，別說你的房場，全隊的地都得占，人也都得搬家！”他騎上摩托“嘟嘟嘟”一溜煙走了。

龍富貴完全摸不著頭腦了。他追上幾步說：“那你剛才……”可是馮超已經走遠了。他想了一下，被馮超的批評和威嚇所激怒，衝著摩托的方向吼道：“搬家？我先讓你搬！”奔到井位元標記跟前，踢了幾腳，搖晃幾下。拔下來拿走了。

十、喊出黨委想喊的話

夜。華程宿舍。這是牛棚的一角，一個行軍床，兩個木箱，兩把椅子，角落裡散放著一些書刊。屋角露天，陣風吹來，屋頂積雪飄進。一張巨幅地質圖鋪在地上，幾塊油砂岩芯、一卷探井電測曲線圖放在旁邊。周挺杉端著蠟燭，華程拿著一支紅藍鉛筆，兩人伏在圖上仔細地看著。

周挺杉凝視著華程,感情深沉地說:"政委,你這擔子不輕啊!才四十一歲,已經有白頭發了……"

正在凝眉苦思的華程抬起頭來,用鉛筆劃劃頭髮:"是麼?沒什麼。"站起來說,"今晚上咱們不談工作,嘮嘮家常。"

他拉把椅子給周挺杉坐,問道:"幾年不見了?"

周挺杉:"介紹我入黨以後,你就走了,十年了。"

"這十年都怎麼過的?"華程興趣盎然地問。

"一公分一公分地鑽地球,鑽透了幾十座祁連山……這沒什麼可說的。一句話,不能只顧報答黨的恩,要為黨的事業而鬥爭!"周挺杉質樸地說。

華程又沉思起來:"是啊,鬥爭……"

周挺杉看著華程,關心地問:"壓力大麼?"

華程立刻警覺,掩飾地說:"什麼?壓力?沒什麼!"指指周挺杉說,"說好不談工作,可你……"哈哈哈地笑了,端起茶杯,走到火爐前倒水。

周挺杉嚴肅地說:"你不用瞞我!"

華程裝做莫名其妙地反問:"我瞞你什麼呀?"

"壓力真的不大?"周挺杉不相信華程的話,"這個油田遠景怎麼樣?能不能滿足國家的需要?"

華程老實承認:"正為這個睡不著覺;目前還不敢吹。"推過茶杯讓周挺杉喝水。

周挺杉:"我們應該怎麼辦?"

華程激動起來,一把抓住周挺杉的手說:"老周!要觀大局、辨風向。現在有一股寒流正向我們壓過來,我們要逆流而上。你知道,我們,還有敵人,都在眼盯著你手裡的剎把子!"

周挺杉斬釘截鐵地說:"政委,就是寒流鋪天蓋地,我們也要打上去!堅決拿下第一口井!"

華程站起來,走了幾步,站在窗前,心裡波濤起伏,說:"他們賣給咱們一噸油料，比資本主義市場價格貴一倍！航空油裡有馬糞，柴油裡頭有大量硫磺！”

周挺杉心頭冒火，端起瓷茶缸咕嘟咕嘟地喝了幾口水，眼睛緊盯著華程。

華程轉身走到掛在牆上的世界地圖前，望著地圖說：“從來就沒有什麼救世主，也不靠神仙皇帝，還得靠我們自己，靠那些從前的奴隸。”他望著周挺杉，提醒說：“得準備有一天連那帶馬糞的油都不給你了！”

周挺杉心緒沸騰，臉色嚴峻。

華程：“連一家美國雜誌也看出了其中的名堂，按照他們的邏輯說，‘紅色中國沒有足夠的燃料，即使是打一場完全防禦性的戰爭……’你別激動！說我們‘支持不了幾個星期’！”

叭地一聲，周挺杉放茶杯用力過猛，茶杯碎了。

周挺杉的臉 ── 一雙憤怒的眼睛。

爐子上的水壺咕嘟咕嘟響著，噴出團團白汽。

華程激動地叫一聲：“老周！”

周挺杉走到門口，披上老羊皮大衣堅定地說：“我們的鑽機明天到站！”他恨不得馬上回去，大幹一場。

華程思忖了一下：“你等等，我把那台吊車撥給你，你拉上鑽機，上龍虎灘，快速拿下第一口井。接吊車去吧！”說著去叫電話。

周挺杉斷然地說：“不！”

華程焦急地說：“老周！”

周挺杉想想，從懷裡掏出那張給章易之看過的、已經揉搓爛了的《人民日報》，激動地說：“政委，你不用考慮我！這公報揣在懷裡就像一團火，你剛才說的，又是火上澆油，燒著我們石油工人的心。好容易到了大油田，能不上？上，有困難；不上，就更困難！”

華程拿著電話聽筒說：“可一部鑽機六十多噸，一台吊車，是最起碼的條件了！”

周挺杉：“我們井隊幾十個工人，就是幾十台吊車，幾十台拖拉機。我們有條件要上，沒有條件想方設法，拼死拼活也要上！”

華程放下電話，幾步奔過來，緊緊地抓住周挺杉的胳膊，激情迸發：“老周！這正是會戰黨委想喊出來的話！有條件要上，沒有條件，創造條件也要上！”

激昂的音樂聲響起。

十一、人拉肩扛

新出版的《戰報》展開著，通欄大字刊登著響亮的口號：“有條件要上，沒有條件創造條件也要上！”

田家莊車站，大雪紛揚的早晨，周挺杉井隊人拉肩扛卸鑽機。此時正往汽車上裝絞車。

周挺杉揚起雙臂喊著號子。

人們拉著粗大的棕繩。

許光發和井隊工人在拉著……

華程、章易之、姚雲朗在拉著……

田大爺、龍燕、解放軍戰士在拉著……

巨大沉重的絞車在滾杠上一寸寸地移動。

突然，一根棕繩繃斷！

絞車下滑！

周挺杉發現險情，扔掉大衣，跳下來，奔過去，用一根碗口粗的木杠頂住下滑的絞車。

木杠“嘎叭”一聲折斷。

鋼撬杠壓彎了。

周挺杉奮力地扛著杠子。

油娃、秦發憤用力地扛著杠子。

周挺杉的翻皮鞋蹬開了線,裂著大口子。

絞車一寸寸地向汽車上移動。

漫天大雪紛紛揚揚地撒落。人們披一身雪塵,熱汗淋漓。來自五湖四海的人們吵喊著,用力拉著。田家莊小站一派沸騰景象。

拉著大部件的汽車,抬著鑽桿、套管、吊鉗的人們,在大風雪中艱難地行進。

千里草原,漫天皆白,瑞雪紛飛,朔風怒號,成千上萬的人們結成長長的人拉肩扛的隊伍,向前行進。隊伍伸向遙遠的天際,那裡的人們變成一個個小黑點,移動著。

連營的帳篷矗立在雪原上。隊伍穿過。

周挺杉、許光發抬著套管走著。

油娃、秦發憤、趙春生、范師傅抬著套管走著。

踏破沒膝深的大雪……

闖過露出雪面的枯樹叢、茅草叢……

周挺杉滿臉汗水,嘴裡噴著白氣,狗皮帽子上掛滿冰霜,他堅毅地邁動雙腳,一步,又一步……

汽車陷進雪窩,輪子空轉,司機在扒著雪。

人們在前進。

摔倒了,挺立起來,再前進!

頑強地向前走啊!

長長的汽車隊,長長的馬車隊,長長的人群隊伍。

汽車載著巨大井架,一面小紅旗在風雪中飄揚。

凜冽的北風掃過草原。

風雪中掛著“獨立自主,自力更生”標語的井架緩緩豎起。

高高的井架直插晴空。

地質所。

周挺杉來了,章易之高興地迎上去:“老周,井架子立啦?”

周挺杉:“立了。”

章易之佩服地說："真是千難萬險,擋不住你周挺杉的一聲喊呀!"哈哈哈地樂了。

周挺杉:"老兄,找你麻煩來了!"

章易之一驚:"唔?說吧。坐!坐!"

周挺杉坐下:"井位元標記搞得馬馬虎虎,根本不合規格。"

章易之一聽是這事放下心來,他不在意地說:"啊,冰天雪地,埋得不好,不奇怪,見橛子打井,是多年的老規矩了,你就開鑽吧!"

周挺杉認真地提醒他說:"這是甩出去的頭一口井,在這個問題上有爭論,萬一有什麼差錯……"

一句話觸動了章總那根自尊的神經,他像被蠍子蜇了似地跳起來:"你這是什麼意思?你懷疑我們的地質所?直說吧,我不同意這麼幹。但是,搞起設計來,我們不能違背科學工作者的良心。"

周挺杉看他那副神態微微一笑,仍然堅持自己的意見說:"說正經的,最好複測一下。"

章易之武斷地說:"測量隊忙著田家莊哪,你們準備好了就開鑽吧!有油沒油我管不了,設計有問題我負責!"他臉紅脖子粗地走出了地質所。

周挺杉憂慮地自語道:"老毛病又犯了!"

十二、源　泉

地平線上有一個黑色的凸起,這是一幢地窖。一連三間,兩扇小窗透出微弱的紅光,大雪掩埋到窗口,寒風呼嘯。

許光發背著一筐牛糞乾,拉開儘是裂縫的木板門走進地窖。過道是個逐漸深入地下的斜坡,周挺杉就睡在過道裡。許光發看看他,給他掖掖被子,掀開草袋子做成的門簾走進裡面,放下筐,往爐子裡加兩塊牛糞乾,拿起一張《戰報》坐在爐旁看著。風聲呼嘯,草簾子微微擺動。

　　鋪著乾草的地鋪上睡滿了井隊工人們。他們穿著棉衣，有的還戴著帽子，蓋著各色的棉被，棉被上覆蓋著一大塊舊帳篷布。

　　秦發憤臉上蓋著鋁盔，輾轉反側地睡不著。

　　魏國華也沒睡著，捅捅秦發憤小聲地說：“哎，你老磨蹭什麼？”

　　秦發憤在鋁盔下麵說：“睡不著，神經衰弱了。”

　　頭上蓋著棉襖的油娃鑽出腦袋：“牛似的，還衰弱呢！你呀，你是盼開鑽盼的！”

　　秦發憤掀掉鋁盔一轱轆爬起來，敬佩地看一眼油娃，心裡說：他說對了。

　　魏國華伸手從地鋪下的皮靴筒裡摸出眼鏡戴上，說：“太激動了，所以……”

　　旁邊，戴著大狗皮帽子睡覺的趙春生嘟囔著說：“他那是凍的！”說得油娃、秦發憤一愣。

　　魏國華沒注意趙春生的情緒，借題發揮道：“嗯，是啊，冷是個大問題。當前地凍九尺，泥漿池挖不了，也就開不了鑽。”神秘地、得意地捅捅油娃，“我算了一下，這地方有五涼：屋裡涼、外頭涼、水涼、衣裳涼、被窩涼。對不對？”

　　油娃摁了一下他的腦袋：“這秀才！”

　　趙春生冷冷地說：“少一涼。”

　　魏國華：“啥？”

　　趙春生：“透心涼。”

　　油娃一捂趙春生腦門兒說：“哎呀，糟了，發燒說胡話了！”

　　趙春生沒好氣地推開他的手，披著被子坐起來說：“真沒想到，石油工人天當房子，地當炕，連個大廠房都沒有，真不如去當個社員。”

　　油娃急了：“春生，你！”

　　趙春生嚮往地說：“真的！你看人家龍富貴龍大叔，開點小片荒，種點自留地，養頭老母豬，熱炕頭，熱屋子，熱熱乎乎的日子……"

指導員許光發注意地聽著他們的議論。

油娃生氣地說："行啦！串了幾回門，中毒了！我看哪，自發勢力瓦解石油隊伍，這是個大矛盾。"

趙春生："去你的！"

范師傅趴在枕頭上點上煙袋說："這倒是個事……"

魏國華還議論他的："那是個別的。主要是天冷，挖不了泥漿池……"

秦發憤認真地跟他辯論："你挖了泥漿池，我們這批幾萬名轉業戰士，不懂技術，也是個矛盾呀！"

"都成了矛盾！主要是……"

"凡是矛盾都得解決！"

"……"

人們七嘴八舌地爭吵起來。許光發咳嗽一聲，人們同時鑽進被窩，不言聲了。

許光發看看他們，輕輕一笑說："要是睡不著，還不如圍著爐子坐會兒。"話剛落音，油娃、秦發憤、魏國華紛紛圍過來，坐在爐旁。

許光發："噓 ── ！輕點！隊長累了……"看看過道，又回過頭來對趙春生說："春生，你說咱們在這兒受這'五涼'，圖個啥呢？"

趙春生不言聲。

許光發深情地說："要叫我說，是為全國人民能熱火一點兒……隊長在這大草原上給咱們揀這牛糞乾，他不涼嗎？涼，他是為咱們能熱火一點兒！"

秦發憤恍然大悟，一拍大腿大聲地贊同說："啊！對！"

范師傅看看他徒弟，嚴屬地警告說："噓 ── ！小點聲！"

大家看看過道，秦發憤吐吐舌頭。

許光發接著說：「甩出來的第一口井就要開鑽了，這些日子上上下下有多少人爲它睡不著覺！困難很多呀！要擺矛盾至少能擺出幾百條，可什麼是決定性的矛盾呢？我想，總部黨委，前線指揮所都會想這個問題。咱們也要通過實踐認識它，抓住它……」

人們又爭論起來。

魏國華似乎是非常明白：「我看就是泥漿池……」

油娃堅持自己的看法：「不對，是自發勢力……」

趙春生反感地說：「別亂扣帽子啊！條件不好就是不能幹！」

秦發憤的嗓門本來就大，再加上事事認真，吵吵起來了：「幾萬名轉業戰士……」

范師傅慢條斯理一個人嘟囔著：「我看主要還是思想……」

會戰剛剛上馬，矛盾錯綜複雜，人們都有自己的經歷和處境，認識很不一致，各有各的看法。爭論的聲音越來越大，互不相讓，只聽「不對！」「我說……」分不出個數來了。

許光發又噓了一聲，但立刻發現了事情不對，難道隊長真睡得那麼死麼？他站起來向過道走去，大家跟在後面。

地窖過道，草上鋪著被窩，周挺杉人已不在了。細心的指導員把手伸進被窩，一試冰涼，判斷說：「他走半天了！」

曠野，白雪無垠，井架矗立，掛著一串紅燈藍燈。井場上燃著一堆篝火。

周挺杉揮舞大鎬在挖泥漿池，鎬頭刨著梆硬的大地，「吭吭」響著。

有人喊：「老周！」

周挺杉抬起頭，火光照眼，沒有馬上認出來是誰，問道：「誰呀？」

華程和王副指揮提著兩包書走到周挺杉面前。

周挺杉："華政委、王副指揮！"

華程親切地問："老周，幹什麼呢？"

周挺杉指指篝火："地烤化了，明天好挖泥漿池呀。"

王副指揮："你不是今天已經挖上了麼？"

周挺杉質樸地說："我這是摟草打兔子，帶捎搭！"說得人們大笑起來。

許光發、油娃等一群人悄悄走來。油娃突如其來地喊道："不許動！"走近了又說："好呀！你又一個人跑出來了！"發現華程和王副指揮："政委也在這哪！我們來抓睡覺的逃兵，沒想到，連你們兩位也一塊俘虜了！"

人們歡笑起來。

王副指揮告訴大家："同志們，華程同志連夜給井隊送書來了。"

工人們圍上來，爭著搶著想知道是什麼書，為什麼政委要親自半夜送來。

王副指揮解開書捆，把書遞給華程。華程舉起兩本書。

篝火的紅光映照著毛主席著作《矛盾論》、《實踐論》的單行本。

華程充滿感情地告訴工人們說："同志們，這是黨中央派專機從北京送來的。"

周挺杉感動的面孔。

一雙雙石油工人粗壯的手伸過來，接過書。

周挺杉眼睛閃著激動的光芒，捧著《矛盾論》、《實踐論》。領到書的工人們圍著篝火席地而坐，有的背對背，有的膀靠膀，有人在翻看著，議論著。

夜空，靛藍色的夜空，星星閃爍，井架矗立。

篝火熊熊，映照著一張張工人們的臉。

人們圍著篝火，夜讀"兩論"。

　　周挺杉心情激動，眼裡淚花晶瑩，緩緩地深情地說：“頭頂青天，腳踩荒原，我們創業，就靠這‘兩論’。學一點，好比翻一座山，我們要翻山越嶺去見毛主席。”篝火熠熠，映照著他一雙深思的眼睛⋯⋯

　　深沉的歌聲：

　　青天一頂星星亮，

　　荒原一片篝火紅，

　　石油工人心向黨，

　　滿懷深情望北京。

　　要讓那大草原，

　　石油如噴泉，

　　勇敢去實踐，

　　哪怕流血汗，

　　心中想著毛主席，

　　越苦越累心越甜！

　　篝火映紅夜空。

　　周挺杉、華程在看書。

　　石油工人的心飛向北京，望見了雄偉的天安門。

　　周挺杉的臉上閃著紅光。堅毅的臉，閃光的眼睛，增添了無窮的力量。

　　歌聲繼續著：

　　天寒地凍不覺冷，

　　熱血能把冰雪融，

　　石油工人英雄漢，

　　樂在天涯戰惡風。

　　用我那大吊鉗，

　　推著地球轉，

　　揮手起風雷，

頑石要打穿。

毛主席領我們向前進,

革命前程多燦爛!

黎明前,鑽臺上活動著夜戰的人影。

北風呼嘯,冰天雪地,鑽塔屹立在龍虎灘雪原上。周挺杉井隊工人、貧下中農、解放軍戰士刨開冰層取水,用臉盆端水,水筲挑水。周挺杉滿身冰凌,肩扛大冰塊奔向井場。

泥漿池已經有了半池水,冰塊扔到池中,水花四濺。

鑽臺上,油娃推著大吊鉗,"卡嗒"一聲咬住鑽桿。

許光發拿著蒸氣管子衝化鑽臺上的冰。

周挺杉扶著剎把。他的皮帽子上扣著鋁盔,鋁盔上掛滿冰溜柱。

轉盤飛轉,龍一井開鑽了。

東方天際紅霞初透,映紅了周挺杉堅毅的臉。

轉盤飛轉……

十三、摸規律

夜。掛鐘的秒針轉動著。

在前線地質指揮所內,人們還在工作,幾個地質人員舉著蠟燭畫一張七八米長的"田家莊地層剖面圖"。算盤和電腦同時響著,有人在算數據。角落裡,王副指揮、馮副指揮、章易之等人圍著一張"田家莊試驗布井圖"在討論。門外傳來急促的摩托聲,王副指揮興奮地抬起頭說:"小姚回來了!"

人們都期待著姚雲朗帶來的消息。

姚雲朗風風火火地進來,摘下大皮帽子,滿頭冒著騰騰的熱氣報告說:"王副指揮,章總,龍一井經過試油,油氣顯示不好!"

"啊。"章易之並不十分驚訝,他早有預料。

王副指揮:"小姚,咱們馬上報告給華程同志!"兩人急忙走出門去。

　　馮超走過來，站在章易之背後沉重地說：“糟糕，出師不利！章總，這樣下去，要把會戰搞垮呀！”

　　章易之想想說：“我去找周隊長！”

　　曠野。月華如水。井場，空無一人。已經完鑽，成排的鑽桿立柱立在井架上。工人們休息去了，只有值班房的小窗亮著燈光。

　　值班房裡，周挺杉在值班看守井場。他正在燈下學習《矛盾論》，桌子上放著老式鋼筆，筆記本，他哈哈凍僵的手，吃力地寫著。

　　隨著一陣摩托響，章易之進來了。

　　周挺杉：“章總，你來得正好，正想去找你。”

　　章易之：“我這不來了麼？”從大衣兜裡掏出一瓶酒，放在鋼板焊成的辦公桌上說：“老同事捎來的，給你了，暖和暖和。”他翻翻桌上的書和筆記本隨和地問：“學習哪？”

　　周挺杉：“我想去調查，摸摸規律！”

　　章易之脫下大衣，拿起一個砂樣袋掂量了一下：“客觀規律就擺在這兒，油層薄，物理性能不好。”放下砂樣袋走過來，“老周，這口井恐怕要地質報廢了！”他看周挺杉著急，忙補充說，“不過，我們再努努力，千方百計採取措施，誘導油流，你說呢？”

　　周挺杉：“再給我設計第二口井！”

　　章易之吃驚地問：“怎麼？還幹？”

　　周挺杉：“不幹，大油田會從天上掉下來呀？不幹，半點馬列主義也沒有！”

　　章易之憂慮地說：“可這龍虎灘希望渺茫啊！”

　　周挺杉卻滿懷信心地說：“不！咱們有那麼多資料證明創業地區有生成石油條件，田家莊呢，又見了油，它就是孤零零地，跟龍虎灘就沒有關係？怎麼能一鑽不見油，拔起鑽頭就跑呢？”

　　章易之解釋說：“沒有希望，撤退隊伍，這在地質上是允許的。”

周挺杉幽默地說："一鑽就宣佈它的死刑了，連個緩期都不給！"

章易之心煩意亂地站起來："沒空跟你說笑話。" 又勸解地說，"老周，田家莊夠咱們幹一輩子的了，你還想怎麼的？"

周挺杉霍地站起來，有力地說："想把石油落後的帽子甩給敵人戴！"

章易之苦笑著說："精神可嘉！" 一甩手，"談何容易！"

周挺杉："人憑志氣虎憑威！老章，不能忘記美國顧問逃走的時候說的那句話。這口氣，非爭不可！"

章易之警告說："這龍虎灘可能是個無底洞！"

周挺杉針鋒相對："不鑽老虎洞，逮不住虎娃子！"

"你！" 章易之急赤白臉地，一想又沒法，孩子氣地說，"唉，這酒不給你在龍虎灘喝了！" 拿起酒瓶。

周挺杉一把奪過來，笑了："我還想上無名地喝哪！"

章易之 "瞎！" 一聲，靠在桌邊。

周挺杉挨近他，嚴肅地說："老章，毛主席跟咱們說：'世界上的事情是複雜的，是由各方面的因素決定的。' 你想過沒有？這口井情況不好，它不興許有別的問題？我想咱倆跟工人一塊組成個小組，從設計到測量，從階級鬥爭到地質情況來個全面調查，找出原因後，再幹！"

章易之聽不進去："我是總地質師，不是工作組，這口井造成浪費。由我寫檢查給總部，你撤回田家莊！"

周挺杉耐心地說："不深人事物的內部，研究矛盾的特點，就想動手解決矛盾，沒有不出亂子的。"

章易之一邊穿大衣一邊發火地說："亂子已經出了！責任就在你們搞的那個異想天開的方案上！我不追究，就說得過去了，再幹，還想把整個會戰搞垮嗎？"

"砰！" 地一聲，章易之摔門而去。摩托發動了，嘟嘟響著遠去。

　　周挺杉深思著，把挎包往背上一搭，他決定去調查。

　　風雪之夜。

　　周挺杉、油娃複測井位座標歸來。幾個測量隊員在他們身後。他們頂風冒雪地走著。

　　周挺杉在龍富貴房場和田大爺談著。

　　地質所內。

　　華程在屋內來回踱步，思考著。

　　剛從井場回來的章易之站在一旁說：「我堅決要求撤回井隊，重新研究整個部署。政委，通知開會吧。」說著拿起電話，剛「喂」了一聲，華程拿過電話聽筒掛上。

　　華程看一眼正在忙著寫什麼的馮超問：「老馮，你的意見哪？」

　　馮超合上本子婉轉地說：「會戰隊伍還沒有完全上來，井隊還少，國家又急需原油，田家莊吃緊，龍虎灘又是這個情況，到底應該怎麼辦，我也吃不準。」

　　華程笑了，說：「看來，在這個屋子裡撤退派占多數！」

　　周挺杉推門進來，姚雲朗、許光發、油娃、秦發憤、范師傅等人跟在後面。

　　周挺杉：「政委！情況調查清楚了，井位被人挪了！」

　　華程一愣。

　　馮超略顯慌亂。

　　章易之氣憤地問：「誰挪的？」

　　周挺杉：「龍虎灘的富裕中農龍富貴！」

　　姚雲朗：「挪到了構造邊部。」

　　章易之氣憤地說：「這簡直是破壞。」

　　馮超看看大家探問道：「真可惡，他是怎麼挪的呢？」

　　姚雲朗：「說是占了他的房場。」說著把人們領到地質圖前，指點著。

章易之："這是一個嚴重的政治事件！"

馮超判斷說："可能出於他小農經濟的狹隘和自私！真是嚴重的問題在於教育農民啊！"感慨系之地搖搖頭。

許光發堅決地說："章總，我們井隊要求，繼續打第二口井！"

姚雲朗態度明朗："可以考慮。頂部情況會比邊部好。"

章易之："對！當初老周提出過複測井位座標，我由於個人的自尊心而沒有……"悔恨地說，"唉，教訓呀！總部要是同意，可以按原計劃打第二口井！"

馮超穩重地說："不要輕率地決定，需要研究、請示……"眼睛尋著華程，叫道："華政委……"

華程在屋子另一頭與周挺杉小聲交談。

馮超心悸地看他們一眼，求助地看看章易之。

章易之問："政委，你的意見呢？"

華程走過來，高興地說："好呀，連章總也不主張下馬了！看來形勢是急轉直下呀。我看，可以請示總部黨委批準打第二口井！"

許光發："那我們先回去準備了。"

華程、周挺杉點點頭。井隊工人走了，章易之、姚雲朗、馮超也離開屋子。

只剩下華程和周挺杉，他們繼續著剛才的談話。

華程琢磨著說："龍富貴怎麼敢挪井位呢？"

周挺杉："馮副指揮的那些話，太容易叫人聽擰了，一個領導幹部怎麼能這樣處理問題呢？"

華程思考著："是啊，是應該問一個為什麼？"

周挺杉一邊想著一邊說："看來，階級鬥爭，路線鬥爭，這是主要矛盾……"

周挺杉堅毅的臉 —— 一雙深思的眼睛。

第三章

十四、黨和工人

雪原。朝霞初透。

華程從會戰總部開完會歸來，走進自己的宿舍。

桌子上放著新出版的《列寧選集》、《紅旗》雜誌，點著油燈。周挺杉由於過於勞累伏案睡了。他睡得很香，手裡還拿著一隻蘋果。蘋果是華程放在辦公桌上的，周挺杉手裡玩弄著它，看著書就睡了。

華程發現他，笑笑，脫下皮大衣輕輕地披在周挺杉肩上，把蘋果拿下來，放在一旁。他撚亮油燈，拿起《紅旗》雜誌看著。他想讓周挺杉多睡一會兒。

"叮鈴鈴……"電話鈴聲大作，華程伸手去捂，已經來不及了，周挺杉被驚醒。

華程接完電話問："真睡在我這兒等井位了？"

周挺杉急切地："總部批準打第二口井了嗎？"

華程笑笑不直接回答："需要什麼東西？說吧！"拿過一張白紙，準備記下來。

周挺杉明白了，高興地說："水龍帶，備用的。"

華程念叨著記在紙上："水龍帶，備用的……"一抬頭看見周挺杉手裡在擺弄他的瓷茶缸，忙拿到一邊，風趣地說："唔！這可沒有備用的了！"又問，"還要啥？"

"沒了。"

華程："沒了？水龍頭有點漏水，換個新的吧。范師傅有胃病，給他領個暖水袋，拿點胃藥。"又忽然想起，"對了，給你們兩頂帳篷。哈哈，這下可夠闊氣的了！"他湊過來，盯著周挺杉意味深長地說，"帳篷是中央從上海特調的！"

周挺杉感激地看著華程，心想：黨比我們自己想得還周到……

華程寫完扔下鉛筆，把領料單遞給周挺杉，站起來在屋中走了幾步。周挺杉疊好領料單裝進工裝口袋，準備離開。

華程站在爐邊，一指："你把那個蘋果帶回去。"

周挺杉莫名其妙地拿起桌上的蘋果，看了看：一隻通紅的蘋果，並沒有什麼特殊的地方。

華程走過來接過蘋果，托在手裡看著："多好的蘋果呀！"他沉靜一下，滿腔怒火地說："知道麼？人家逼咱們還債了！這樣的蘋果還說不合格！在他們那裡，衛星上天，紅旗倒地，列寧的書被丟掉了！"把蘋果遞給了周挺杉。

周挺杉把蘋果裝進衣袋裡。華程的話使他心中掀起一陣陣怒潮，眼前似乎是浮現著世界革命的風雲，此時此刻，他更加明確地意識到本階級的歷史使命。他說："變到了這步田地！沒什麼，世界革命人民會把紅旗舉得更高，中國工人階級也擔得起！要當鐵疙瘩，不當豆腐渣！"

華程聽到這些話，內心無限欣喜，他情不自禁地自語道："從前拉駱駝的奴隸，今天自覺的戰士！"接著告訴周挺杉說，"老周，總部黨委已經批准你為前線指揮所黨委委員了。"

周挺杉謙遜地說："政委，我……"他心潮翻騰，說不出話，耳邊又響起"叮咚"的駝鈴聲……

華程拉開窗簾，吹熄油燈，黎明的曙光照射在周挺杉的臉上。

華程坐在周挺杉的對面，做為兩個黨委成員，他跟周挺杉談起形勢："國家受了自然災害，我們面臨著暫時的經濟困難。"

周挺杉判斷說："會有人利用困難，裡應外合，跟咱們搗亂。"

華程補充道："甚至是打著革命的旗號……"他想起剛剛重

新看過的列寧的話，翻開夾了無數個小紙條的《列寧選集》，找到一頁讀道，"你看：'馬克思主義在理論上的勝利，逼得它的敵人裝扮成馬克思主義者，歷史的辯證法就是如此。'"

周挺杉從華程手裡接過書，又把這句話看了一遍，合上書抱在胸前，站起來說："政委，送給我吧！"不等華程說話轉身就跑。

"哎哎，我還沒答應呢！"華程忙說，一看周挺杉早已跑出門外，他笑笑，自語地說："這個新委員……"

風雲變幻，赤霞千里。

鑽臺上。在落日的餘輝中，井隊指導員許光發手托蘋果，滿腔義憤地對工人們講述著："帝國主義和現代修正主義者在政治上壓我們，在經濟上卡我們，我們中國的工人階級，一定要聽毛主席的話，徹底粉碎他們的封鎖！"

十二台拖拉機拖著整體鑽機井架轟轟隆隆前進，氣壯山河。

白雲，向井架後方浮動。

積雪已漸消融。

龍虎灘二號井開鑽，井隊正在接單根。春寒料峭，泥漿噴射到周挺杉、油娃的身上、頭上，從頭到腳全是泥湯，他們奮不顧身，英勇奮戰。

方鑽桿猛烈旋轉向地下挺進，發出聲勢雄壯的鑽機聲，鋼鐵撞擊聲……

十五、秦發憤和范師傅

柴油機在運轉，發出巨大的轟鳴聲。

一隻寫著"獻給最可愛的人"的搪瓷茶缸接在高壓油泵下面，油，滴嗒嗒落在茶缸中。秦發憤跪在冰涼梆硬的鋼板上，用一團棉紗使勁地擦著機器和地板，衣服口袋裡露出《實踐論》的一角。

范師傅趴在柴油機旁緊著鑼絲，回頭向秦發憤大聲喊：

"喂,扳手!"

秦發憤猛然站起,膝蓋一陣劇烈疼痛。他停下腳步用手揉揉,忍著痛去取扳手。

范師傅等不及了,站起來親自去取,不滿意地看徒弟一眼,回到機器旁邊熟練地操作著。

秦發憤趴在范師傅身後,試探地問:"師傅,我來吧!"

范師傅顯得不怎麼熱心地說:"正打鑽呢!"

秦發憤焦急地問:"那……那我什麼時候才能從'無知'到'有知'呀?"

范師傅拍著秦發憤的肩膀婉轉地批評他說:"小夥子,動作要快,啊!"

值班房內。范師傅進來,合上電閘,走到電爐子跟前。

周挺杉正在打電話:"啊!老孫打多少?"

范師傅準備烤窩頭,吃這頓過了時間的午飯。打開飯盒一看,愣了一下,告訴周挺杉:"隊長,我這兒多了一個窩頭。"

周挺杉:"多了你就吃唄!"又對著話筒,"啊!不是說你!你告訴老孫,我們隊跟他摽上了!哎!"他放下電話要走。

范師傅:"是你攔的?"

周挺杉:"不是我。"

范師傅:"那是誰呢?秦發憤?"磨磨叨叨地琢磨著,把窩頭放在電爐上烤著。

周挺杉走過來在電爐子旁邊坐下:"范師傅,說真格的,你怎麼不讓秦發憤動手?"

范師傅慢條斯理地說:"你那兒打井,他要是跟不上勁,誤大事。"

周挺杉感興趣地問:"什麼大事?"

范師傅:"跟修字型大小鬥唄!"

周挺杉笑了:"對呀!他急著學技術,想獨立操作,也是為了這個呀！」

范師傅又磨叨起來：「他才來那麼兩天，我有點不放心……」

周挺杉焦急地看范師傅一眼，充滿火辣辣的感情說：「一個人只要有了革命志氣，就什麼人間奇蹟都能夠創造出來！」他回憶著，像是自己對自己說著：「秦發憤一來，聽說外國在柴油上卡咱們，他說：師傅，往後咱們用自己的。他把柴油機當成武器，整天在那擦呀，蹭呀，棉褲都磨出大窟窿來了，你看見了沒有？」

范師傅卻冷冰冰地不動感情，繼續翻著窩頭：「看見了，工人嘛！」在他看來，做為一個工人，就應該這樣，用不著大驚小怪。

周挺杉忍不住了，他感情熱烈地衝范師傅吼道：「你呀！他有關節炎，膝蓋下頭還有一塊美帝的炮彈皮哪！哼！」轉身大步走了。

「熱水瓶」性格的范師傅手拿窩頭愣住了，他抬起驚異的眼睛，漆黑的兩道濃眉直顫抖，一句話也說不出來，沒想到整日在身邊的徒弟竟是這樣一個堅強的戰士！秦發憤自己不講，我老范不細心，竟不知道這件事，還怪他動作不靈活呢！咳！

此時，鋼鐵戰士秦發憤正在練腿。師傅囑咐他「動作要快」，他就利用工作空閒在鑽臺扶梯上跑上跑下。受傷的腿不聽使喚，一陣陣劇疼他就揉一揉，繼續練上下扶梯。有時，他狠狠地使勁蹬腿，之後又迅速地撲在機房鋼鐵地板上，來回擦著。

他創造了鑽井史上的奇跡：地板、機器上沒有泥巴，沒有油污，明光瓦亮。

嚴厲的、「冷若冰霜」的范師傅看到這一切，急速奔到機房，喊一聲：「秦發憤！」

「到！」秦發憤跪在地上答道，手還在來回擦著。

范師傅上前一把拉起他，上下打量著。

秦發憤不知怎麼回事，這個憨厚樸實的大個子認真地叫道："師傅……"

范師傅看看他的臉，又看看他的腿。

秦發憤棉褲的膝蓋上磨出兩個大窟窿，棉花、布條在寒風中飄動著。

范師傅抱住這個剛強的戰士、石油戰線上的新兵，說不出話，他捶了他一拳，淚水簌簌地流下來……

鑽井隊長周挺杉站在扶梯下，清楚地看到這一幕，他咧開范笑了。他抬頭望望井架，望望天空。

湛藍的天空飛過雁陣。

草原一片新綠，早春的野花遍地開放。楊樹下，一群牛安詳地吃草。

雲雀在歌唱。

—— 春天來了。

十六、壓不彎腰

馮超辦公室。馮超坐在桌前削著還債退回來的蘋果，自言自語地說："得罪了闊朋友，自討苦吃！"

有人敲門。

馮超放下蘋果莊重地說："進來！"

糧食供應站的工作人員小馬走進來，手裡拿著幾張報表說："馮副指揮，到了六車皮糧食，怎麼分？"

馮超不假思索地答道："給田家莊各單位按人口平均分配。"他在條子上批了字。

小馬提醒說："龍虎灘和無名地那兩個井隊怎麼辦？你看能不能從生產上抽兩台車？"

馮超嚴肅地說："什麼？抽生產車？不行！他們正忙著給新到的井隊拉設備呢！小馬！黨委的原則是先生產，後生活，周隊長當了黨委委員，他能理解。"看看小馬，親切地說，"放心吧！

他們還有糧食！"

小馬無奈："那好吧！"走了出去。

馮超打開鍍金煙盒點上一支香煙，噗地噴一口煙，想著將會發生的事和自己對付這些事的辦法。

綠草如茵的大地上搭了幾頂帳篷，這是井隊駐地。周挺杉拿著一把斧子噹噹地敲著，他正用破板皮釘一把長椅，準備放在院裡，供工人休息、吃飯、曬太陽時坐坐。

雲雀在草原上飛翔、歌唱。

指導員許光發汗淋淋地挑著兩袋糧食從草原上走來。

周挺杉迎上去，幫他放下擔子："糧食？"他雙手掂掂口袋，一袋足有七、八十斤。許光發正敞開藍布工作服擦汗，周挺杉猛地衝到許光發跟前，一下子揭起他的襯衣，看到他那紅腫的肩膀埋怨地說："我叫你找他問個明白，誰讓你挑的？"

許光發學著隊長的話："我這也是摟草打兔子，帶捎搭。"說完樂了。

周挺杉："哼！你呀……他怎麼說的？"

許光發："他說，眼下車輛緊張，先生產，後生活，黨委定的原則嘛！"

周挺杉思索著："啊，他在這兒使出了這個口號！老許，他是想怎麼的？他是想讓咱們從這裡撤下來！"

許光發："對啦！上無名地的一二一〇一井隊已經撤下來了！"

周挺杉一驚："什麼？"他想了一下，斷然地說，"不給車，咱們自己挑！"

許光發說："對！"

狩獵的槍聲從帳篷後傳來。

兩個農民提著獵槍向前追趕著野物，趙春生背著大帆布地質背包跟在後面看熱鬧。

周挺杉叫住他："春生！"走過去耐心地說，"這麼亂跑，別把砂樣丟了。"

趙春生不耐煩地站住："丟不了！"還是伸脖望著遠處打獵的人。

周挺杉接過背包，拉趙春生坐在草地上，取出一袋砂樣在手心裡托著："特別是這標準層，是認識油田的重要資料！"他替趙春生細心地裝好，扣上扣子，又說："哎，你幹嘛一天到晚沒精打采的，像是丟了魂兒？"趙春生瞪了他一眼。周挺杉說："沒有正確的政治觀點，就等於沒有靈魂。碰上這麼點困難就嚇住了？那個龍富貴是個富裕中農，可你偏偏和他好得合穿一條褲子還嫌肥。你是想跟他走啊！"

趙春生沒好氣地說："我沒想。"薅下一棵青草，揪著草葉。

周挺杉眯著眼睛望著無際的草原，深情地說："在這大草原上，跟天鬥，跟地鬥，跟階級敵人鬥，跟錯誤思想鬥，心裡有多痛快！可你……"

趙春生聽不下去了，他反感地說："幹嘛老說我呀！我也是披風頂雨的幹嘛！我也知道艱苦奮鬥，可艱苦到什麼時候算一站，奮鬥到哪一天算到底呀？"

周挺杉霍地站起來，眼睛冒火，他盡力克制一下，扭頭叫道："指導員，你過來！"

許光發走過來。

周挺杉扒開許光發的衣服，露出肩膀，激動地說："春生，你看看！"

許光發制止他："老周！"

周挺杉只管說著，好像自己從中得到很大的鼓舞和力量："這肩膀為革命扛過槍，扛過炮彈，也扛過咱們的鑽桿，多少次磨掉皮，多少回紅腫了。今天剛下夜班，指導員連眼皮都沒眨，又挑著這一百多斤重的口袋，跑了幾十里路！"

許光發：“春生，咱們要挑起擔子跟黨走，泰山壓頂不彎腰！”

周挺杉：“咱們是創業的人，要準備艱苦奮鬥一輩子！這是光榮！”

趙春生不以為然地站起來：“我還得送砂樣去呢！”說著揚長而去。

周挺杉怒吼一聲：“春生……”趙春生頭也不回地走了。

雲雀在歌唱。磨盤大的日頭落到地平線。無邊的、碧綠的草原上站著兩個高大的人。

十七、砂樣丟了

暮色蒼茫，龍富貴趕著大車在草原的大路上走著。他看見趙春生，熱情地招呼：“趙春生，上車。”

趙春生把背包扔到車上，自己也跳上大車，跨著外車轅與龍富貴聊了起來。

龍富貴：“上田家莊呀？”

趙春生：“送砂樣去。”

“……”

大車消失在暮色中。

值班房裡，周挺杉在接電話：“啊，什麼？砂樣丟了？……”他臉色陡變，對電話：“小姚，我們馬上去找！”

草原夜深，只見手電筒的光晃來晃去，人們在尋找砂樣。

車道上，姚雲朗打著手電筒問趙春生：“春生，是這條道麼？”

急傻了眼的趙春生：“我就是從這條道走的呀！”

許光發和魏國華在另一邊尋找著。許光發叫道：“小魏，來，你往那邊走，我到這邊！”兩人各自走去。

周挺杉打著手電筒仔細地尋找著，向草原深處走去。

十八、不，我不趴下

牛棚改建的庫房，存放著各種器材。這裡正在開大會，牆上貼著標語："靠'兩論'創業，以兩分法前進！" "百年大計，品質第一"，"高速度、高水準拿下大油田！" 人們高高低低地坐在木箱、器材、長條凳子上，正在聽華程講話。會場上坐滿了人。

華程："……我這個婆婆嘴呀，又要說品質問題啦，我們有個井隊打了一口井，井斜超過規定一度半，照過去算合格，可今天這種井堅決推倒重來！散會以後，大家都去背水泥填井！特別值得一提的是，我們的老標竿隊，就是那個赫赫有名的鑽井隊，丟了標準層砂樣……"

工人們小聲議論起來："是不是老周他們那個隊？"

"不能吧？"

許光發帶著井隊工人坐在離主席臺較近的地方，當華程提到他們時有人低下了頭，有人摳板凳邊，范師傅在裝煙袋，趙春生恨不得鑽地縫……人們向他們投過來令人難受的目光。

會場門口集聚著不少沒座位的人，伸著脖子向裡張望。

馮超在門外踱步。小馬走來，馮超急忙迎上去："小馬！"

小馬："馮副指揮！"

馮超："怎麼樣？"

小馬掏出小本："調查屬實！"

馮超做出決定："在會上揭發！"

小馬不大同意："這……"

馮超："華政委號召咱們不要掩蓋矛盾嘛！" 鼓勵地說，"去吧！"

小馬抬頭一看："周隊長來了！"

周挺杉提著白布砂樣袋來到會場門口，側著身子朝裡擠。正在會場門口朝外張望的魏國華擠過來，往下拉拉他的胳臂："別伸頭，快趴下！」

周挺杉莫名其妙。

魏國華：「正點名呢！火了！」忽然他看見砂樣袋，喜出望外，一把抓住，「砂樣找到了？太好了！快給我，我去頂著。」

周挺杉一閃：「我看你這老兄腦袋裡又有一條蟲了，扛紅旗你叫我當英雄，出事了，你叫我當狗熊？不，我不趴下！」把砂樣袋往褲腰上一拴，接著往裡擠。魏國華忙跟著喊：「哎哎，借光……」

周挺杉走進會場，人們向他投來驚異的目光。周挺杉大步走著，穿行在過道裡。

華程在臺上繼續講著：「……既要有革命幹勁，又要有嚴格的科學態度。砂樣雖小，可它直接反映了地下的情況，不允許有半點馬虎！從一袋砂樣看作風……」

周挺杉走到自己井隊跟前。指導員許光發、秦發憤、油娃都低頭坐著，看見自己的隊長來了，不知如何是好。許光發騰出個地方讓周挺杉坐。一個工人看見砂樣袋，放下心來，捅捅旁邊的人，讓那人看。

周挺杉看看戰友們。

華程：「老周呀，你坐下吧！」

周挺杉想了一下，向臺上一步一步走去。他挺著胸，眼睛像清水般澄亮，心中沒有一點雜念，只覺得對不起黨的培養，出了問題，挨批評是理所當然的。

會場上的人們爲之震動，紛紛投來或驚異、或同情、或不可理解的目光。

寂靜，像是聽得見心跳。

連華程也愣了片刻，但他還是很快地明白了。

周挺杉挺著胸站在臺上，當著幾千人坦率地說：「丟標準層砂樣是我們井隊。政委批評得好，大家記住我們的教訓吧。」

人們投來各種目光，有的感動、有的讚賞、有的佩服。

華程繼續指名道姓地批評，毫不容情，語調嚴厲，但充滿著愛護："周挺杉，咱們鑽井隊不能光管在地球上戳窟窿。我們吃不重視第一性資料的虧還少嗎？要想站住腳，不單要克服生活上的困難，工作上也要高水準！作風上粗粗拉拉，等於自己把自己打倒！"

周挺杉用心地聽著華程的話。他抬眼看見對面牆上的大標語："自覺從嚴"。他挺著胸，瞪著一雙明亮的眼睛，單純、質樸、不懼怕、不畏縮。

單純、樂觀的油娃忍不住哭了。

憨厚、認真的秦發憤眼睛濕潤了。

范師傅也在抹眼淚。

趙春生感到無地自容。

魏國華激動地站起來："政委，你批評我吧，我是地質員，是我犯了錯誤。"

許光發站起來："不，小魏！"轉身對華程，"政委，是我的思想工作沒做好，辜負了黨的委託。"

油娃站起來："政委，我也有責任！"

范師傅站起來："是我們大家的事！"

"我們都有責任！"

整個井隊的人都站了起來，自覺地接受批評……

華程堅決地說："不！我就抓住周挺杉不放！"

油娃離開座位："政委！讓我上臺和隊長站在一起吧！"

許光發："不，我去。"

工人們七嘴八舌地喊著："讓我去，我去！"

周挺杉站在臺上，瞪下面一眼："油娃！"

油娃激動地："我，我坐不住哇！"淚水奪眶而出。

華程激動地看著這場面，倒是他心軟了："我這個臺子也站不下一個井隊。老周，你下去聽著吧。”

　　周挺杉回到自己井隊的座位那裡，挺直腰板坐著，全井隊的工人們也都學著隊長那樣，一個個坐直了身子。一雙雙清澈的目光專注地望著臺上的華程。

　　華程：“幹部要有個婆婆嘴，整天在你耳邊嗡嗡：要重視第一性資料。我們要爲油田負責一輩子！”

　　正在這時，從後面小馬那裡傳過來一張紙條，一直傳到主席臺上。馮超馬上走到台口接過紙條，走到華程旁邊說：“這兒有個揭發材料！”華程看馮超一眼，拿起自己的茶缸回到台後的座位上。馮超以得意的語調念道：“周挺杉同志在國家暫時經濟困難時期，立場不堅定，買了大量土豆。”念完條子接著說，“買土豆嘛，必然助長農村資本主義自發勢力，自己也不免沾染上資本主義臭氣！”

　　周挺杉警覺地聽著，盯著馮超。

　　台下的人們交換著疑問的眼光。

　　油娃、秦發憤、魏國華等紛紛站起來氣憤地喊：“誰揭發的？胡說！”“這是造謠！”

　　在主席臺後邊的長桌前，王副指揮和華程交換意見。

　　馮超皺著眉頭沉重地說：“事情發生在標竿隊隊長、共產黨員身上。這就更使我們痛心！光痛心還不夠，還要揭發出來教育大家。華程同志要我們勇於揭露矛盾嘛！當然，我們也並不是希望周挺杉同志因此而趴下。”

　　周挺杉霍地站起：“說對了，我不趴下。”他又走上台去說，“馮副指揮提到買土豆的事，那就請當著大夥說說，我們爲什麼買土豆？”

　　馮超說不上來，支支吾吾半天。

　　周挺杉轉向在場的幾千群眾說：“我也來揭揭矛盾：馮副指揮在會上曾經表示堅決擁護甩開勘探，可是，就是他，斷了龍虎灘和無名地的糧，理由是先生產、後生活。他真擁護這個原則，還是利用這個原則達到別的目的？"對馮超，"你也說說吧！"並不等馮超回答，他大步走下臺去。

馮超被打亂了陣腳，略顯狼狽。他鎮靜一下辯解道："這運輸困難是客觀存在嘛！"求救似地望著走上前來的華程，"華政委，這簡直……"

華程從容地說："對待困難有兩種立場，兩種態度。"

馮超討了個沒趣，灰溜溜地到長條桌子旁坐下。

華程看看全場說："周挺杉買土豆，確有其事！"

一句話又掀起了波瀾，人們"哄"地一聲議論紛紛，各種目光投向周挺杉井隊。

華程繼續說："戰區運輸是有些緊張，我們這裡有個別人擴大矛盾，製造障礙，給周挺杉井隊造成了糧食困難！有一天，田大爺和幾戶貧農送來半車土豆，支援他們。周挺杉取出自己的存款給了田大爺，土豆就這樣買了。"華程說到這兒停頓一下，會場上的人們這才放下心來。

華程提高了聲音："請問，這是去發展資本主義麼？不！這是積極熱情地在貧下中農幫助下去克服困難，堅持會戰！"他懷著深厚的感情繼續說："他們要出力氣啊，要提一百多斤重的卡瓦啊！同志們！當他們意識到能不能堅持會戰是一場政治鬥爭的時候，這個井隊的黨支部做出了背糧食的決議。這個戰鬥堡壘在風浪中巍然挺立，鑽機沒有停轉，井隊沒有撤退！"

全場肅然，鴉雀無聲，突然間爆發出熱烈的掌聲！有的人熱淚盈眶，黨和群眾、群眾和黨的感情熱烈地交織在一起。

華程繼續說："正像毛主席所說的：'這個軍隊具有一往無前的精神，它要壓倒一切敵人，而決不被敵人所屈服。'"

掌聲雷動，全場沸騰，人人精神振奮。周挺杉扭頭看看自己的戰友：一往無前的闖將油娃、細心的指導員許光發、有志氣的秦發憤、“熱水瓶”性格的范師傅……就是這樣的人團結在一起，克服了困難。向著他們，周挺杉帶頭鼓起掌來。

臺上，王副指揮、姚雲朗也在鼓掌。馮超應付地鼓著掌。

華程舉手示意，人們靜了下來。

華程接著說：“這倒使我想起了一件事，我們有一個工人，從會戰開始到現在，每天都跪在那兒擦機器、擦地板。就是這個同志，膝蓋下有敵人的炮彈皮，就是這個同志把每頓兩個窩頭偷偷地分給他師傅一個。”華程講著，眼裡湧出淚水：“老周哇，散會以後，你把我的椅子搬走，給秦發憤同志放在柴油機旁邊，有空讓他坐一坐。”

秦發憤激動地站起來：“政委，我不要，你說的也不完全對，我給師傅窩頭，是因為有人給我飯盒裡放窩頭。”

魏國華站起來：“也有人給我放！”

油娃上前一步說：“他自己吃土豆，把糧食給了別人。”

坐在高處的井架工說：“他買罐頭給高空作業的井架工吃。”

另一個井架工：“我們不吃，他看著我們吃！”

井隊工人你一言我一語地喊著，說出來一椿又一椿的事情。這聲音混在一起，使人聽不清了。

華程應接不暇，問道：“誰？”

工人們齊聲喊著：“周 —— 挺 —— 杉！”

會場沸騰了。工人們十個、二十個地站起來，接著全部都站了起來，掌聲、歡呼聲此起彼伏，像大海的波濤洶湧澎湃。

“向周挺杉學習！”

“向英雄井隊學習！”

口號聲響徹全場。

小馬受到教育，跑過來向周挺杉和工人們道歉。

趙春生熱淚盈眶，他拉著指導員的手說不出話來。

馮超借揭露矛盾之機想搞臭周挺杉的目的沒有達到，搬起石頭砸了自己的腳。他一無所獲地歎口氣，離開會場。

在激昂的音樂聲中，在熱烈的口號和掌聲中，周挺杉彎下腰，低下頭，檢查著自己的差距。白布砂樣袋始終沒拿出來，還在他的腰帶上掛著……

萬里長空，廣闊草原，火紅的晚霞燒紅天地。紅光中矗立著高高的鑽塔，鋼鐵的鑽塔……

十九、夜　談

當晚，華程把馮超找到自己的屋子裡，嚴肅地批評他。馮超以偏聽偏信小馬的報告為理由搪塞著。

華程："是偏聽偏信麼？糧食問題無論如何在客觀上是給甩開勘探製造了障礙。"

馮超虛偽地應付："我應該從這個高度來認識。"

華程："還有龍一井井位問題！"

馮超忙申辯說："在那件事情上，我可一句錯話也沒說。"

華程："可解決問題的方式有點奇怪！說了一些作為一個領導幹部不應該說的話。"

馮超："我當時太偏激了，政委，我保證以後再不信口開河……"

華程："不，有話可以說，不同的意見也可以堅持，不過，要光明磊落。凡是搞陽奉陰違的人，必定有某些個人的私心，好好想想吧，馮超同志！"

馮超："好吧。"他站起來垂頭喪氣地走了。

明月夜。

龍虎灘的井隊帳篷在風中鼓動。

帳篷裡，兩排通鋪上的工人們睡了。范師傅戴著老花鏡在油燈下給青年工人補衣裳。他用粗硬的手吃力地捏著小小繡花針，一針一線地縫著。

周挺杉歸來，給睡在門口的工人蓋好被子。他走過來要替范師傅做活。范師傅躲過，另外遞給他一件衣裳。周挺杉看看，問："春生的？"范師傅點點頭，兩個人坐在油燈兩邊補了起來。

范師傅關心地問："怎麼樣啊？這一天？"

周挺杉反問道："你呢？"

范師傅："我有啥說的？"

周挺杉："是啊！指著鼻子批評一次，讓我多想一點事，這心裡頭就更透亮一層，范師傅！"

范師傅停下針，聽著。

周挺杉深思地說："我琢磨著，政委是想要建設一支拖不爛、打不垮的石油隊伍！……你知道麼？全國的沉積盆地有多少萬平方公里？需要多少個井隊，用幾年的時間才能把可能有油的地方普查一遍？"

范師傅搖搖頭，不理解地看著隊長。

周挺杉從口袋裡掏出一個小本給范師傅看。小本上記著這些數字。

范師傅看完，把小本還給周挺杉說："你可真能琢磨，想著全國的事？"

周挺杉笑了："咱們是石油工人，應該想著國家大事。"停一下深沉地說，"咱們對世界人民的貢獻還少啊！"

范師傅從老花鏡邊上看看周挺杉："行，這下我托底了！周挺杉挨批評，進門沒趴下；出門，胸脯挺得更高！"他一高興被針紮了手，"哎喲！"叫了一聲。

周挺杉哈哈笑了起來。

范師傅："小聲點兒！"

帳篷院裡綠草如茵，月色如水，板皮釘成的粗糙長椅上獨自坐著趙春生。白天的大會使他心靈上受到強烈震動，他在思考著自己的生活道路。

查鋪回來的指導員許光發走過來發現了他。

許光發："春生,還沒睡?"

趙春生："指導員,我睡不著……大會上,隊長替我挨批評,我真……"

許光發笑了,坐下靠近他說:"你呀!他自覺從嚴,不是爲了哪個人,隊長想得比這遠啊!"

正談著,有人叫一聲:"老許!"

許光發抬頭看看,田大爺提著一盞馬燈踏著月色來了,龍燕陪著他。許光發站起來迎接他們。

"春生啊!"田大爺認出了趙春生,親熱地叫著他,而後又對許光發說,"我來龍虎灘,剛參加完他們的社員大會。"

龍燕接著說:"隊裡展開了走什麼道路的大辯論,把我爹辯論倒了。"

田大爺:"他認了錯。老許,大夥叫我給春生捎句話來。"

許光發:"坐下說吧,田大爺。"

田大爺把馬燈放在春生面前的白木箱子上,親切地看著趙春生,語重心長地說:"千言萬語就說一句,春生啊,看見這盞馬燈了吧?爲了讓這盞馬燈永遠不點洋油,大夥盼望你跟周隊長學,大幹社會主義!"

趙春生深受感動:"田大爺,我……"

許光發也深情地說:"田大爺,貧下中農的期望,我們記下了。"

帳篷裡,周挺杉和范師傅還在補衣服。周挺杉翻動春生的上衣,發現口袋裡有一件什麼東西,掏出來看看,是一份"退職申請書"。這是趙春生在龍富貴的攛掇下寫的,一直揣在口袋裡沒交出來。

周挺杉就著燈亮念著:

退職申請書

自從到草原，白天黑夜幹，

艱苦沒有頭，奮鬥無期限。

想去當社員，戶口交給咱，

要是真不給，不給也吃飯。

　　趙春生

　　周挺杉氣憤得嘴唇微微抖動，他想了想，拿著上衣和申請書站起來。

　　帳篷院裡指導員正跟趙春生談心，周挺杉走過來跟田大爺打個招呼，把申請書放在趙春生面前："這是你寫的？"

　　趙春生看一眼，羞慚地說："隊長，我，我不交了。"說完，把申請書撕碎，扔在地上。

　　周挺杉嚴肅地說："不交就沒事了？"沉默一下之後把上衣塞到趙春生手裡。指導員許光發過來，幫他披在肩上。趙春生一低頭，發現上衣肩頭新補了一塊大補丁。他撫摸一下補丁，看看隊長。這密密麻麻的粗大針腳是隊長補的，他那擼慣了鑽桿的手拿著小小繡花針是多麼吃力啊！趙春生深深地感動了。

　　周挺杉臉色依然很嚴肅，要說什麼，說不出來，他從自己的衣兜裡掏出兩張紙說："我這兒也有兩份申請書，你看看吧。"

　　叭地一聲，把兩張紙放在馬燈旁邊。

　　馬燈的紅光照亮了兩份申請書：秦發憤申請入黨，魏國華申請入團。

　　周挺杉感情渾厚地講著這兩份申請書的來歷，一方面是說給春生聽，一方面又像是說給自己聽，他自己也從中得到很大的力量："秦發憤不停車修柴油機，叫熱油燙了滿手大泡，入黨申請書就是用這只手寫的。魏國華從懷裡掏出入團申請書的時候，它被汗水浸濕了，字跡都看不清楚了。"

　　許光發激動地說："聽說現代修正主義者逼我們還債那天，黨、團支部接到了十幾份這樣的申請書。"

趙春生熱淚盈眶。是啊！都是一樣的年輕人，都是自己寫的申請書，可申請書跟申請書大不一樣啊！

周挺杉揀起退職申請書的碎片說："光把它撕了還不夠，春生啊，我們盼望你像秦發憤他們那樣，做一個有志氣的青年！"

趙春生抑制不住熱淚，他哭了："隊長……"

田大爺拍拍他的肩膀："摔了跟頭爬起來，挺起腰桿好好幹！"

趙春生看看田大爺，抹一把眼淚說："田大爺，您放心！我……我也不趴下！"

周挺杉、許光發欣慰地笑了。

二十、水落油出

龍虎灘二井正在固井，一派緊張氣氛。

周挺杉、油娃等正在背水泥，秦發憤胳臂下一邊夾一袋。灰塵飛揚，工人們一身白塵。

試噴。油娃充滿希望地擰開閘門。

噴油管口咕嘟冒出一股水，之後水也不冒了。

人們緊張地沉默著。

午休時間，鑽臺上下都有工人在吃飯。

魏國華一聲不吭，悶頭用勺子吃著，油娃奪過他的勺子說："秀才，你說，它為什麼光出水？"

魏國華不理，拿過勺子，悶頭吃著。

秦發憤："是呀，它為什麼光出水？"又奪過他的勺子說，"你倒是說呀！"

魏國華："有能耐你跟地球吵去！"

油娃："地球？也饒不了它，你說……"

指導員許光發走過來推推油娃："油娃，你看！"一指。

只見周挺杉坐在泥漿泵上，一邊咬著窩頭，一邊聚精會神地讀著《矛盾論》。

大家靜了下來，也拿出《矛盾論》讀了起來。

華程宿舍。華程坐在桌邊看《矛盾論》。有人敲門。

華程抬起頭說：“進來！”

章易之推門進來說：“總指揮部來了電話，問這口井試噴情況，他們一宿沒合眼，在等消息。北京也在等。”

華程：“你怎麼說的？”

章易之：“我？我很慚愧……”他坐在椅子上，“政委，有構造不等於有油，有油不等於有工業價值，現在，該重新研究我和馮副指揮的方案了！”

華程：“老章，石油是在我們國家的地底下，貧油的結論是外國人給我們做的，可我們有些人卻如此虔誠地信奉它。你看，事情就是這樣滑稽。振奮起中國人民的革命精神吧！工人們正向那些形而上學衝擊，我們應該支持他們。”

章易之搖搖頭苦笑著說：“你總是愛把技術問題扯到政治問題上去。這也許是職業習慣吧。”

華程也笑呵呵地說：“你總是愛把技術問題與世界觀問題分開，這不能說是職業習慣吧？”

敲門聲。

華程：“進來。”

姚雲朗一陣風似地闖進來，連珠炮似地說道：“政委、章總，周隊長領我們學習《矛盾論》，我們找到了方向，提高了勇氣，增強了信心……”

章易之以長者風度說：“機關槍……”

華程豪放地說：“好，就用你們的機關槍，向我們的洋奴哲學、懶漢思想乒乒乓乓地放一陣吧！”

“好。”姚雲朗滔滔不絕地說，“周隊長說：咱們怎麼來認識油層的矛盾普遍性和特殊性呢，他按照矛盾的法則，領著我們把田家莊和龍虎灘的資料拿來進行對比。對比的結果，認識到這兩個構造都有儲油條件,這是它的普遍性……"

華程、章易之注意地聽著。

姚雲朗繼續說:"龍二井又有油和水的矛盾,這是它的特殊性。周隊長說:要促使矛盾轉化,就要撈水,把水撈乾。我們想一不做。二不休,搞它個水落油出!"

華程十分高興:"好哇,辯證唯物論的認識論,在我們工人身上生根開花了!"問章易之,"怎麼樣?"

章易之有分寸地答道:"聽起來是滿有道理,但是……"

華程打斷他,滿腔熱情地說:"噢!這個道理非同小可!我想,毛主席和黨中央聽了這個彙報,會比聽到打出個千噸井還高興!"他拿起電話說,"要總部黨委!"

二十一、針鋒相對

乾打壘工地上人聲鼎沸,正在建造房屋。

"乾打壘精神永放光輝!"大紅布上貼著橫幅標語。

在半截土牆上周挺杉和田大爺面對面用木槌打土。白雲藍天,無限遼遠。

章易之和馮超騎著摩托車來了。

章易之喊:"老周!"

周挺杉跳下土牆。

馮超打著招呼:"周隊長,辛苦了!"

章易之迎著周挺杉:"老周,找個地方扯扯!"

周挺杉說:"走!"

一幢沒有完工的乾打壘房框子,一方藍天四堵牆,有兩個門通向外面。地上堆著刨花、白木窗框子、大筐。周挺杉和章易之走進來。

章易之:"我聽說你們正在寫一張大字報?"

周挺杉:"消息靈通啊!題目是:'馮副指揮,你要把我們指揮到哪裡去?'怎麼樣?"

章易之息事寧人地勸解道："老馮都緊張了，我看就算了吧！"

周挺杉嚴肅地說："老章啊，鬥爭很複雜！咱們可不能稍微打個盹，更不能當唐僧。"

章易之："你呀！人家直跟我解釋，土豆問題他是很後悔的，方案之爭嘛，我們也承認有些保守，咱們再躍進一下……"他坐在一隻大筐上，誠懇地檢討著。

周挺杉感興趣地聽著，他很高興，章總承認保守了。

章易之接著說："一年半拿下田家莊。石油城也不搞那麼豪華，什麼街心公園，我給他砍啦！"他得意地說。繼而"苦口婆心"地勸告："好鋼得使在刀刃上，你回去吧，咱們正正規規辦工業，別再搞你那套遊擊作風啦！"

周挺杉聽明白了，他失望地說："啊！原來是一碗豆腐，豆腐一碗哪！"他昂然地說，"不！從全局著眼，甩開勘探，建設城鄉結合、工農結合的新式礦區 —— 這條路走定了，你就是十條老牛也拉不回來！我們還要把你拉回來。"

章易之又跳起來，火氣十足地說："那就拉吧！你想過沒有？無名地半途而廢，龍虎灘又遇到嚴重危機！撈水，撈了七天了，怎麼樣？"

周挺杉充滿信心回答："油柱越來越高！"

章易之挖苦地說："可它最多產百八十公升，叫人家都笑話！百八十公升，要是香油嘛，夠吃一陣的了！"他頗有點得意，欣賞自己的幽默。

周挺杉既為章易之痛心，又被他的諷刺所激怒。他極力控制著自己，有力地反駁道："'對變革中的困難和挫折幸災樂禍。散佈驚慌情緒，宣傳開倒車， —— 這一切是資產階級知識份子進行階級鬥爭的工具和手段。'你記得這話麼？"

章易之："誰說的？"

周挺杉："列寧。"

章易之："啊！"一屁股又坐在大筐上。這話打中了要害，使他啞口無言，坐在那裡反覆回味著。

周挺杉從口袋裡掏出一個小本，撕下一張紙，走過來遞給章易之："我給你抄下來了。"章易之接過紙條，感激地看周挺杉一眼，仔細琢磨著列寧的話。周挺杉坐在他身旁熱誠地、親切地說，"每當我看到這段話的時候，就想，老章要是在這兒該有多好，聽一聽列寧敲起了警鐘，老章……"他剛要進一步深談……

馮超進來了："啊哈，你們在這兒？談什麼呢？"

周挺杉看一眼馮超，站起來走開。馮超拿過章易之手中的紙條看一遍說："老周，時代不同了，列寧的某些論斷……"

周挺杉轉過身來，眼裡射出逼人的光芒："過時了麼？"

馮超忙說："不，我是說，原封不動地拿來把自己的同志當成這個……這樣好不好？什麼資產階級知識份子啦……階級鬥爭的工具啦……"他笑呵呵地看著章易之。

章易之這才算琢磨出味道來，忿忿地看一眼周挺杉，拂袖而去。

馮超著急地追到門口叫道："嗨，章總！"章易之去遠了。馮超回過身，笑著搖搖頭說："哎·這個人就是這樣。算了。"他坐在半截土牆上說："我反覆想了，論搞油，從裕明來的還得說是你、老章和我，咱們為什麼不可以齊心協力呢？一定能搞出名堂來的。"

周挺杉警覺地聽著，問："什麼名堂？"

馮超言不由衷地回答："搞社會主義，拿大油田嘛！"

周挺杉的眼裡閃著機智的光芒說："再往下說呀。"

馮超精神抖擻地說："咱們拼死拼活地幹，一塊兒甩掉石油工業的落後帽子，到那時候會是什麼勁頭？"

周挺杉："什麼勁頭？"

馮超啓發著他："唉，你想一想嘛！"

周挺杉不知馮超的葫蘆裡賣的什麼藥，試探性地說："我想不出來。"

馮超以爲他真的頭腦簡單："真是個質樸的人哪！作爲領導，我替你想過。我是最關心人的，一切爲了人。你爲黨的事業做出了貢獻，黨也就應該給你應得的地位、榮譽和幸福。啊？"

周挺杉明白了馮超的目的，他憤怒地嘟囔著："地位……榮譽……"突然，如火山爆發，他衝著馮超吼道："我想要工人階級的地位，中國人民的榮譽，全世界被壓迫人民的幸福！爲了這個，就要在黨的領導下，消滅資產階級跟他們的走狗！"

馮超嚇白了臉，急忙詭辯地說："對，對！我們的目標是一致的嘛！"

周挺杉斬釘截鐵地說："不一致！"

馮超："不能那麼說，咱們都是共產黨員嘛！"

周挺杉雄辯地說道："不！有的共產黨員打著社會主義的旗號，走的卻是另一條路。這種人，五七年有過，五九年有過，今天也還有。馮副指揮，現在我對你的主張和目的看得更清楚了！"

馮超出了一頭虛汗。他擦擦汗，鎮靜一下，惡狠狠地說："老周，形勢！要看清形勢，小瞧國際上這股壓力要吃虧的！過幾天連煮黃豆都吃不成啦！"

"這是馮處長吧？太小瞧我們了！"

門口，巍然站立著周大娘，她拄著一把鐵鍬，風塵僕僕，精神矍鑠。

她身邊站著陳淑芬，背著一盤小石磨。

周大娘："挺杉，我們上來了！"

周挺杉："娘，淑芬！"

周大娘以慈祥裡夾著倔強的語調說："孩子，沒啥，困難咱們見過！"

陳淑芬看一眼呆立在一旁的馮超說："爲了拿下大油田,我們不會讓他們總吃煮黃豆的!"她從背上卸下石磨。

周挺杉接下石磨砰地一聲放在地上,抬頭看看妻子的肩膀。

陳淑芬,這個溫順又堅強的石油工人的妻子,爲了背這一百多斤重的小石磨,小褂肩頭被麻繩磨爛了!

馮超從另一個小門溜走。

周大娘看著他的背影："我們頭頂青天,腳踩荒原,一把鐵鍬鬧革命,給我當石油工人的孩子們開荒種地!"她把鐵鍬往地上一插,巍然立著。

周挺杉這個鋼鐵漢子,看著娘,叫她一聲,熱淚奪眶而出……

門外,站著笑睞睞的瀟灑的華程政委。他身旁是一輛裝滿糧食的卡車,這是他親自當調度給井隊送糧食來了。一個司機從車上卸下周大娘、陳淑芬的行李捲,華程扛著走來。

二十二、紅袖標

帳篷裡,地上長著黃白色的嫩草。周大娘、陳淑芬收羅了一堆井隊工人的髒衣服縫補著。

周挺杉端一盤菜進來說："娘,野芹菜炒肉絲,我的手藝。"放在白木箱拼成的桌子上。

華程也端一盤菜進來說："大娘,嘗嘗我這個,黃花炒雞蛋。"細緻地擺好。

"哎,來啦!"許光發使出全身本領,胳臂上架著好幾盤菜,一隻手端著醬碗,胳臂下夾著一大盆饅頭叫嚷著進來,一件一件地放下:"涼拌灰菜,蕨菜蘸大醬,大娘,菜齊了!"

周大娘笑著讓道:"老許,一塊吃吧!"

許光發推辭說:"不啦!我還得給井隊送飯去!"走了出去。

華程招呼著:"來呀!來!"

周大娘、挺杉入座。挺杉請娘先嘗他的菜,期待得到好評。

　　周大娘嘗了一口炒肉絲，說：“哎呀，挺杉，你們這兒吃鹽不要錢吧？”

　　周挺杉一怔，問：“怎麼？鹹了！”

　　華程有點“幸災樂禍”地瞥周挺杉一眼，得意地用筷子指點著黃花炒雞蛋讓道：“大娘！”他也期待著好評。

　　周大娘吃了一口，品著滋味說：“老華，你可真會過！”

　　華程一捂腦門大叫道：“唉呀，沒擱鹽！”哈哈大笑起來。

　　陳淑芬料理完針線活走過來，推推娘的肩膀，又是心疼又是抱怨地說：“娘，瞧他們這日子過的！”

　　周大娘通達地說：“孩子，他們的心思沒放在這上頭呀！吃吧，我吃著挺好的。”就帶頭吃了起來。

　　周挺杉吃著飯，問道：“娘，我寫信跟您要的那件東西……”

　　“帶來了。”周大娘掏出一個布包打開來，原來是那副紅袖標。她撫摸一下，眼淚汪汪地遞給周挺杉。

　　周挺杉接過袖標，珍貴地捧在手裡。

　　華程看著紅袖標深沉地說：“老周師傅為了保護油礦犧牲了，我們要永遠紀念他，我們加倍地工作，好像身上有兩個人的生命……”

　　周大娘信任地、欣慰地望著華程。

　　華程對周挺杉說：“老周，你是想用它在你們井隊進行一次階級教育？”

　　周挺杉點點頭。政委很理解他。

　　華程：“那好，咱們再把它發揮一下，先把這個借給我吧。”說著拿過紅袖標。

　　周挺杉也很理解政委：“你是想在整個會戰前線搞起來？手捧紅袖標，回憶鬥爭史？”

　　華程：“加深對今天鬥爭的認識。”

　　周挺杉：“太好了。政委，我覺得要特別警惕那種戴著紅帽子、藏著黑心肝的人。”

華程一針見血地說：“把自己打扮成工人領袖，可幹的事情總是違背工人階級的根本利益。”

周挺杉突然想起，說：“今天又跟我許了一大堆願，說只要把你甩開，跟他幹，我可就名譽、地位都有啦！要不，連煮黃豆都吃不成了！”

周大娘聽明白了：“我知道你們說的是誰了。這個人在舊社會當個小職員，拼命往上爬。”

陳淑芬補充說：“坐了一回牢，解放後成天價吹！”

周挺杉：“政委，就叫他看著紅袖標，再吹一次吧！”

草原，夕陽映照，霞光給大朵雲彩鑲上一道道金邊，一束束光線從雲縫中投向大地。鑽塔直入雲霄。扶梯上，井架工攀登著，跑上二十多米高的二層平臺。

華程和周挺杉並肩走在草原上。

華程：“我還想根據馮超的現實表現，準備請示總部，把他調離指揮所，到下邊去。”

周挺杉：“我同意！黨委如果批準，就把他放到我們隊。”

華程：“好，有工人階級氣魄！”

姚雲朗跑來興奮地報告說：“政委！龍一井經過壓裂出油了：龍二井水撈乾了，油正在咕嘟咕嘟往外噴！”

華程激動地一揮手說：“通知章總！”

二十三、擊一猛掌

“我認輸了！”章易之手裡拿著鋼筆和一份沒寫完的“思想檢查”，誠懇地、有幾分尷尬地向姚雲朗說：“小姚，陸相沉積地層裡可能有大油田，至少會有低產油田。所以，我寫個……”

這是在田家莊地質所。姚雲朗抱著一卷圖找章易之來了。

姚雲朗看看“思想檢查”，爽朗地大笑起來，說：“周隊長真行！他告訴我：要是章總在寫檢查，就給他撕了！”說著要搶，章易之急忙躲開，莫名其妙地看著姚雲朗。

姚雲朗繼續說：“華政委補充他的意見說：‘道路是曲折的，鬥爭在繼續。’還有我個人的想法，現在可以考慮再上無名地。”

章易之吃驚地問：“什麼？龍虎灘遠景不小，還有那麼多工作要做，又想入非非了！”

姚雲朗：“爲什麼不可以同時進行呢？章總！”誠懇地說，“我記得毛主席批評過一種人說：‘……這種人老是被動，在緊要的關頭老是止步不前，老是需要別人在他的背上擊一猛掌，才肯向前跨進一步。’”

章易之：“你是說，我……”指指自己的胸口。

姚雲朗笑笑，堅定地、不留情地“嗯”了’一聲。

章易之下定決心說：“好吧，談談你的方案。”

姚雲朗走到桌前，打開那一卷子圖給章易之看。

門開了，華程、周挺杉進來，章易之迎上去。

華程：“章總，是不是搞方案哪？”

章易之：“小姚說，要二上無名地。”

姚雲朗：“政委！”華程走過去，審看姚雲朗的方案。

周挺杉問章易之：“二上無名地，讓誰做尖刀班？”

章易之：“這個……還沒談。”

周挺杉：“你這方案連這個都沒有？不行，不好！”

姚雲朗領會了他的意思，忙說：“假如說你們算一個呢？”

周挺杉天真地回答：“好！這方案我通過了！”

華程抬起頭來對周挺杉說：“無名地幾口井，關係到我們的決心往哪兒下，關係到全局，中央首長和全國人民在期望著我們哪。老周，去降龍伏虎吧！”

周挺杉堅毅的眼神似乎在說：放心吧，政委，我準備赴湯蹈火！

第四章

二十四、再上無名地

長長的汽車隊，車上裝著井架、鑽機、活動野營房向無名地進發，煙塵飛揚。

龍虎灘家屬基地，一片新蓋的乾打壘，一塊塊新開墾的處女地，一群婦女在拉犁翻地。

犁鏵翻起泥土，捲起黑色波浪。

周大娘、陳淑芬在拉犁，被磨破的肩頭上碎布扇動著。

汽車從大路上開來，周挺杉、油娃、趙春生等人站在車上橫躺著的井架下面。

周大娘、陳淑芬微笑著揮動著手巾。

周挺杉向娘招手。

歡快的女聲合唱：

背起鑽機走四方，

英雄的井隊奪油忙，

婦女頂起半邊天，

要讓山河換新裝。

地下的油海千重浪，

地上的新糧堆滿倉。

無名地。沒有人煙，沒有牛羊，碧草芊綿，天垂闊野。

轉盤飛轉。

濃重的雨雲，一道閃電，一聲驚雷，大雨如注。

鑽臺上，周挺杉、油娃正在接單根。雨水瓢潑似地澆在鋁盔上、澆在鋼板上。

周挺杉在緊絲扣。

周挺杉從鼠洞裡提鑽桿。

歡快的女聲合唱：

茫茫荒原搭篷帳，

四海爲家心歡暢，

風吹鑽塔頂天立，

雨打衣裳鬥志昂。

待到白雲傳捷報，

天涯萬里飄油香。

二十五、沒有油層

泥漿槽出口處，趙春生正冒雨撈砂樣，魏國華過來說：“現在應該穿過標準層啦！”

趙春生：“沒有見到哇！”

魏國華：“沒丟吧？”

趙春生：“我連眼皮也不敢眨！”

魏國華摘下被雨水搞模糊的眼鏡，焦急地自言自語道：“那標準層上哪去了呢？”

晚上，下著大雨，井場駐地一幢野營房裡，一個人穿著黑色雨衣扛著行李捲進來。咕咚一聲把大行李捲扔在床上。一聲悶雷，一道閃電。這人掀開雨帽，原來是副指揮馮超。

坐在桌前看圖的章易之扭頭看看，熱情地歡迎道：“喲，馮副指揮，下現場了？”他走到馮超跟前，坐在椅子上。

馮超脫掉雨衣，消沉地說：“名存實亡了。”打開煙盒，請章易之自己拿煙。

章易之不想吸煙，擺擺手問道：“你怎麼啦？”

馮超：“一張大字報糊在門口，我簡直成了機會主義分子啦！這不來改造了！”

章易之解釋說：“工人的意見嘛，也不必求全責備。”

馮超尖刻地問道：“工人有這個水準？”

章易之好心地勸解道：“別想得太多，大家都在搞社會主建設嘛！"

馮超："這只不過是個信號……哼！又突如其來搞什麼紅袖標教育！"

章易之很不以為然地說："你呀，神經過敏！"

馮超："但願如此。"他吸一口煙感歎地說，"唉！往後可不敢干擾人家的決心啦！"

章易之不同意這種態度，站起來反駁說："不對！我們是共產黨員，是負責幹部，對國家建設不利的事就要管。"

馮超也站起來冷笑地說："管，沒有油層，應該撤退，你管得了麼？"

章易之："小姚把希望寄託在龍四段油層。"

馮超邊走邊說："龍四段可靠麼？在龍虎灘它不是沒有價值麼？再往深打，你們考慮到鑽機的能力麼？你們考慮到柴油供應緊張麼？萬一斷油鑽具卡在井裡，你用手往上拔呀？"

章易之吃了一驚："啊？"

馮超仰身倒在一張床上，看著屋頂旁敲側擊地說："為了保住自己的地位，逆來順受……"

章易之急了，瞪起眼睛說："你這是對我的侮辱！"

馮超並不怕他瞪眼，反而寸步不讓："可這是客觀的反映！"

一聲悶雷，一道閃電，青白色的閃電光照射在他們臉上，更顯得馮超臉色陰冷，章易之面色鐵青。

馮超盯著章易之說："隨便放棄自己符合科學規律的方案，工人說怎麼幹就怎麼幹。章總，誰是油田的主人？"

章易之當然知道，"地質家是油田的主人" —— 這是外國專家們的口頭禪，也是他們的信條。前幾年，章易之聽得慣熟了，而且說實話，聽起來還比較舒服。但時至今日，他有點說不出口。因此，就吞吞吐吐地答道："過去說……"

馮超緊接著說：「現在不仍然是你畫圈圈、工人打井嗎？」

章易之對這話無法辯駁，他思緒亂了套，內心鬥爭激烈。剛才他還謝絕抽煙，此時卻向馮超伸出了手說：「請給我一支香煙……」

馮超叭地一聲打開了鍍金煙盒。

二十六、我不是泥捏的

早晨，雨停了，但天氣悶熱，巨大的烏雲停留在天際，還在孕育著雷雨。

焊槍下閃著耀眼的藍色火花。鑽臺邊上，女焊工 ── 工人管她叫「鐵裁縫」，剛焊完一根鋼管，掀開面罩，放下工具，結束了工作。她走到工具台邊，端起寫著「獻給最可愛的人」字樣的小茶缸，往手上倒著柴油洗手。柴油順手心流到鋼板上。

「不準倒！」周挺杉一聲吼，大步從鑽臺下趕過來，劈手奪下缸子。

「鐵裁縫」怔住了：「周……周隊長！」

周挺杉拿起一團棉紗去沾鋼板上的柴油，沾一沾向小茶缸裡擰一下，邊擰邊說：「這點柴油是全國人民用血汗從外國換來的，留著打井使。」

「鐵裁縫」眼圈發紅，鼻子一酸掉下眼淚，她急忙用拳頭抹抹，抹了個黑鼻尖兒。周挺杉看看她說：「髒樣兒！」用乾淨棉紗給她擦擦說，「走，洗手去！」

周挺杉帶著「鐵裁縫」從扶梯上下來，到泥漿槽邊蹲下洗手，邊說：「這泥漿裡有火堿，又退泥，又去油。」

女焊工：「火堿，不燒手麼？」

周挺杉：「不怕，燒不壞。」

正說話，從鑽臺上傳來許光發喊聲：「老周，井下不正常！」

周挺杉急忙大步走上鑽臺。

周挺杉上了鑽臺。

許光發扶著剎把說："井下壓力很大！"

周挺杉："給我！"接過剎把。

指重表來回跳動。

剎把一彈，指重表降到零度。

周挺杉用力壓住剎把喊道："泵壓升高，井壁坍塌！"

轉盤飛轉。

許光發衝過來想搶剎把，說："老周，你給我！"

周挺杉："危險，都離開鑽臺！"

許光發："我來！"

周挺杉："快走開！"

周挺杉用肩膀把許光發撞開，推離合器，按住剎把，想讓鑽盤停轉。但就在這一秒鐘內，井下壓力超過鑽壓，鑽桿一晃往上衝來，方瓦彈出落在轉盤上！還沒有完全停住的轉盤一轉，把方瓦甩出來砸到周挺杉腿上，噹啷一聲巨響又落在鋼板上，把鋼板砸了一個坑。周挺杉腿部一麻，渾身一震，他還想繼續處理事故，可是不行了，一下子倒在鑽臺上。

許光發、油娃等撲上來叫道："老周！""隊長！"大家剛要看看他哪裡受傷，就在這時失去控制的鑽具下滑，剎把叭地一下彈了起來。

躺在鑽臺上的周挺杉眼睛一瞄，知道一場惡性事故就在眼前，鑽具只要蹾到井底，鑽桿就會擰成麻花，井也要報廢。他心裡只有兩個字："救井！"他驚呼一聲："要蹾鑽！"一咬牙，推開身邊的人呼地一下躍起。用整個身體撲在剎把上，壓住剎把。

鑽具停止下滑。

鮮血從周挺杉的褲筒裡流出來，淌在皮靴上，淌在鑽臺鋼板上。

油娃、許光發、趙春生、魏國華、"鐵裁縫"圍上來，把周挺杉抬到一旁。許光發撕開自己的襯衣，魏國華拿來急救箱，給周挺杉包紮。

周挺杉喊道：“油娃！快提鑽具！”

油娃去扶剎把，處理事故。

周挺杉疼昏過去了，人們一連聲地叫著：“隊長！”“老周！”“周師傅！”

周挺杉強睜開眼看看戰友們。

遠處，傳來汽車喇叭聲。

油娃望一眼說：“政委的車！”

情勢又緊張起來。

趙春生：“要叫政委知道了，準得上醫院！”

工人們紛紛議論：“可這腿……”“怎麼辦？”一個個看著隊長。

周挺杉忍著傷痛笑笑說：“我又不是泥捏的，碰一下，散不了！這口井是關鍵，在這個時候，我怎麼能離開呢？”

趙春生：“那好，咱，誰也不許說！”

魏國華：“保密！”

趙春生不放心地看一眼身後的女焊工，問道：“鐵裁縫？”

女焊工也很聰明，忙說：“隊裡的事，我什麼都沒看見！”

趙春生：“好！”

周挺杉：“來，扶我一下！”大家扶他站起來，他以堅強的毅力站著。人們各自去幹活。

一輛吉普車開到井場。華程、章易之、姚雲朗等下了車，走過來。

魏國華抓起紅鉛油刷子抹著鑽臺上的血跡。

章易之走上來嚴肅地批評他說：“哎呀！那是擦地板的？亂彈琴！”

華程走到鑽機旁問周挺杉：“怎麼樣？還能打下去麼？”

周挺杉忍著傷痛，堅強地站著，頭上淌著豆大的汗珠……

華程："你怎麼啦？"

周挺杉："這天兒……真悶熱！"

華程疑惑地看著他。正在起鑽的油娃叫道："政委！"華程走過去。

油娃跟華程沒話找話地聊著："井壁坍塌了，周隊長已經處理了……"不時偷偷向周挺杉那裡瞥一眼。

章易之上井場一般是只看見地質資料和鑽井設備的，此時依然如此，他沒有感到有什麼變故，來到周挺杉跟前說："走，老周，看看你們的鑽井記錄。"一個人前頭先走了。

周挺杉答應一聲，以堅韌不拔的毅力邁出了艱難的第一步……

井架扶梯上的井架工緊張地向下望著。

內外鉗工推著大鉗，扭頭向這邊望著。

—— 誰不關心他們的隊長啊！

敏銳的華程立即察覺工人們這緊張的情緒，他轉過頭，一雙詢問的眼光注視著周挺杉。

"保密"就要歸於失敗了，油娃急中生智叫道："政委！"

華程無奈地轉回頭來。

油娃："南泥灣的故事，你還沒給我講完呢！"

華程："下班以後吧……"

周挺杉已經走到鑽臺扶梯上。他雙手撐著扶梯歇了一下，然後，一步一步地走下鑽臺。

頭上，冒出豆大的汗珠。

眼睛，閃著剛強的光芒。

周挺杉走著，走著……

天空，彤雲密佈，雷聲隱隱。

二十七、忍著巨大的傷痛

值班房。周挺杉艱難地跨進門來，扶著保溫桶，倒了一杯水。

咕嘟咕嘟地喝下去，抹一把滿臉的汗水。

坐在桌旁看鑽進記錄的章易之頭也不抬，說：“馬上可以完鑽了。”

周挺杉：“田二段油層即使沒有了，還可以往深打，把龍四段鑽穿！”他艱難地走過來。

章易之仍然埋頭看著：“設備不行！”

周挺杉：“我這部鑽機勉強可以帶動。”

章易之：“柴油也不夠了。”

周挺杉：“我還留了一手，一點點摳的……”

章易之：“現在要全力保田家莊，你們的油也調去！”

周挺杉：“老章，我這兒燜飯，你從我灶坑裡抽柴禾，這飯……”

章易之叭地合上鐵皮的鑽井記錄夾子說：“哎呀，適可而止吧！”外面，傳來一聲炸雷。章易之站起來踱著步：“別浪費時間了，馬上完鑽搬家，五個井隊全撤！”

周挺杉不言聲，衣服已被汗水溻透。

章易之回過頭來問：“你聽見沒有？”

周挺杉滿臉汗水，一雙堅毅的眼睛。

章易之又走過來，以一副“秋後算帳”派的神色說：“我真不明白，這是爲什麼？逞英雄麼？國家的人力物力不允許！怕說當初的爭論誰是誰非麼？我並不想秋後算帳！”

周挺杉沉著堅定地說：“帳，在那擺著呢！敲開龍虎灘，就是一本。”

章易之：“那這無名地呢？”抓住理似地質問著。

周挺杉不言聲，捲著煙捲。無名地還要靠實踐，不是一下子能說清的。

章易之得“理”不讓人地說：“唉，多大的奢望，多大的胃口呀！……”

這時，華程來到值班房門口。他已經知道周挺杉受傷了，叫過一個工人說："趙春生，你去把車叫回來！"趙春生跑去。華程剛邁步進門，正趕上章易之在滔滔不絕地發表宏論。華程停下腳步，站在門口聽著。

章易之："田家莊，不過癮；龍虎灘，不解氣；上無名地！什麼也沒見到，還是不死心，非要'抱個大金娃娃'……"譏諷地冷笑，又牢騷滿腹地說，"地質學上說話不算數！無怪有人問我，誰是油田的主人！"

又一聲炸雷響過長空……

周挺杉怒火中燒，撚熄煙頭，憤怒地說："這話我聽見過！在裕明別墅，在專家工作處！"他瞪起憤怒的眼睛突然躍起，雄獅般怒吼。"老章……"一陣劇疼，使他差一點摔倒。

華程衝進來一把扶住他。

書生氣十足的章易之直到這時才發現事情蹊蹺，驚呆了。

華程懇切地說："老章，應該是對我說的話，就對我說。在執行勘探方針上，周挺杉他們有不可磨滅的功績；如果有什麼問題，政治上的責任我來負。你知道嗎？他剛負了傷！"

周挺杉的褲腿上一片殷紅；地板上，幾滴血跡。

章易之奔過來，撫摸一下周挺杉的腿動心地說："老周，我送你上醫院！"

周挺杉："這沒啥！"

章易之歉意地說："我……實在不知道……"

華程對周挺杉："馬上住院。"

周挺杉懇求地說："政委……"

華程："不許講價錢！"

周挺杉："政委，你讓我把心裡話全倒出來吧！"

華程看看他。

周挺杉臉上掛著豆大的汗珠，以真誠的眼色期待地望著他。

華程理解了周挺杉的意思，點點頭，眼裡不由自主湧出了淚水。他背轉身用手抹掉。

周挺杉轉身對章易之誠懇地說：“老章，我是個大老粗，說得不對，原諒吧！”

章易之感動地聽著。

周挺杉：“我總想，一個地方有沒有油，不在陸相、海相，決定的因素是有沒有生成石油的條件，和我們有沒有志氣把它找出來。”他激動地說著，“毛主席的思想爲我們開闢了認識真理的道路。咱們幹什麼非要在‘中國貧油’這一棵樹上吊死？”他停頓一下，又說，“工人農民養活你這個專家，你要和工人們一塊按著《實踐論》去幹，走自己的道路。在陸相地層、海相地層都找到大油田，抖出中國人民的威風來！”

華程聽著，臉上是激動、欣喜和自豪。

章易之終於被眼前這個工人的寬闊胸懷、英雄氣概和那一片熱誠所震動，所感染。工人階級對他的期望使他慚愧，使他熱淚盈眶。看著周挺杉他一時什麼也說不出來，哽咽地說：“我……”

華程叮囑章易之說：“老章，記住周挺杉忍著巨大傷痛說的這些話。大老粗手裡有真理，他是我們的老師啊！……”

周挺杉謙遜地說：“政委……”

華程走過來，充滿自豪地對章易之說：“不要看不起工人，他們是歷史的創造者，是我們這個國家的主人，也是油田的主人！”

周挺杉殷切地說：“我們尊重你章總，希望你按照黨的路線，爲社會主義出力！老章！”

章易之上前一步，抓住周挺杉的胳臂激動地說：“老周，政委，我辜負了……”熱淚奪眶而出。

華程：“兩條路線的決戰在油田進行著。但是不管有多少曲折和風浪，我們的前途是光明的！馬上住院！”

突然，電話鈴急驟地響起來。

華程拿起話筒："啊，我是……"一向瀟灑、不動惱怒的華程臉色嚴峻："什麼？……嗯……"他放下電話。

周挺杉擔心地問："政委，出了什麼事？"

華程不語，在地上踱了幾步。

周挺杉緊盯著政委說："我看得出來，你封鎖消息。"

華程壓著巨大的憤怒和不安說："老周，沒有什麼！你快走吧！"門外，傳來汽車喇叭聲，華程接著說："你看，車來了，快上醫院，走吧！"他和章易之一起扶著周挺杉離開值班房。

二八、要為真理而鬥爭

井場上。人們送周挺杉上車。

汽車急駛而去。

章易之憂慮地："政委！"

華程轉身對工人們嚴峻地說："同志們，現代修正主義者撕毀了合同，撤退了專家，對我們搞突然襲擊，答應供給的油料沒有了。"

章易之氣憤地說："真是背信棄義！"

姚雲朗和工人們氣憤地聽著。

華程："現在我們幾萬人的戰區，幾十台鑽機，只剩下很少的柴油了。空軍支援我們一批柴油，可我們是搞油的，怎麼好反過來向我們空軍伸手呢？"

馮超歎口氣，搖搖頭。

華程快步登上扶梯說道："同志們，總部的意見：把情況告訴工人們，我們要團結起來，高舉紅旗，為真理而鬥爭！"

雄壯的《國際歌》響徹雲霄：

滿腔的熱血已經沸騰，

要為真理而鬥爭……

疾風驟雨襲擊著草原。吉普車迎風劈雨，飛馳而來。

雨刷來回擺動，掃著車窗上的雨水。周挺杉向車外望著。

油田在沸騰。

龍虎灘。路旁出現一家土煉油廠，雨水猛烈地打在蒸餾釜上，衝刷著大門口的白漆木牌："創業油田家屬第八煉油廠"。

陳淑芬和幾個婦女推著原油桶小車在泥濘中前進。她全身濕透，一臉油污，大揮著手臂吶喊著。遠處，幾個婦女抬著一根鋼管奔跑。

穿背心的小夥子在抬油桶，他們古銅色的臂膀上雨水淋漓。

田家莊。油田建設緊張施工。遠處，兀立著新建成的大油罐。

解放軍戰士在修建管線。他們站在泥濘的溝沿上，用臉盆、柳罐鬥舀溝裡的水。粗大的管線放在溝邊，上百台電焊機在焊接，上面罩著帆布雨傘，雨傘下麵火花四射。

巨幅宣傳畫在車窗外移動。大字標題："油田就是戰場，剎把就是刀槍！"雨水衝刷著畫面。

整個油田在沸騰！迎著鬥爭的風浪，壓不倒的中國石油工人在戰鬥！

雨過天晴。戰區醫院。

病房內，一張床頭掛著患者登記卡，上面寫著周挺杉的名字。年輕女護士端著藥盤進來，不由地吃了一驚：病床上扔著病號衣，病人卻不見了。

連天的芳草被雨洗過，青翠欲滴。草原像一塊大絨毯，鋪向天邊。

瓦藍的天空，天際長長的白雲。

雲雀在歌唱。

周挺杉小腿埋在草裡，拄著雪白的拐杖在草原上走著。

堅毅的眼睛望著前方，他走著……

額上汗珠滾下，他走著……

他親眼看見了整個戰區正在沸騰，他記得華政委接電話時的神色，他瞭解國際共產主義運動的一些情況，他猜想一定是發生了什麼嚴重事情。對此，華程同志早就告誡說要有所準備。他為早日拿下大油田，革命加拼命日夜苦戰，這正是原因之一。此時此刻他不能離開井隊，不能離開與帝、修、反鬥爭的最前沿，不能離開英雄的戰友們。他急切地走著，恨不得飛回井隊。

他走著……

忍著巨大的傷痛！

長長的白雲，時刻變幻著形象……

草原上走著我們的周挺杉。他的高大的身影……堅強的面容……白雲在他身後浮動。

高昂壯闊的音樂伴隨著他。

家屬煉油廠。

周挺杉拄著拐杖走來，站在一棵小楊樹下。

陳淑芬和一個年輕女工正在往桶裡裝油。年輕女工發現周挺杉，捅捅陳淑芬說："大姐，你看！"她用手一指。

陳淑芬一抹頭髮，看看，神色緊張起來，撒腿就跑。

陳淑芬跑到周挺杉跟前，看看他，扶著他，又跪在地上看看腿上的繃帶。

周挺杉："快給我找個車！"

陳淑芬站起來無限擔心地問："說實話，傷，重不重？"

"就擦破一點皮。"為了證實這是真的，周挺杉把拐杖扔給陳淑芬，自己站著。

陳淑芬半信半疑地說："別瞞我！"

周挺杉扶著樹說："我多會兒瞞過你？"

陳淑芬想想，激動起來，一口氣地說："傷不重，到處閑遛躂？這是什麼時候！我不信！你不是這號人！人家卡著咱們的脖子，撤退專家，撕毀合同，現在全戰區的柴油已經剩下不多了……"她突然停住話頭。

周挺杉憤怒的眼睛！

扶著樹枝的手一使勁，粗粗的樹枝唭嚓一下子折斷。

陳淑芬：「你？……」

周挺杉伸手要拐杖：「快給我！」準備走回井隊去。

陳淑芬夾緊拐杖說：「不！你是從醫院裡溜出來的！」

周挺杉喊了起來：「淑芬！」

陳淑芬斬釘截鐵地說：「挺杉！」看他一眼，轉身要走，「我打電話問問華政委！」

周挺杉急了，喊道：「淑芬 ── ！」

陳淑芬停下，一眼看見周大娘，跑去。

田野上長著碧綠的禾苗，周大娘和婦女們在鏟地。

陳淑芬跑到跟前，跟娘訴說。周大娘擔心地奔向兒子。

周大娘扶著兒子，彎下腰去看他受傷的腿，關切地叫道：「挺杉……」

周挺杉激動地說：「娘！您看出來沒有？這些無產階級的叛徒們這樣壓我們，是想讓咱們改變路線，放下紅旗啊！娘！」

周大娘慈祥、豁達的臉。她果決地說：「去吧，孩子，娘懂！」

周挺杉感激地看著自己的母親，這位白髮飄動的革命老媽媽……

二十九、停鑽事件

井場。轉盤呼嘯，似乎是憤怒地旋轉著。

指導員許光發扶剎把，他眼珠通紅，神色嚴肅，盯著指重表，加壓。

內外鉗工冒火的眼睛。抓住大鉗，嚴陣以待……

高架油箱下面，馮超走來，問一個工人：「還有多少柴油了？」

工人：「還有一噸多了！」

馮超：「那為什麼不停鑽？」

工人："我們隊上另外還有油，是周隊長一點點攢的。"

馮超："那也不行，都集中到田家莊！"說著走上鑽臺，對正在打鑽的許光發說："老許，柴油只夠打兩個班的了，停鑽吧！"

許光發盯著指重表，加壓。轉盤飛轉。

馮超："三班司鑽，把指導員替下來！"

三班司鑽上來，接過剎把。

許光發叮囑他說："注意，井下壓力很大！"轉過身看著馮超。

馮超："全戰區就要癱瘓，鑽具埋在井裡，誰負責任？"

許光發："隊長不在，我負全部責任。"

馮超氣急敗壞地喊道："一〇一、一八五、一三四都停了，你們，你們這是跟誰賭氣？"

油娃扛著一隻鑽頭過來，"噹"地一聲放下鑽頭："我們是跟帝、修、反搶時間！"

馮超："我還沒被撤職。我再說一遍，人家不進口柴油啦！"他一甩手走了。

許光發衝著他的背影喊道："華政委說了，全國都在支援我們，再說，我們還有家屬煉油廠。"

走到扶梯口的馮超一轉身，不屑地說："家屬？他們能煉出油來？一個星期前我去看過！"油娃走過來看看天，俏皮地說："馮副指揮，今天好像是一個星期以後了！"諷刺地做了一個鬼臉。

馮超氣急地喊叫："馬上停鑽！"跑下鑽臺。

一隻手拉下電閘，關掉油門，轉盤突然停止轉動。

鑽臺上。許光發、油娃回頭望著。

泥漿槽口，章易之、姚雲朗回頭望著。

工人們滿腔憤怒地沉默著。

　　寂靜。聽不到鑽機的轟鳴，聽不到柴油機的運轉，聽不到人們的吶喊聲。井場像死一般的沉寂……

　　“突突突……”一陣急切的摩托聲傳來。

　　摩托馳進井場，周挺杉趕到了。他拿起拐杖，奔上鑽臺。

　　鑽臺上空無一人，工人們去找馮超了。周挺杉大聲喊道：“指導員！秦發憤！油娃！”

　　章易之、許光發、油娃和工人們奔上鑽臺：“隊長！”“你回來啦！”

　　周挺杉焦急地問道：“爲什麼停鑽？”

　　人們七舌八嘴地說著。章易之喘息未定，向周挺杉解釋著：“是這樣……老周……”

　　周挺杉心如火焚，喊道：“我問你爲什麼停鑽？”

　　章易之這才想到，忙說：“老周啊，柴油確實只有一噸啦！”

　　周挺杉：“我跟你說過，我還有油！”

　　油娃、秦發憤：“隊長，是馮超給停的！”

　　周挺杉犀利的目光望著前面：“唔？一起下手了！”他稍加思考，扔掉拐杖奔向刹把。

　　油娃擔心他的傷痛，叫道：“隊長！”

　　周挺杉忘記了自己，他手抓刹把，振臂一呼，氣衝霄漢：“打鑽──！”

　　井場重又沸騰起來。轉盤呼嘯，似乎是憤怒地旋轉著。

　　情勢仍然緊張。工人們不安地互相詢問著：“可是柴油……”

　　汽車聲。

　　一輛裝滿油桶的卡車駛進井場。車上紅旗飄揚，上寫“創業油田家屬第八煉油廠”。陳淑芬迎風站在車廂上，風吹起她的頭髮，英姿颯爽。

　　陳淑芬：“同志們，家屬煉油廠送油來啦！”

可以脫身的工人們全都奔下鑽臺。

在卡車上,陳淑芬一甩頭髮自豪地說:"有機油、汽油、柴油,品質不太高,可保證沒有馬糞!是咱們自己的!"她下了車。

工人們忙著卸車,滾油桶。

油娃抓住陳淑芬,激動的淚花在眼裡閃亮:"嫂子!你們來的可真是時候呀!"

陳淑芬多年來一直關照著孤兒油娃,此時,她欣喜地慰問道:"油娃,你們辛苦了!"

油娃:"沒啥!"

"看你!"陳淑芬發現油娃肩頭衣服破了,掏出針線包在井場縫補起來。

油娃挺著寬厚的胸脯讓嫂子縫補。這個舊社會的童工,此時豪情大發,出口成章:"曠野是我房,草地是我床,明月來做燈,風雨洗衣裳。為找新油田,艱辛又何妨!越壓越革命,越打越堅強!"

井隊野營房。

章易之和姚雲朗在研究幾張"油層對比圖"。章易之還沒忘馮超剛才的表演,氣憤地說:"馮超簡直是亂彈琴!"說完又欣喜地用手指敲敲圖紙。

姚雲朗指著圖說:"這就是三結合小組研究的成果。"

章易之:"是這樣……"他如同發現新大陸,俯身仔細地看著。

馮超闖進來,理直氣壯地質問:"兩位老總,龍四段油層很薄,現在還拼命找它,目的何在?"

姚雲朗信心百倍地說:"根據我們掌握的大量資料推斷:這個油層到無名地加厚了,很可能成為主力油層,打出高產井。"

章易之贊同地應道:"是啊!"

馮超一驚:"高產井?"

　　這時魏國華在外面哨哨哨地敲窗，向屋內大聲喊著：“姚地質師，鑽開龍四段了，油氣顯示良好！”

　　章易之大聲問：“井下壓力大不大？”

　　魏國華：“壓力很大！”

　　章易之對姚雲朗：“小姚，加大泥漿比重，防止井噴。再調些重晶石！”

　　姚雲朗：“我已經通知供應處，他們馬上送來！”

　　章易之：“好！”

　　姚雲朗在前，章易之在後匆忙走出去。

　　馮超眼珠一轉，叫道：“章總！”

　　章易之站下，警惕地看著馮超。

　　馮超居心叵測地說：“這口井一噴油，你的方案就進了歷史的垃圾堆，到那時候人們會不會問：在這外界壓力很大的關頭，章總拼命反對拿大油田，是什麼居心？”

　　章易之義正辭嚴地回答：“在這外界壓力很大的關頭，我得跟黨同心同德，跟人民一起奮鬥。任何個人得失，都置之度外，也絕不會再給人家當槍使！”說罷毅然決然地離開了馮超，大步跨出門去。

　　機關算盡的馮超剩下孤家寡人。他明白自己的處境，頭上沁出汗珠，他掏出手絹抹去，頹然地坐在一把椅子上，手不自覺地抓住“油層圖”的一角，再絞腦汁……

　　糧食供應站的小馬進屋找水喝。暖瓶空了，小馬要走，馮超忙遞過一杯涼開水。不知這個單純的年輕人可否給一根救命的稻草？

　　馮超“平易近人”地說：“小馬，送糧來啦？一直忙，沒到你們那兒去。紅袖標教育搞得怎麼樣了？”好像是無意間提起。

　　小馬不假思索地答道：“周隊長給我們憶苦以後，群眾發動起來了。對了，老工人提出周老大的犧牲是有人出賣的。”

馮超像觸電似地："啊？"

小馬："前天我們又從家屬裡頭挖出一個老傢伙，他在裕明當過敵人的典獄長。"

馮超站起來："典獄長？"馮超再也支撐不住了，他臉色煞白，嘴唇顫抖，"他……叫什麼？"

小馬："不知道。"

馮超不甘心，又問："那麼出賣老周師傅的那個人……"

小馬有一說一，有二說二，爽快地說："放心吧，他跑不了！"他放下水碗，走出門去。

馮超一頭虛汗，自語地咕噥著："搞到我頭上來了……"

解放前夕，馮超看國民黨大勢已去，想撈點政治資本，參加了裕明油礦工人罷工，出了一點風頭。被捕後，敵人拷問他，那時他雖然還不認識華程，但卻知道有個共產黨員進礦，知道周老大與共產黨有聯繫，就把這個情況告訴了敵人。他把這段歷史一直隱瞞著，偽裝積極。時間過得越久，他就越有一種安全感，逐漸肆無忌憚起來。沒想到今天即將暴露了，他感到前途可怕，但他要垂死掙扎。

電話鈴響，嚇他一跳。

馮超的手顫抖了兩下，還是拿起聽筒，有氣無力地應付："啊，是，什麼事啊？"

電話裡的聲音："我是供應處。聽說你們鑽開龍四段油層了，向你們祝賀呀！"

馮超假意地笑了笑。

電話裡的聲音："你們要的重晶石馬上送去。"

馮超："重晶石？"他一下子捂住話筒，眼睛四處搜尋一下，想起剛才魏國華說的"井下壓力很大"，惡念油然而生，向電話裡說："這兒夠用了，不用往這兒送了！"急忙放下電話，膽虛地再看看周圍。

　　透窗一望，泥漿池邊上章易之、姚雲朗、趙春生正在圍著砂樣篩子看著。姚雲朗高興地喊："章總，你看！地層裡的原油凝塊！"

　　希望越來越大，馮超豈肯甘心，他瞪起三角眼想著，想著。

　　—— 讓你們井噴！讓你們勞民傷財！

　　馮超決心孤注一擲！

　　一眼看見地下有一團棉紗。他伸出一隻邪惡的手抓起棉紗。

三十、短兵相接

　　會戰前線指揮所在無名地前線召開了黨委擴大會，討論形勢和任務。臨時搭起了活動板房，屋內的佈置和會戰之初討論方案時差不多，只是更簡陋一些。牆上掛滿圖件。其中有"無名地詳探部署圖"，"田家莊開發形勢圖"和"龍虎灘勘探成果圖"。

　　面貌一新的總地質師章易之正講著，指示棒在圖上指來指去，他興奮的聲音傳遍會場："……可以預言，甩開勘探，勝利在望。根據黨委指示，我們下一步的佈置是：調集五十個井隊，一傢伙壓上無名地，打這樣幾條大剖面，抱個大'金娃娃'！"說完，瀟灑地放下指示棒走回自己的座位。

　　華程雄姿英發："根據周挺杉井隊的實踐，章總地質師把這個新的方案拿到黨委擴大會上來了。還是那句老話，大家可以橫挑鼻子豎挑眼、品頭論足嘛！"他手裡拿著一支鉛筆，掃視了一下會場。

　　被勝利的前景鼓舞起來的人們歡笑著，紛紛表示同意。

　　"那麼……"華程等待片刻之後站了起來，準備總結。

　　"我亮亮觀點……"會議桌的一頭，馮超伸了一下手。他剛剛幹完一件冒險的事，很快就要見到惡果，事先他要用三寸不爛之舌征服一般群眾，事成之後就更顯得自己的預見和高明。他是個冒險家，但是，現在出現在人們眼前的馮超，卻是彬彬有禮的。他雍容大度地說："我們不必急於展示未來，倒是應該正視一下目前的危機……"他以這樣的警句開始發言。

華程端起茶缸,吹著裡面的水,眼睛有力地一瞥。

周挺杉拄著拐杖進來,這使馮超吃了一驚,但是射出的箭收不回來了。

"周隊長來了,這兒坐!"一個工人招呼周挺杉。

華程對周挺杉示意,讓他到桌前來坐。

周挺杉坐在了門口的一把椅子上。

馮超有些慌亂,鎮靜了一下,又繼續說著:"帝國主義封鎖、修正蘭義壓迫,更嚴峻的現實還在後頭,現在談抱大'金娃娃',為時過早吧?"他提高了嗓門,"我們實行了一條好大喜功的路線,必然得到勞民傷財的結果!"

王副指揮氣憤地問:"馮超,你這是什麼話!"

馮超冷冷地瞥了華程一眼,意思是問:你還敢不敢讓我說下去?

華程從容自若:"他這是以突然襲擊的方式說出來的久經考慮的話。"對馮超說·"你繼續說吧,我很感興趣!"

周挺杉心頭怒火往上衝,手抖動著,看一眼鎮靜的華程,他忍著,強忍著……

馮超振振有詞:"我完全是為了工作。我們為什麼會犯這樣的錯誤?根本原因是聽不得不同的聲音。決策的人物是些什麼人?是扶剎把子的!"

會場上的人們震驚了。一切都反常了,一向冷靜的華程正在一張白紙上隨便寫著字,鉛筆尖叭地一聲折斷。他扔下鉛筆,騰地站起,怒不可遏地說:"馮超!"

章易之也心明眼亮,看出了馮超的險惡用心,氣憤地說:"這是挑撥!"

火爆性子的周挺杉面對馮超對自己的惡意攻擊卻沒有發火,他用一雙無私的眼睛望著華程、章易之叫道:"政委!老章！”

華程終於克制住自己，接受了周挺杉的提醒：“哦，好！好……馮超。你說吧。”坐下了。

馮超慢條斯理地說：“我暫時就說到這兒吧。”

華程：“誰來回答他的挑戰？”

人們紛紛站起，喊道：“我回答！”“我說！”“我……”

叭地一聲拐杖倒在地上。周挺杉站了起來走向馮超，逼視著他，眼睛光芒四射。說：“一個國家要有民氣，一個隊伍要有士氣，一個人要有志氣！有了這‘三股氣’，封鎖怕什麼？扔原子彈怕什麼？我們頂天立地地站著！我們不拒絕外援，但是要維護自己的政治獨立，根據自己的特點，自力更生地建設我們的國家！”

華程：“這就是我們的路線。走這條路線，要靠黨的領導，靠工人階級……”

章易之補充說：“靠那些推動歷史前進的奴隸！”

華程接著說：“團結其他勞動階級，團結知識份子，一同艱苦奮鬥！”他情緒激昂，聲音洪亮，接著說，“我們的人民不屈不撓，扶剎把子的工人有偉大的抱負，世界上沒有任何力量能壓倒我們，永遠也沒有！”

姚雲朗站起來說：“我們就是‘好大喜功’！好大油田，喜為祖國立大功！”

突然，傳來井噴的怒吼聲。這聲音震撼天地，也震撼著每個人的心，人們同時站起。

滿頭滿臉泥漿的油娃奔跑而來，他大聲報告道：“同志們！打到高壓油層，鑽頭被棉紗堵住，我們起鑽的時候抽噴啦！”說著把一團水淋淋的棉紗扔在桌上。

── 這就是馮超抓起的那團棉紗。

華程命令道：“暫時休會，都到現場！”

周挺杉拉著油娃，小聲叮囑說："注意防火，切斷電源！"

油娃跑去。周挺杉冷眼看一看馮超。

馮超作賊心虛，嚇白了臉，但他擺出一副同情的姿態說："它真的噴啦？"

周挺杉對著馮超豪邁地說："它噴個落花流水才好哪！人沒壓力輕飄飄，井沒壓力不出油，我們要的就是高壓井啊！"說完轉身跑出去。

三十一、千鈞一髮

井場上，油、氣、水、泥漿的混合物突、突、突地噴起來，吼聲越來越大，噴柱越來越高。井架上的防爆燈熄滅了，燈搖晃著。

鑽臺上，許光發、油娃在強行下鑽。

值班房內，華程在打電話："快，快，要緊急動員！"

井場。

趙春生跑來，向周挺杉報告："隊長，泥漿比重太低！"

周挺杉："快加重晶石！"

趙春生："告訴供應處了，到現在還沒送來！"

華程匆匆跑來："老周，田家莊、龍虎灘已經出發了。走！"他先跑去，周挺杉也跟過去。

姚雲朗穿著雨衣跑來，迎面碰上章易之。

章易之說："小姚，趕快把這個井噴資料取下來！"

姚雲朗從懷裡掏出個瓶子說："你看！"奔向井口。

章易之喊："給我！"追去。

魏國華追去，喊著："姚地質師，天然氣太大，危險！"

鑽臺下，井口旁，巨大的噴柱使人不能靠近，吼聲震耳欲聾，油、水瓢潑而下，石頭亂飛。姚雲朗一低頭衝了進去，堅持取氣樣。天然氣通過導管進入瓶內，排出清水。她堅持著。

井場車水馬龍，人們奔跑。噴柱越來越高，十米、二十米……

衝向二層平臺。

　　姚雲朗取好氣樣，瓶口朝下抱在懷裡，轉身離開。忽然，她被天然氣熏倒。魏國華衝來背起她，章易之衝進來，接過氣樣瓶。

　　草原大路上，救火車、水泥車、推土機、拖拉機、卡車賓士而來。

　　配電房裡，一隻抖顫的手伸向電閘箱，企圖合閘。

　　"誰敢合閘！"一聲怒吼，恰似當年的老周師傅。

　　那人手縮回來，猛然轉身，是馮超。他眼珠子通紅，像要冒出眼眶，臉色蒼白，沒有一點人色。

　　周挺杉高大的身軀當門而立，威武雄壯。

　　── 一雙憤怒的眼睛！

　　馮超歇斯底里地狂叫："周挺杉，快救火去吧！你們井毀人亡啦！"猛轉身雙手合閘。他就等電燈全亮，燈泡撞碎，遇到天然氣燃起熊熊大火。他焦急地往外看看。

　　電源早已被掐斷。

　　馮超最後的惡毒陰謀徹底破產，他像一攤泥癱在地上。這個工賊、野心家、修正主義分子結束了他的醜惡表演。

　　周挺杉邁著堅定的步子逼上來。

　　井場。馮超被拴在井架纜繩的水泥墩上，像一隻落水狗。人們圍住他，憤怒地聲討他。

　　油娃擠進來跳上水泥墩，高高舉起大管鉗，以滿腔的仇恨喊道："狗東西！我找你十幾年啦！"說著想要狠狠地砸下。

　　王副指揮制止了他。

　　華程命令："帶走！'

　　兩個武裝民兵押走馮超。

　　華程拿出借去用的紅袖標，舉起來："袖標上有老一代石油工人的血，新的鬥爭更增添了它的光輝！"他給周挺杉戴在胳臂上，"老周，你指揮壓井！"

卡車載著田家莊、龍虎灘來的搶險隊伍駛進井場。

在噴起又落下的油、水襲擊下，華程、章易之等人研究壓井的辦法。

章易之喊著："快調重晶石！"

趙春生："來不及啦！"

重晶石粉比重大，摻在泥漿裡，打到井下去，可以壓住井噴。這是搶救井噴的常用方法。沒有重晶石粉，章易之沒辦法了。

周挺杉用鋁盔做了個攪拌水泥的試驗，他拄著拐杖，端著鋁盔走過來說："政委！得趕緊往泥漿裡摻土，加水泥！"但這在正常情況下是不允許的，因為它可能把鑽杠凝固在井裡。

章易之沉吟一下。無名地草原的水鹼性大，水泥凝固得慢，壓住井噴以後，可以再把水泥替出來。周挺杉有長期的實踐經驗，所以想出來這個在當前是唯一可行的辦法。章易之大聲喊道：'政委，我看可以！'

華程："好，就這樣決定！"

周挺杉向工人們吼道："加水泥！"

泥漿池邊，周挺杉、華程、章易之、趙春生等人往泥漿池裡倒水泥、加土。煙塵飛揚，油、水瓢潑而下，泥塊打著鋁盔叭叭響。他們捨生忘死地幹著。

水泥浮在泥漿表面上。

趙春生聲嘶力竭地喊："隊長！這浮在表面上不行啊！"

土沉澱，水泥散不開。

一個工人喊道："隊長，得想辦法同時攪拌！"

負責泥漿泵的副司鑽跑來喊："周師傅，蓮蓬頭堵塞，泥漿打不上去！怎麼辦？"

四面八方警報頻傳。周挺杉抬頭看看，鑽機、油井都處於極度危險中。

由於地層下陷，井架逐漸傾斜！

噴勢不見減緩反而增強，噴柱直上天車，吼聲震耳。

周挺杉站住，在短暫的一瞬間他想起自己的經歷：

—— 老周師傅高舉大管鉗，砸向敵人……

—— 美國顧問仰天狂笑：「沒有『美孚』，你們只是一片黑暗。」

……

—— 華程舉起拳頭：「要為真理而鬥爭！」……

—— 馮超狂叫：「你們井毀人亡啦！」……

—— 周大娘慈祥豁達的臉：「去吧，孩子，娘懂！」……

周挺杉堅毅的眼睛。

火紅的袖標在他臂上閃耀。

千鈞一髮！壓不住井噴，鑽機、井架將會陷進地球裡去，全部報廢；壓不住井噴會破壞油田的原始壓力，使油田生產蒙受不可挽回的損失。為了拿下大油田，寧願少活二十年。他懷著對帝、修、反的刻骨仇恨，他懷著對無產階級革命事業的耿耿丹心，他懷著對毛主席革命路線的無限忠誠，氣貫長虹地一聲吶喊：「跳！」扔掉拐杖，飛身躍入齊胸深的泥漿池中。他揮動手臂，劃動雙腿，攪拌著，攪拌著……

水泥、化學藥品、火堿刺激著他的傷口，粘度很大的泥漿使他邁不動步，頭上臉上是瓢潑的油和水，他忍住巨大的傷痛，奮力地攪拌著，攪拌著……

宏偉的歌聲讚頌著我們的周挺杉 —— 中國工人階級的英雄代表。在帝、修、反挑戰面前呼嘯猛進的石油工人：

啊！，

石油工人一聲吼，

地球也要抖三抖！

自力更生拿下大油田，

降龍伏虎顯身手。

從前當馬牛，

今日抬起頭，

在高高井架上，

望見五大洲。

讓那紅太陽照亮全球，

快給革命烈火來加油！

歌聲中：

油娃、許光發、秦發憤、趙春生跳進泥漿池。

他們奮力地攪拌著。

華程和工人們搶裝防噴器。

各種車輛圍上井場。

泥漿池翻滾著波浪。

周挺杉彎下腰，嘴巴貼著液面，掏出上水管蓮蓮頭的堵塞物。

鑽臺上，強大的噴柱衝擊著工人們。許光發，油娃等人戰鬥在鑽臺上，強行下鑽。

油娃推著鑽桿送入井口，被天然氣熏倒，人們把他背下去。

許光發冒著井架倒塌或下陷的危險，頂著強大的噴射力，堅持扶剎把。

范師傅冒著油和水的大雨看守柴油機。

泥漿泵運轉著。

周挺杉上了鑽臺，抱住鑽桿送入井口。鑽桿被噴射得左右搖擺。他被天然氣熏昏了頭差點倒下，一挺身又站起來，強行下鑽。

王副指揮在現場指揮車輛。

救護車旁，護士給油娃包紮；剛包好，油娃爬起來就跑向鑽臺。

周挺杉在下鑽。

鑽桿向地下挺進。

讓那紅太陽照亮全球，

快給革命烈火來加油！……

英雄的石油工人終於戰勝了險惡的井噴。

三十二、我們這裡一片光明

粗大的試油管，突、突、突陣陣巨響，黑色原油以雷霆萬鈞之力噴射出來！

人們歡呼著。

無名地一井在噴油。

無名地二井在噴油。

五井、六井、七井……在噴油。

創業油田模型：田家莊一片紅燈。龍虎灘一片紅燈。無名地上，一個小紅燈亮了，又一個小紅燈亮了，一片紅燈夾著幾排藍燈全亮了。一個小紅燈是一口油井，藍燈是注水井。三個構造上紅色的小燈連成一片。 —— 大"金娃娃"到手了，大油田到手了。

怎麼能不興奮，怎麼能不歡笑！看吧，這些轉戰南北、風霜萬里、為祖國的富強日夜苦戰的人們，一個個是多麼光彩啊！讓我們永遠記住他們的面容吧：周挺杉、華程、章易之、油娃、秦發憤、許光發、姚雲朗、范師傅、魏國華、趙春生、周大娘、陳淑芬、王副指揮、田大爺、女焊工、龍燕……這些為祖國的大油田出過力，流過汗，流過血的人們。

一列列油罐車開動了。

巨大的煉油廠生氣勃勃。

廣播電臺向全世界莊嚴宣告："現在播送新聞公報：在毛澤東思想的光輝指引下，中國工人階級奮發圖強、自力更生、艱苦奮鬥，我國石油產品基本自給。中國人民使用洋油的時代一去不復返了。"

"一去不復返了……"又是一個早晨，在宏偉的創業油田上，站著揚眉吐氣的周挺杉和華程，他們望著如林的井架，望著成排的採油井房，望著一片片大油罐，望著巨大的煉油廠和裝油棧橋。周挺杉眼裡放著光彩，跟華程說道："政委，你還記得在裕明的山頂上咱們第一次見面嗎？"

華程："記得。那是一個黑夜。"華程回憶著當年的情景，幽默地說。"十斤娃，你去裕明別墅，送送那位可愛的洋大人……"

周挺杉豪邁地說："他嚎叫著'美孚'……哼，'美孚'！離開'美孚'，頂住現代修正主義的壓力，我們這裡是一片光明！"

一輪紅日冉冉升起，輝煌的光焰普照大地。

一九七三年八月初稿於大慶

一九七三年十一月二稿於大慶

一九七四年三月三稿於大慶

一九七四年五月四稿于長春

一九七五年二月修訂於北京

（原載《解放軍文藝》一九七五年第十期）

春　苗

（電影文學劇本）

上海電影製片廠集體創作

人物表

田春苗 —— 湖濱大隊赤腳醫生

水昌伯 —— 老貧農

方　明 —— 朝陽公社衛生院醫生

李阿強 —— 朝陽公社湖濱大隊黨支部書記

蓮　蓮 —— 水昌伯的女兒

阿方嫂 —— 社員

春苗娘 —— 田春苗的母親

阿　婆 —— 阿方嫂的婆婆

土　根 —— 西灣大隊赤腳醫生

大　軍 —— 民兵排長

小　龍 —— 阿方嫂的兒子

趙才生 —— 社員，中農

唐大姐 —— 朝陽公社衛生院中年護士

杜文傑 —— 朝陽公社黨委委員、公社衛生院院長

賈月仙 —— 社員，錢濟仁遠房表嫂

錢濟仁 —— 朝陽公社衛生院醫生

第一章

一

江南水鄉，風光綺麗的朝陽湖。

一九六五年，雙搶大忙季節。朝陽公社湖濱大隊的社員們正在田頭勞動。

映著藍天白雲的秧田裡，翠綠的秧苗，微風拂動。秧苗上的水珠在陽光下晶瑩閃亮。一隊婦女在撒著化肥。

遠處傳來一個孩子的喊聲："春苗阿姨！"

一個撒著化肥的姑娘 —— 春苗，她抬起頭來，抹去滿臉汗珠，看見小龍從田埂上跑來，忙從秧田裡拔起泥腿，迎了上去。

小龍走近春苗："春苗阿姨！"

"噢！"春苗答應著，蹲下問，"怎麼了？"

小龍焦急地："我媽媽找你！"

阿方嫂抱著不滿周歲的孩子，匆匆走出家門，她的婆婆在後面緊跟著。

阿婆著急地對阿方嫂："……找春苗？她又不會看病，我說還是叫賈月仙再看看。"

阿方嫂："還找賈月仙哪？小妹的病全是她給耽誤的。"

阿婆無奈地："可春苗是婦女隊長，她又不是醫生。"

阿方嫂心焦地："讓她幫著拿個主意啊！"說完，她抱著小妹急急走了。

阿婆擔心地望著阿方嫂遠去的身影。

賈月仙家門口。

一面褪了色的小黃旗在隨風抖動，小黃旗上用黑墨寫著一個"醫"字，洗淡了的"妙手回春"四個字隱約可見。

一個十五、六歲的女孩子 —— 蓮蓮敲著窗櫺，喊著："賈月仙，下田幹活去！”

　　室內，賈月仙正在跟一個來看病的人算錢，邊對蓮蓮回嘴：“我下田？那誰來看病？多管閒事！去去去 ——”

　　蓮蓮：“看病？騙錢！”

　　賈月仙梗著脖子：“騙錢？嗨嗨，看病收禮，名正言順。”

　　蓮蓮不退讓他：“你怎麼又忘了，春苗姐和大夥兒是怎麼教育你的？”

　　賈月仙走向視窗：“嘿，衛生院都說我合條文，就是田春苗來，也管不著！”說著，把一扇窗關上。

　　突然在蓮蓮的身後，響起了春苗的聲音：“就要管！”

　　賈月仙吃驚地抬頭，窗戶被推開了，春苗站在窗前。

　　春苗斬釘截鐵地：“誰走資本主義路，就堵誰的道！”

　　“春苗！春苗！”這時，阿方嫂抱著小妹，一路喊著跑來。

　　春苗忙迎上去。

　　阿方嫂抱著啼哭的小妹：“小妹燒得不行啊！”

　　春苗忙將臉貼在小妹的臉上。

　　阿方嫂：“都是我娘相信賈月仙，給小妹吃了象香灰一樣的不知什麼東西……”

　　春苗又驚又氣，她一眼看到賈月仙門口飄著的小黃旗，氣憤地跑過去一把扯了下來。

　　“騙人的巫醫！”春苗狠狠地折斷了旗桿，把旗扔在地上，轉身抱過阿方嫂手中的小妹，“走！”

　　賈月仙望著她們遠去，不服地拾起小黃旗……

二

　　春苗家門口。小河邊。

　　一隻小船停在水橋頭。阿方嫂上了船，春苗把小妹交給了她，轉身往家裡奔去。

　　春苗娘解了圍裙，蓋在小妹身上，也匆匆跑進屋。

春苗跑進小天井，解開櫓繩，扛起船櫓。

老貧農水昌伯隨春苗娘一同跑來："春苗，春苗，我送你們去！"

春苗："水昌伯，你的腰不好，我去吧！"

水昌伯："我行啊！"

春苗不讓："我去！"她到門口，又回頭："娘，快去告訴阿強叔。"

春苗急急扛著櫓走了，水昌伯著急地追著："哎……"

春苗娘勸說地："老水昌！"

水昌伯不顧春苗娘勸阻，奔向門口河岸邊。可是，春苗搖著小船已經離岸遠去……

朝陽湖面，浪花飛濺。

急速搖動的櫓。

春苗在搖船。

小妹嘶啞地哭叫著。

春苗奮力搖船的特寫，她額上沁出了汗珠。

阿方嫂焦急地望著前方。

小船在遼闊的朝陽湖上飛速行駛……

朝陽鎮上。

春苗把船鏈拴在橋邊石階上，轉身接過小妹，急急上岸，阿方嫂緊跟著。兩人快步走上大橋。

大橋上。春苗和阿方嫂快步穿過支援農忙的學生隊伍，擦過迎面來的支農貨郎擔，直奔衛生院而去。

春苗、阿方嫂急急走進掛有"朝陽人民公社衛生院"牌子的大門……

三

中年護士唐大姐領著春苗、阿方嫂走進急診室。

唐大姐向裡屋喊了一聲："錢醫生！"

　　錢濟仁醫生正在一隻裝著小白鼠的籠子邊，觀察著小白鼠貪
婪地吃食，他不緊不慢地應了一聲：“嗯。”

　　唐大姐：“有急診！”

　　錢濟仁慢條斯理地翻著一本《養身療法淺談》。

　　春苗抱著小妹：“醫生，你快給看看吧！”

　　錢濟仁漫不經心地：“等一等！”

　　春苗見他這種態度，又急又惱，追出門去喊著：“醫生，孩
子燒得厲害呀！”

　　錢濟仁滿不在乎地：“等一等！”說著走了。

　　衛生院辦公室內。牆上掛滿了錦旗、獎狀。

　　辦公桌上放著一本精裝本《養身療法集成》，邊上還有一隻
裝著貴重藥品的盒子。

　　衛生院院長杜文傑在接電話：“哎，好的，好的……好的，
我馬上就送來，好……”

　　錢濟仁推門進來。

　　杜文傑放下電話：“老錢哪，剛才梁局長來電話，要我們把
‘養身療法’的總結立即送去！”

　　“我已經準備好了。”錢濟仁說著忙從抽屜裡拿出一份材料
交給杜文傑。杜文傑接過，滿意地：“好！”隨即拿過桌上的藥
品盒：“順便把這些東西帶給梁局長，還有……”他又拿出一盒
人參、鹿茸之類的補品：“他最近身體不好……”

　　錢濟仁拿起補品盒，會意地看了杜文傑一眼。

　　急診室內。

　　春苗站在門口，焦急地望望門外，又看看屋裡。

　　阿方嫂拍哄著小妹，焦急地來回走著。

　　小妹無力地抽搐著，微弱的哭聲。

　　春苗心焦如焚，她看看小妹，又抬頭看看掛鐘。

　　鐘擺不停地擺動著，時針指著十一點一刻。

春苗決然跑出急診室。

辦公室的門被衝開，春苗進門走向錢濟仁："醫生，快去看看孩子吧！"

錢濟仁和杜文傑回頭，不耐煩地望著春苗。

電話鈴響，杜文傑拿起話筒："喂……"

話筒中傳來急切的聲音："我是湖濱大隊黨支部……"

湖濱大隊辦公室裡，透過視窗，可以看到田野裡挑稻的人群，川流不息。

支部書記李阿強正對著電話話筒："我是李阿強啊，我們大隊有個小孩生了急病，現在已經送來了，請你們想盡一切辦法搶救……"

衛生院辦公室內。

杜文傑放下電話，對春苗："你是湖濱大隊的？"

春苗點頭："嗯！"

杜文傑對錢濟仁："那先去給她看看吧！"

錢濟仁收起《養身療法集成》，無奈地慢步走出。

急診室裡。

小妹已奄奄一息，阿方嫂抱著她，心如刀絞。

錢濟仁戴著大口罩，不緊不慢地把聽診器掛在脖子上，先是篤悠悠地上表弦，又令人厭惡地理了理頭髮，然後才開始給小妹診斷。

春苗關切地注視著。

阿方嫂緊張地望著錢濟仁。

錢濟仁："怎麼不早送來呀？"

春苗："已經等了好長時間啦！"

錢濟仁語塞，提起筆在病歷卡上寫著。

春苗急切地注視著錢濟仁的筆。

錢濟仁把病歷卡往春苗面前一丟，起身走了。

春苗接過病歷卡看著，吃驚地：「送縣醫院？」

阿方嫂把小妹交給春苗，急追向錢濟仁：「醫生，醫生！……醫生，孩子小，拖不起啊！」

錢濟仁不耐煩地：「我們這兒沒有藥，還是送縣醫院去吧！」說完甩手而去。

阿方嫂失神地站著。忽然傳來春苗急促的呼叫：「小妹！」

阿方嫂驚回頭。

春苗滿眼淚水，痛呼：「小妹！小妹！」

阿方嫂奔進急診室，與春苗一起搖著小妹：「小妹！」

「小妹呀！」阿方嫂淒厲地失聲痛哭，蓋著小妹的圍裙落在地上……

四

湖濱大隊村頭。

春苗手裡緊緊地捏著蓋小妹的圍裙。阿方嫂呆呆地坐在竹椅上。小龍倚在阿方嫂身邊，他懂事地將一塊手帕遞給媽媽。阿方嫂緊緊地把小龍抱在懷裡。阿婆在他們的身後低聲哭泣，春苗娘、阿奶等在一旁勸慰。水昌伯、大軍等社員群眾在一邊氣憤地議論著。

春苗眼含淚水，激憤的神色。

水昌伯怒不可遏地：「他們為什麼這樣對待咱們貧下中農的孩子？」

群眾議論聲：「衛生院這個醫生，是什麼態度！」

「就是嘛！」

「我們到公社告他去！」

「他們心裡還有沒有我們貧下中農？」

人群中突然傳來：「阿強回來了！」

阿強急匆匆地從竹林的另一頭走來，他走過議論的人群，激動地走近阿方嫂。

春苗激情地迎上前去，迸發地："阿強叔！"

阿強沉重地點點頭。

春苗："賈月仙騙錢害人，衛生院的醫生見死不救，阿強叔！再也不能這樣下去了！"

阿強激動地扶著春苗的肩，又深情地看看周圍的社員，然後親切地對春苗說："春苗，你知道嗎？毛主席發號召啦！"

春苗激動的臉。

阿方嫂等轉身注意地聽著。

水昌伯、大軍注意地聽著。

阿強："把醫療衛生工作的重點放到農村去。"

春苗激動地聽著，抬頭凝思，嚮往著。

藍天，白雲，翠綠的竹林。

阿強站在人群中，振奮地："毛主席發號召了！要把醫療衛生工作的重點放到農村去！"

眾議論。

阿強："同志們，公社黨委讓我們大隊推選一個人去衛生院學醫。我們黨支部研究了，讓春苗去！"

春苗激動而興奮的神色。

社員們一個個熱情、興奮、歡樂的臉，圍住春苗。

春苗激動的臉，千言萬語不知向社員們說什麼好，她深情地望著阿方嫂，春苗和阿方嫂的手緊緊地握在一起。

五

夜晚。春苗家。

春苗一針針地縫著一條腰帶。

春苗娘在一邊整理行裝，她疼愛地看看女兒："明天就要到衛生院學習，早點睡吧！"

春苗答應著，繼續埋頭不停地縫著⋯⋯

清晨。

蓮蓮穿過竹林，跑到春苗家門口，高興地喊著："春苗姐！春苗姐！"她見沒人，探頭朝屋裡張望。

春苗娘走出："蓮蓮！"

蓮蓮進來："大媽，春苗姐今天不是到衛生院去學習嗎？"

春苗娘："啊。"

蓮蓮："人呢？"

春苗娘："你沒碰上？"

蓮蓮："沒有。"

春苗娘："昨天晚上，她趕著縫了條腰帶，給你爹送去了。"

"噢！"蓮蓮答應著，眼光落在桌上春苗要帶走的物件上，茶缸、皂盒邊放著一疊書，最上面一本是《紀念白求恩》……

水昌伯家門口。

春苗四處看看無人，便將手中的腰帶放在小石桌上，轉身走了。

水昌伯扛著幾根竹子從院子裡走出，發現石桌上的腰帶，忙拿起，珍惜地看了看，當他抬頭看到春苗遠去的背影，禁不住雙眼濕潤起來。

阿方嫂家。

春苗在小龍床前舉著一本連環畫 —— 《白求恩的故事》。小龍雀躍著從床上跳起，搶過連環畫，忙不迭地翻看起來。

阿方嫂拿來一包點心交給春苗："春苗，帶著路上吃。早學好了，早回來呀！"

春苗點頭。

蓮蓮跑來，在窗外喊著："春苗姐！"

春苗迎出門外。

蓮蓮朝外招呼著："哎，春苗姐在這兒哪，快來呀！"

一群年輕人擁上來，七嘴八舌地："隊長，你就放心去吧！"

"我們婦女隊的生產，保證樣樣不落後！"

蓮蓮："春苗姐，你可加把勁學啊！"

青年社員大軍說："我們以後看病啊，就找春苗啦！"

大家歡快地笑著。

大軍對大夥兒："走，送春苗去。"

眾附和著。

春苗忙阻攔："生產挺忙的，大家別送了。"

"春苗阿姨！"兩個孩子叫著跑來。

"春苗！春苗！"老阿奶顫巍巍地走來。

春苗迎上前，大聲地："阿奶！"

阿奶拉著春苗的手，望著她："孩子，我們盼著你呐！"

春苗湊在老阿奶耳邊，大聲地："阿奶，明天起蓮蓮給您挑水。"

蓮蓮稚氣未脫，大聲地："阿奶！"

阿奶笑眯著眼，連連點頭。

村路上。

阿婆和中年女社員邊走邊在議論著春苗學醫的事。

阿婆："春苗好是好，可就是一腳牛屎一腳泥的，能行？"

中年女社員："能行，自己的醫生，就得挑實心實意為社員著想的人……"

中年社員趙才生坐在家門口補漁網。賈月仙端個飯碗走來。

賈月仙滿腹牢騷地對趙才生："告訴你吧，衛生院點著名要我去學，大隊硬把田春苗給塞上。大躍進的時候，不也搞過嗎？可後來呢……哼，衛生院會收這號人？"

趙才生隨聲附和："說的是呢，木匠要巧，郎中要老！"

賈月仙撇著嘴："赤腳人還想當醫生，哼！"

村口竹林邊的路上。

阿強和春苗娘送著春苗。

阿強語重心長地："赤腳人去學醫，要為赤腳人爭氣啊！有多少雙眼睛在看你啊！"

　　春苗娘："要挑這副千家擔，她肩上還得磨掉幾層皮哪！"

　　春苗挑著簡單的行裝和阿強、春苗娘走進茂密的竹林時，阿強意味深長地："春苗，你看這一片新竹，當初，筍尖往外冒的時候，繃硬的土上還壓著一堆亂石頭，別看它那時候又細又嫩，可硬是把土給頂破了，把大石頭給掀翻了，長得挺挺拔拔的……"

　　春苗若有所思地望著青翠的竹林。

　　阿強："春苗，在你面前的道路，是不平坦的，有毛主席給我們撐腰，你就大膽地幹吧！"

　　春苗會心地點頭。

　　陽光照耀著生機勃勃的竹林，竹梢在微風中搖曳著……

六

　　衛生院辦公室的里間。

　　杜文傑邊洗著手，邊對坐在一旁的錢濟仁："分配個大學生來，說明上級對我們的重視啊！"

　　"是啊！"錢濟仁附和著。

　　春苗挑著行裝出現在辦公室門口："同志，杜院長在嗎？"

　　杜文傑："啊，我就是啊！"

　　春苗放下擔子，拿出介紹信交給杜文傑："我是湖濱大隊來學習的。"

　　杜文傑接過介紹信，比較熱情地："好！好！……嘿，你一個人來的？"

　　錢濟仁走過春苗面前，春苗注意地望著他。

　　錢濟仁有點不安地睃了春苗一眼。

　　杜文傑看著介紹信，只聽門外勤工喊著："杜院長，新分配來的醫生到了！"他忙對春苗："哦！你先等一等。"又回頭招呼著："老錢！"匆匆迎出。

　　錢濟仁也隨杜文傑出去。

剩下春苗一人在辦公室裡，她不知什麼事，目送杜、錢二人出去，到門口看了看，放下書包，環顧室內。

電話鈴聲突然響起。春苗見無人來接，便拿起話筒："喂……"

電話中急切的聲音："喂，衛生院嗎？"

春苗："啊！"

電話中的聲音："我是西灣大隊……"

春苗："嗯……"

門外傳來杜文傑的聲音："歡迎，歡迎啊！"

杜文傑拎著個網袋走來，招呼著門外："嘿嘿，這裡，這裡……"

門口出現了一個學生打扮的青年人，他叫方明。他興奮地打量著這個新到的地方。

錢濟仁拎著包跟進來。

杜文傑熱情地："方明同志，歡迎你分配到我們這兒來工作呀！"

方明謙虛地："希望你們多幫助！"

杜文傑："哪裡，哪裡，坐吧，坐吧！"

春苗還在聽電話。

電話中的聲音："病人很危急……"

春苗焦急地答應著："噢，噢……"她望望杜文傑。

杜文傑根本沒顧得電話，他拖過一把椅子坐在方明邊上。

錢濟仁遞過一杯水給方明，殷勤地："請喝水！"

杜文傑向方明介紹："這是錢濟仁醫生，我們院的醫療組長！"

方明："錢醫生！"

錢濟仁十分客氣地："歡迎你來呀！"

電話中的聲音："請你們快派醫生來搶救！"

　　春苗對話筒：〝嗯，你先等一下！〞她把話筒放在桌上，走向杜文傑。

　　杜文傑還在對方明得意地介紹著：〝別看我們這個單位小，還要搞尖端呢！……〞

　　春苗打斷他：〝西灣大隊來電話，有重病人，要醫生馬上去。〞

　　杜文傑不經心地：〝就叫他們送來吧！〞又轉對方明：〝省裡對我們也很支持，你來了，正好加強力量……〞

　　方明：〝哪裡！〞

　　春苗不安地看看話筒，話筒裡傳來急切的呼叫：〝喂，喂，醫生，醫生！〞

　　春苗焦急地對杜文傑：〝病人很危險哪！〞

　　方明注意地看著春苗。

　　錢濟仁不耐煩地：〝醫生沒空！〞

　　杜文傑耐著性子對春苗解釋：〝醫生忙就不出診，這是醫院的制度！〞

　　春苗還想說什麼，杜文傑制止了她，示意錢濟仁去接電話。

　　錢濟仁拿起話筒：〝喂，……派個醫生？哎呀，二十多里水路，哪兒這麼方便呢？〞說完就要掛斷電話。

　　春苗急上去攔著錢濟仁：〝我……我來搖船！〞

　　杜文傑沒料到，怔住。

　　錢濟仁冷笑著：〝那，誰去看病呢？〞

　　春苗看看錢濟仁、杜文傑，又懷著期待的目光望著方明。

　　方明受到觸動，試探地：〝那，我去行嗎？〞

　　春苗高興地：〝那好！〞急忙對話筒：〝喂，醫生馬上就來！〞說完，掛上了電話。

　　杜文傑極其意外地：〝那怎麼行呢？人家剛來嘛！〞

　　錢濟仁：〝是啊，人生地不熟的……〞

春苗已經走到門口，回頭："我帶路！"

方明望望杜文傑，想徵得他的同意。

杜文傑不知所措。

春苗對方明鼓勵地："走！"

方明決然跟著春苗跑出。

錢濟仁追至門口："哎，哎……"回頭對杜文傑："你看這……"

杜文傑："好了，好了，讓他們去吧！"

錢濟仁在室內恨恨不已。

七

山村。樹木蔥郁，泉水潺潺。

一座小屋座落在林邊溪旁。

方明和春苗從屋內走出來。方明摘下頸上掛著的聽診器，春苗把一隻皮藥箱捧出放在屋門外小桌上，經過了一場緊張的戰鬥，他們都鬆了一口氣。

年青的山區小夥子土根端了兩碗茶水，送到方明、春苗手裡，感激地："醫生，真不知怎麼謝你們才好！多虧你們及時趕來了，我娘才……"

屋裡傳來一個婦女無力的喚聲："土根……"

土根急進屋。

方明對春苗："像這樣的急性肺炎，要是再晚來一步，那就危險了！"

春苗注意地："噢！"

方明大口喝了用竹筒接通的泉水，看見溪流，欣喜地跳下溪邊洗臉。

一個十一、二歲左右的孩子，拎著一籃草藥，喊著跑來："哥哥！哥哥！草藥要來了！"

春苗一聽，忙接過籃子細看。

土根出來。春苗拿起籃裡的草藥問：“你這兒也有這種草？”

土根：“怕你們不來，向上面一個叫老石爺爺的要了這些退熱的草藥。”

春苗驚喜地忙將草藥放入嘴裡辨味：“這草能退熱？”

土根點頭：“嗯！”

方明洗完臉上來：“春苗，我們趕回去吧！”

土根的弟弟把草藥拿了回去。土根爽朗地：“走，我送你們去！”

朝陽湖上。

土根搖著小船送方明、春苗回衛生院。

方明坐在船頭向遠處眺望，深有所感地：“你們這兒就是看病太不方便啦！”

土根：“比起解放前，已經好多了！聽我娘說，那時候，這兒的人連醫生都沒見過……”

春苗一面幫著土根搖櫓，一面說：“是啊，我們湖濱也是一樣……解放前，水災年年鬧，瘟疫一年兩三遭。有一回，村裡發了病，一下子死了好多人，都來不及埋……可有誰見過醫生的面？有誰吃過一片藥？”春苗越說越激憤：“那年月，醫生是要大轎抬，藥是要金銀換的呀！我們貧下中農盼望自己的醫生，盼了多少年，望了多少代啦！”

方明聽著，深爲感動。

波光粼粼的湖水。

八

衛生院庭院。方明、春苗趕回來時，已近傍晚。

衛生院的醫務人員正在乘涼休息。

杜文傑對方明：“你就住那屋！”

唐大姐在一邊對春苗：“春苗同志，你的行李放在那兒了。”

春苗答應著向樓梯走去，見到杜文傑："杜院長！"

杜文傑："嗯，好。你的工作，我已經和錢醫生說過了，由他來安排。"

在庭院裡吃著西瓜、觀著棋的錢濟仁淡淡地點頭。

衛生院後院。

一盆盆堆得高高的被單。春苗用力洗著，她不斷地擦著汗……

一大堆藥瓶。春苗認真地一隻隻衝洗……

春苗在掃樓梯，見一位老年病人走來，忙上去攙扶……

工作間。

春苗捧著一疊洗淨的被單走進來，見唐大姐正在洗針管準備消毒，她放下被單，欲上前幫忙："唐大姐，你教我打針吧！"

唐大姐為難地："你別動！"

春苗不解地停住手。

唐大姐："錢醫生說，你是來幹雜務的，不能拿針頭。"

春苗疑惑地："不能拿針頭？"

唐大姐悄聲地："晚上到我宿舍裡來，我教你。"

春苗的臨時宿舍裡。

唐大姐和小護士在教春苗血壓……

門診間。

春苗在自己的手腕上扎針，方明在一邊指導著。

錢濟仁從門外走過，不陰不陽地："田春苗，去把'養身療法'實驗室打掃一下。"

春苗撚著手腕上的銀針，邊回答："掃過了。"

錢濟仁："病房床單該換了。"

春苗："早晨剛換好！"

錢濟仁憋著氣，一眼看見走廊拐角爐子上的水壺在冒氣："那，那水開了，去衝一衝！"

方明按捺不住內心的怒火，用手勢止住欲站起身的春苗，走至門外走廊，提起水壺衝水，邊對錢濟仁："你的手不是也空著嗎？"

錢濟仁無言以答，悻悻而去。

方明回到門診間內，對著春苗同情地："你這樣學醫，可真難哪！"

春苗更認真地撚著紮在手腕上的銀針，堅定地："再難，也要學，貧下中農盼著呐！"

九

翌日。病房裡。春苗跟著方明查病房。方明為一病孩聽診後，將聽診器遞給春苗，春苗細心地給病孩聽診，聽完，回頭對方明："這不是肺炎，像是支氣管炎。"

方明驚喜地看了春苗一眼："你能區別這兩種病，進步很快啊！"

春苗在小本子上寫著什麼，然後遞給方明："你看，是不是用這兩種藥？"

方明看著本子，鼓勵地笑著點頭。

衛生院後院。

春苗正在放自來水，她抬頭看到在"養身療法"實驗室門口，錢濟仁正把一包藥交給賈月仙。

賈月仙把藥塞進藤包，感激涕零地："多虧得衛生院裡有你呀，大兄弟！"

春苗走來責問："錢醫生，這衛生院的藥，你怎麼能隨便……"

錢濟仁不屑地："這礙你什麼事了！"

春苗尖銳地："怪不得貧下中農來看病，你們說沒藥，原來……"

賈月仙氣勢洶洶地衝上前，正要說什麼，被錢濟仁攔住。

錢濟仁："賈月仙行醫，是杜院長批準的。"

春苗想了一下，轉身就走。

賈月仙望著春苗背影，不服地："哼，她倒管得寬！"

錢濟仁有些心虛，對賈月仙示意，兩人走向衛生院後門，見四周沒人，錢濟仁："我的二表嫂，這些洋藥，你也得學著點，要不，讓田春苗得了勢，我們腳下這塊地盤，都要讓人占去了，你呀，就得下田勞動去。"

賈月仙撇著嘴："我就不信田春苗這個泥腿子還真能鬧得成氣候！"

錢濟仁："別小看這些泥腿子，土改的時候，我爹不是死在他們……"

賈月仙："啊呀，你現在是個穿白大褂的洋醫生，還怕她？"

錢濟仁不耐煩地打斷她："好，好，去吧！"

賈月仙挾著藤包溜出後門。

錢濟仁望著賈月仙走遠，自語："真沒見識！"

樓梯上。

春苗拎著鉛桶、拖把從樓上下來，迎面碰上正上樓的杜文傑，忙攔著："杜院長，錢醫生給我們村賈月仙藥，你知道嗎？"

杜文傑："哦，像賈月仙這樣家傳，有點醫道的，還是要發揮他們的一技之長嘛！"

春苗："什麼？一技之長？"

杜文傑："她行醫是符合縣裡條文的。"

春苗："符合縣裡的條文？……"

杜文傑規勸地："是啊，你剛來，有些事情還不瞭解。聽說你工作很不錯，勞動也積極，這很好嘛！不過，錢醫生是醫療組長，你對他可要多尊重！"

春苗不滿地拎起鉛桶下樓，抬頭望見從後門口進來的錢濟仁。

　　錢濟仁冷眼看著春苗走下樓，然後急忙追上走進辦公室的杜文傑，諂媚地：“杜院長，縣裡都傳開了，說梁局長他們指名要調你到縣中心醫院去工作！”

　　杜文傑喜悅在心，裝作不在乎地：“唉，你就不要外傳了，我們這紅旗單位，也有你的一份功勞呢！”

　　錢濟仁：“這是杜院長領導有方啊！”

　　杜文傑：“老錢哪，田春苗對你有些意見，她是貧下中農，又是公社黨委派來學習的，還是要注意關係呀！”

　　錢濟仁望望杜文傑，不語。

　　十

　　幾天以後。

　　衛生院後院。

　　春苗晾著一床床洗淨了的被單。

　　蓮蓮叫著跑來：“春苗姐！春苗姐！”

　　春苗高興地：“蓮蓮，你怎麼來了？”

　　蓮蓮連珠炮似地：“我爹為了搶救隊裡的一船稻穀，腰病又犯了。”

　　春苗一聽，拉著蓮蓮就往前院跑去。

　　門診間。

　　水昌伯痛得坐不住。

　　錢濟仁站在老遠，老爺般地用手指比劃著，水昌伯艱難地用手把衣服撩起。

　　錢濟仁粗暴地用手敲了兩下水昌伯的腰，引起了水昌伯劇痛。

　　錢濟仁不在意地：“你這是老腰病了，沒有什麼要緊的，回去以後呀！一是營養，二是臥床……”

　　水昌伯：“啊，臥床？你……你……”

　　錢濟仁：“就是吃吃睡睡！”

水昌："哎，醫生，大家都在鼓足幹勁學大寨，我這條船可不能擱淺吶！"

錢濟仁："新社會了嘛，該享享福啦！"

水昌："毛主席領導我們翻了身，我怎麼能躺在好日子上睡大覺呢？"

春苗和蓮蓮急跑進來。

春苗關切地望著痛得滿頭是汗的水昌，心痛地解下圍裙給他擦著汗："水昌伯，疼得厲害？"

錢濟仁隨手扔過一張開好的方子。

春苗接過方子一看，氣憤地對錢濟仁："水昌伯是老腰病了，你就這麼治？"

錢濟仁："有什麼辦法呀？病人腰痛，醫生頭痛，連外國人都說沒有辦法治。"說著，拿過一本厚厚的外文書送到春苗面前。

水昌伯見錢濟仁如此刁難，氣憤地把外文書"啪"地合上。

春苗鄙視地望了錢濟仁一眼，對水昌伯："水昌伯，來！"

說著扶起水昌伯朝外走去。

方明宿舍。

春苗遞給方明一根銀針，方明給水昌伯扎針。

水昌伯感覺著："好，好，有了，有了！"

方明拔出針，把針交給春苗，示意春苗扎針。

水昌伯鼓勵地望望春苗。

春苗蹲在水昌伯身旁，小心地給他扎針。

水昌伯臉上浮現笑容，滿意地點著頭。

錢濟仁在門外張望了一下，轉身下樓。

衛生院辦公室內。

杜文傑和幾個醫生正在興致勃勃地看著新買來的高級儀器。

杜文傑："為了把養身療法的試驗推上去，我想辦法提前把它搞來了。"

　　錢濟仁匆匆進來：“院長，我們衛生院還有沒有院規？我這個醫療組長換人吧！”

　　杜文傑摸不著頭腦：“怎麼啦？”

　　錢濟仁：“田春苗居然看起門診來了。”

　　杜文傑：“誰同意的？”

　　錢濟仁：“那位方醫生！”

　　杜文傑惱火地：“我去一下，我就來。”

　　方明宿舍。

　　方明正在給春苗作輔導。窗外傳來杜文傑的喊聲：“方醫生！”方明望望窗外，對春苗：“我一會兒就來！”說著下了樓。

　　春苗往窗外樓下望著。

　　水昌伯滿意地看著春苗：“好，春苗！大夥兒都盼著你早成材呀！”

　　春苗沉重地：“水昌伯，這兒不是我們學醫的地方！”

　　水昌伯聽出春苗話中有因：“怎麼？”

　　樓下傳來杜文傑的聲音：“方醫生，你怎麼讓田春苗扎針呀？"

　　方明的聲音：“我們應該讓春苗多學一點！”

　　春苗跑向門外，水昌伯也由蓮蓮扶著走出宿舍。他們在樓上走廊往庭院裡張望著，只見方明和杜文傑在樓梯口爭辯，錢濟仁站在一邊，周圍已圍了一堆人。

　　杜文傑訓斥方明：“出了事故怎麼辦？你太輕率了，人命關天的事，怎麼好亂來？”

　　方明：“杜院長，田春苗是來學醫的，我們不能總讓她幹雜活呀！”

　　錢濟仁在一邊冷言冷語：“方醫生，粗瓷碗雕不出細花來，你看看田春苗那雙手，也能拿針頭？”

　　春苗激動地看著自己的雙手，一時說不出話來。

水昌伯手扶著走廊欄桿,大聲地:"春苗,你告訴他,我們送你來,就是讓你這雙手來拿針頭!"

錢濟仁一看勢頭不好,叫了聲:"院……院長!"就抽身溜了。

杜文傑:"好了,好了,錢醫生也是負責嘛!醫學是門科學,拿針頭跟拿鋤頭畢竟是兩回事!"說完,也轉身欲走。

春苗從樓梯上跑下:"你也說這話?難道有誰天生就會拿針頭?"

蓮蓮、方明扶著水昌伯也從樓上下來。

衛生院辦公室。

杜文傑氣呼呼地走了進去,春苗追到辦公室門口。

杜文傑惱火地:"田春苗,你也太不自量了,來到衛生院才幾天呀?!就想動手扎針?出了事故誰負責?"

水昌伯氣憤地衝進辦公室,大聲地:"誰對貧下中農負責,我們貧下中農最清楚。春苗,來!紮!"說著,在杜文傑的藤椅上坐下。

春苗激動地走向水昌伯。

杜文傑暴跳如雷:"哎!幹什麼?這是衛生院,你要到這裡學習,就要遵守這兒的制度,不許這麼無法無天!"

水昌伯怒不可遏,站起,指著杜文傑:"你 ——"

春苗阻止水昌伯,有力地:"水昌伯,我們回去!"

水昌伯感到意外地看著春苗。

蓮蓮在一邊著急地:"春苗姐,你不學啦?"

春苗字字句句,落地有聲:"這些日子,我已經看透了!這裡,不是為貧下中農服務的衛生院!你們心裡,根本不想讓我們赤腳人當醫生!杜院長,錢濟仁醫生,你們不是看不起我這雙手嗎?我們貧下中農祖祖輩輩都是這雙手,我們勞動人民千千萬萬,都是這雙手……"

　　春苗自豪地伸出她那雙勞動的手，鏗鏘有力地：“我們這雙手能推翻三座大山，能改天換地，也一定能拿好針頭！”

第二章

十一

　　村口。大樟樹下。

　　湖濱大隊的社員們正在工間休息，春苗在一旁給阿奶扎針，她的手慢慢地撚動著銀針……

　　竹林邊的樹蔭下。

　　水昌伯一雙粗壯的手，正在刨著木板，不時地比劃著什麼……

　　阿強正提著一管筆，細心地給新做好的藥箱描著一個紅“十”字。

　　小龍和幾個孩子趴在桌邊上，目不轉睛地盯著阿強描字。

　　水昌伯在旁邊收拾鋸子、鉋子等工具。

　　“春苗阿姨！”小龍看見遠遠跑來的春苗，歡躍地奔過去。

　　春苗、阿方嫂等扛著農具走來。小龍忙拉著春苗走到桌邊。

　　桌上放著一隻新做的木藥箱，樸實無華，剛描的紅“十”字，鮮豔奪目。

　　阿強和水昌伯交換了一下眼色。

　　水昌伯拿起藥箱，捧到春苗面前。

　　春苗激動地雙手捧過藥箱。

　　歌聲起：

　　手捧藥箱心潮湧，

　　階級的委託情意重；

　　風裡浪裡背上它，

　　要把毛主席的溫暖送到貧下中農的心中。

歌聲中，阿強期望的眼光，凝望著春苗。

春苗激動的臉，深情地撫摸著藥箱，最後，莊重地背上藥箱……

十二

藥箱放在春苗家的桌上。

馬燈下，春苗正專心致志地將各種藥物說明書整理好，然後拿起桌上的草藥，放在嘴裡辨別著藥性。

春苗面對著一具有穴位的人體模型，在自己手上試針……

三五牌鬧鐘的時針已指向十二時，春苗還在削竹筒，做火罐，她感到有點倦意，伸了伸腰，繼續削著……

夜已深了。窗外，月明星稀，朝陽湖一片寂靜。

春苗屋裡還亮著燈光。透過窗戶可以看見春苗已伏在桌上睡著了。一隻竹筒從她垂下的手裡滾落在桌上。桌上還堆著大小幾隻竹筒、一堆竹屑。

春苗娘披衣進屋，見狀，心疼地："哎呀，怎麼又做起火罐來了！"她收拾起竹筒。

春苗驚醒，揉揉眼，見是娘，忙將做好的火罐收進藥箱，對娘調皮地笑笑。

傍晚時分，東風四起，烏雲漸漸聚集。

打井工地。藥箱放在磚瓦堆上，邊上豎著一塊"飲水衛生"的牌子。

社員們正在休息，大碗大碗地舀著桶裡的茶水喝。

蓮蓮跑來，老遠喊著："春苗姐！"

大軍見是蓮蓮，忙招呼她到桶邊："你春苗姐在這裡辦了個扁擔醫院！"

蓮蓮："什麼扁擔醫院？"

大軍忙遞過一碗湯："春苗姐燒的草藥預防湯，喝了下井不招涼！"

蓮蓮：「哎呀，人家在火裡，你在水裡！」

社員們都笑了。

「蓮蓮！」井裡響起春苗的聲音。

蓮蓮回頭朝井裡看，春苗從井內上來：「什麼事，蓮蓮？」

蓮蓮：「小龍病了，阿方嫂又去鎮上運化肥……」

春苗聽了忙跑到磚瓦堆邊，背起藥箱，和蓮蓮一塊急忙離開井臺。

十三

阿方嫂家。

小龍躺在床上。

阿婆心情矛盾地對賈月仙：「賈月仙，這回你可得看準，可別再……」

「包在我身上！」賈月仙走近阿婆跟前，輕聲地：「小龍是中了邪了，等會，我給他燒幾張紙，沖沖邪……現在是『四清』以後了，你可別往外聲張呀！」說完向阿婆伸出五個手指比比手勢，阿婆無奈地歎了口氣，掏錢。

門外有幾個群眾在議論：

「什麼藥，這麼貴，要五塊錢哪！」

趙才生：「一招鮮，吃遍天，別人還拿不動這個錢呢！」

春苗急奔進屋看了賈月仙一眼，賈月仙一楞。

春苗把藥箱往桌上一放，趕忙跑到床邊，把臉頰貼在小龍的額頭、胸前，給小龍檢查。

賈月仙酸酸地把春苗的藥箱一推，對阿婆：「阿婆，一口不吃兩家的藥啊！」

春苗蹲在床前，耳貼小龍前胸後背，細聽著。

阿婆不信任地試探春苗：「春苗，你能行？」

春苗接過阿婆手中的藥，疑惑地看看賈月仙，打開紙包。

賈月仙有點驚慌。

藥片已經被賈月仙掰成碎塊，春苗拿起一小塊碎片用舌頭辨了下滋味，吃驚地："小蘇打，怎麼能治這個病？"她憤怒地走到賈月仙面前："你又來騙錢害人吶！"

賈月仙被揭穿，惱羞成怒："嘿，你懂個什麼，還小蘇打呢！"她想將藥奪回，沒奪著，撒潑地："有本事，你來治！"說著拿了藤包轉身就走。

春苗怒視著賈月仙，阿婆為難地看著。

賈月仙邊走出門邊嘟囔著："跑到這兒逞能來了，打開藥箱看看，紅藥水、紫藥水，還有什麼？"她一回身，撞見剛趕來的水昌伯、蓮蓮、大軍和老阿奶，急忙慌亂地溜之大吉。

阿婆欲攔又止，著急地對春苗。"把她哄跑了，小龍的病讓誰來治呀？"

水昌伯："阿婆，別著急。"

春苗："阿婆，小龍受寒了吧？"

阿婆："到外婆家去，淋了場雨，受了點寒……賈月仙說是中了邪了……"

春苗："什麼中邪，小龍是肺炎！"

阿婆吃驚："肺炎？"

春苗站起身，朝門外走了幾步，又回過身來："我去打電話，找方醫生來！"

水昌伯點頭："哎！"

十四

衛生院庭院裡。

方明端著臉盆快步下樓，正與一手拎著幾瓶高級酒，一手拿著幾包高級香煙的錢濟仁撞了個滿懷，把錢濟仁手中的煙碰落于地，錢濟仁忙拾起，兩人相視一眼，錢濟仁忙揮著煙上的灰塵，匆匆往辦公室走去。

方明鄙視地看著他。

辦公室裡。

已擺上了一個圓桌，桌上放好了一套套的細瓷餐具。一個勤工正在佈置。

杜文傑在接電話："……啊？好。你等一等。"他正抬頭見窗外的錢濟仁，問："方醫生呢？湖濱有急診找他。"

錢濟仁走進辦公室："人不在呀。湖濱不是有田春苗嗎？"

杜文傑："她怎麼行？"

錢濟仁幫著佈置飯桌："她對貧下中農有感情，讓她鍛煉鍛煉嘛！"

杜文傑將手捂著話筒冒火地："同意她看病啊，這個先例不能開！"說著又對話筒："方醫生不在……啊，派醫生？……"

錢濟仁在一旁指指桌上的煙酒，對杜文傑示意："噯，院長，梁局長要來吃晚飯。"

杜文傑會意，又對電話："哪有那麼多醫生！醫生忙，還是你們送來吧……什麼，有暴風雨？還沒有來嘛！"說完，"哢嗒"把電話掛了。

大隊辦公室裡。

春苗氣憤地放下話筒。她拿出筆記本邊寫邊說："這幾種藥趕快找個人到衛生院去配。"

水昌："我去一趟。

春苗搖搖頭："水昌伯，你的腰不好……"

蓮蓮在旁邊："我去！"

"好！"春苗將方子遞給蓮蓮，蓮蓮向門外跑去。

"哎 ── "水昌伯急忙穿衣追出 ──

天色漸黑，閃電，雷鳴。

春苗跑進阿方嫂家。

大軍迎上前，關切地："他們又不肯出診？"

春苗憤慨地點點頭。

阿婆迎了出來，擔憂地："那就快送衛生院吧！"

這時，一陣大風吹開了窗子，春苗忙跑去關上。

"小龍，小龍！"阿方嫂邊喚邊跑了進來："小龍怎麼了？"

春苗忙扶著她進裡間，安慰地："阿方嫂，小龍是肺炎，蓮蓮已經去衛生院配藥了，這病我跟方醫生學著看過，別著急。"

方嫂走近床頭坐下，俯身喊著："小龍，小龍！"她焦急地轉身："小龍抽筋了！"

阿婆在灶前站起跑進里間。

春苗打開藥箱，取出銀針。

阿婆焦急地："還是送衛生院吧！"

阿方嫂："送衛生院？不，不，上次小妹就……"

趙才生："總比在這兒等死強啊！"

躺在床上的小龍急促地呼吸，抽搐著。

阿婆緊張地注視著春苗。

阿方嫂緊張地注視著春苗。

春苗果斷地拿起銀針，給小龍扎針搶救。

大家屏息地望著春苗。

一張張關注的臉，一雙雙緊張、吃驚的眼睛……

十五

衛生院配藥間窗口。

一隻手從配藥間視窗把處方單子扔出來，然後把窗關上。

水昌伯拿著扔出來的藥方，邊喊邊敲窗："噯噯噯！"

窗子打開，錢濟仁露出臉來："再吵也沒有用，這藥不能配，田春苗沒有處方權，這是杜院長關照的！"

水昌伯怒不可遏，猛地一拳向木窗擊去："啊！"

配藥間小木窗被打開，水昌伯氣憤地："你們霸住了藥箱，卡我們貧下中農的脖子，這是哪家的條文規定的！"

阿方嫂家裡。

春苗手裡拿著草藥標本邊看邊思索，不時地抬頭看看窗外的風雨。

大軍匆匆進屋，春苗娘迎上問：“電話打通了？”

“水昌伯沒有找到，那個姓錢的說，不能配藥。”大軍說著走近春苗：“還說你沒有處方權！”

春苗驚訝地：“處方權？！”

春苗娘意外地：“沒有處方權？”

阿婆手握針盒從外間走來：“怎麼啦？”

大軍：“衛生院不給藥！”

阿婆聞聲，一怔，手中的針盒落地。

春苗娘上前扶阿婆坐下，春苗從地上拾起針盒。

床上，昏迷的小龍。

“這，這是把我們往死路上逼呀！”阿方嫂說著忍不住地撲在床欄上哭著。

屋內，一陣難忍的沉默。

春苗果斷地轉身走出，拿起掛在牆上的斗笠、馬燈，向雨中走去……

賈月仙家門口。

賈月仙在視窗張望，見遠處趙才生走來，忙招呼：“才生兄弟，才生兄弟啊！來……怎麼樣？”

趙才生：“田春苗拿不到藥，看來還要你出馬呢？”

賈月仙得意忘形地：“要我去，可以，讓田春苗親自來請！”

十六

風雨中，馬燈亮著。

春苗手拿鑊頭和竹籃，在河邊采草藥。

鑊頭有力地刨著草藥根。春苗嚼著草葉，辨別藥性。

春苗在小山坡采草藥，腳底泥滑，她奮力往上攀登。

大雨嘩嘩下著，馬燈在山坡上閃光……

阿方嫂家。

阿婆站在床邊，焦急地望一眼病危的小龍，下決心從枕邊拿了電筒向外邊走去。

春苗戴著斗笠，手拎馬燈和竹籃，從門外匆匆跑來，在堂屋剛放下籃子，阿方嫂迎上去，春苗叫阿方嫂快去給小龍煎藥，這時，阿婆從她身後跑出，春苗發現："阿婆，你去哪兒？"

阿婆走出堂屋，邊走邊答："我找賈月仙去。"

"阿婆！你不能去啊！"春苗走上一步。

阿婆回身："衛生院送不去，你手頭又沒有藥，我這是到了走投無路這一步了。"說完向雨中衝去。

春苗緊跟著追出去："阿婆！"

這時，一道閃電，急風夾著驟雨迎面澆來。

阿婆回頭："春苗，我就剩下小龍這一個了。"說完轉身欲走。

春苗感情地："阿婆！"

阿婆停步，站在雨中。

春苗含著深情的淚水，走上前去："阿婆，小龍是你的孫子，也是我們貧下中農的親骨肉！過去，我們缺醫少藥，眼睜睜看著小妹糟蹋在賈月仙、錢濟仁他們手裡！他們今天是在逼著小龍走小妹的路！"

阿婆聽著痛哭起來，春苗扶她走回屋去。

阿方嫂靠在門框邊，看著門外，難過地轉過頭去。

春苗扶著阿婆走進外間，讓阿婆坐下："阿婆，他們哪裡是真心給我們治病啊，他們把我們的命攥在手心裡，欺我們，壓我們啊！"

傳來阿強的聲音："阿婆！"

春苗、阿婆聞聲回頭。

阿強從門外走進來，脫下雨衣，“春苗說得對啊，我們貧下中農志不短，骨不軟，春苗是我們自己的醫生，這裡還有大夥幫著照應，阿婆，說什麼我們也要救下小龍啊！”春苗激動地看著阿強。

阿方嫂信賴地：“春苗，我信得過你。’

春苗緊緊握住阿方嫂的手。

阿強對春苗，鼓勵地：“春苗，你大膽地治吧！”

春苗：“哎！”

衛生院辦公室門口。水昌伯正在和杜文傑、錢濟仁辯論。

蓮蓮拉著方明跑來：“爹！”

方明：“水昌伯！”

水昌伯迎上：“方醫生，他們說你不在。”說著猛回頭對屋內：“你們安的是什麼心？”

方明招呼水昌伯：“咱們快走吧！”

錢濟仁看著他們走遠，對杜文傑：“你看。”

小船在朝陽湖上迎著暴風雨駛來。

急速前進的船，水昌伯、蓮蓮在搖櫓。

方明坐在船頭焦急地望著前面，朝陽湖波濤滾滾。

水昌伯奮力搖著，他渾身濕透。

雨水。浪花。

阿方嫂家。

小龍床邊。

春苗抱著小龍，細心地坐在床邊一勺勺給小龍喂著草藥湯。阿方嫂摸摸春苗被雨打濕的上衣，給春苗披上一件毛衣，兩人四目相望，充滿著深厚的階級情意！

春苗臉頰貼在小龍額頭上，小龍安詳地睡著了。遠處，晨雞報曉，她輕輕把被單蓋在小龍身上，然後，放下帳子，關了燈，坐在床邊椅子上，守護著小龍。

窗外，天空呈現魚肚白。朝陽湖平靜下來。

水昌伯、方明和蓮蓮急奔進阿方嫂家門口，眾人都圍上來，方明衝進去。

水昌伯高興地："來了，來了！"

方明用聽診器在檢查，一會，眼裡露出喜悅的火花："已經脫險了！"

小龍睜開眼睛，甜甜地笑著。

阿強、蓮蓮和水昌伯露出了笑容。

阿方嫂撲向小龍，把小龍緊緊地抱在懷裡。

阿婆靠在門框上，忍不住啜泣起來，她忽然想起什麼，就轉身走向灶間。

方明驚異地問阿方嫂："哎！春苗是用什麼藥給治的？"

"她就是用一根銀針和一把草藥啊！"阿方嫂說著走近小龍。

阿強、水昌伯、方明等高興地看著小龍。

小龍看著大家甜甜地笑著喊："媽媽！"

阿方嫂激動地緊抱著小龍，母子倆緊緊地抱著。

阿婆在灶間從鍋裡舀了兩碗薑湯進來，遞了一碗給方明："給！"

方明接過："哎！"

蓮蓮從裡間跑出來："阿婆，小龍退熱了。"

阿婆欣喜地："醫生呢？"

大家不解地："晤，醫生？！"

水昌伯恍然大悟："哦，是找咱們自己的土醫生啊！"

阿婆點點頭，大家猛悟過來，一片歡快的笑聲。

湖邊。

天空漸亮，東方已抹上幾片桔紅的朝霞，朝陽湖水碧波萬頃。

　　湖邊水埠頭，春苗洗完一籃新鮮草藥，擦了擦腳上的泥水，轉身向屋子走來。

　　阿強、水昌伯、方明、蓮蓮、春苗娘、阿婆、老阿奶、大軍等人走到門口，朝外看。

　　春苗拎著一籃洗好的新鮮草藥，迎著晨曦穿過竹林走來。大家不約而同地把眼光轉向迎面走來的春苗：黝黑的臉上露出純樸的笑容；濕漉漉的頭髮上還往下滴著雨水，浸著雨和汗的土布衣服也沒有全乾，褲管捲到膝蓋，兩腿沾滿泥巴，赤著的雙腳上，留著道道水痕……

　　阿強：「這才是我們貧下中農自己的醫生 ── 赤腳醫生！」

　　窗外，一輪紅日冉冉從湖面升起。

　　朝霞滿天，金光燦爛。

　　「赤腳醫生 ── 」的名字在田野上迴響！

　　主題歌起：

　　　翠竹青青喲披霞光，

　　　春苗出土喲迎朝陽。

　　　頂著風雨長，

　　　挺拔更堅強，

　　　社員心裡紮下根，

　　　陽光撫育春苗壯。

　　　身背紅藥箱，

　　　階級情意長。

　　　千家萬戶留腳印，

　　　藥香拌著泥土香，

　　　翠竹青青喲披霞光，

　　　赤腳醫生喲心向紅太陽，心向紅太陽！

　　歌聲中映襯下列畫面：

春苗背著藥箱，挑著一大鍋預防湯，後面跟著小龍，手裡拎著碗籃，他們迎著社員們的招呼跑來。

清晨，春苗帶著女社員們，扛著勞動工具，穿過茂密的竹林，投入新的一天的戰鬥。

馬燈亮著，春苗頂風冒雨在巡診；春苗組織社員們在竹林邊讀報。

春苗和蓮蓮等拿著鐵頭，爬上楓樹遍野的山坡，他們與土根等赤腳醫生相遇，他們高興地議論談笑著。

春苗給一群天真活潑的孩子打預防針。

深夜，春苗敲著門，阿奶把門打開，春苗把藥遞給阿奶，阿奶接過藥，把衣服披在春苗身上，春苗深情地看了看阿奶，轉身消失在黑夜中……

水昌伯家門口的大樹下，方明正在給大隊赤腳醫生上課，春苗細心地聽著課記筆記。

方明合上本子，卷起掛圖，對大家："今天就講到這兒，下次我們講幾種傳染病的預防。" 聽課的赤腳醫生們背起藥箱笑著，收拾起本子，歡快地圍了過來，笑著、嚷著。

土根："方醫生，你這樣講，我們聽得懂，用得上。"

赤腳醫生："要是方醫生天天來給我們上課邢該多好啊！"

春苗："方醫生，你常來，給我們上課，杜院長能同意？"

方明："我是抽休息天來的！"

春苗："我們大隊衛生室明天要成立了，你能來嗎？"

方明："我一定來參加！"

赤腳醫生們："我們也來祝賀！"

十七

衛生室門口。

船上，路邊，人來人往，熱鬧非凡。

阿強、春苗在敲鑼打鼓聲中掛上了湖濱大隊衛生室的牌子。

大軍抱起小龍，小龍在牌子上掛上一朵大紅花。

阿方嫂、阿婆、社員們興高采烈地湧進衛生室。

衛生室內，春苗在貼著："把醫療衛生工作的重點放到農村去"語錄的大紅紙。

蓮蓮帶著一群小朋友，拿著草罐子進來。春苗接過安放在裡屋架子上。

方明也趕來祝賀衛生室的成立，他手裡拿了一包東西走來："春苗！"

春苗回頭，興奮地："方醫生！"

這時，方明將一包東西放在桌上，打開紙包，是一隻鋼絲背心。

水昌伯家。

水昌伯手中拿著鋼絲背心細細地端詳著："叫我穿上這個，這不是把我給箍起來了，我又不是個水桶。"

蓮蓮拿著曬乾的草藥筐從外進來嗔怪地："爹，方醫生從大老遠給你借來，你就先穿上試試嘛！"說著走上閣樓去。

春苗幫著蓮蓮搬東西上閣樓。

方明對水昌伯解釋："穿上這個，對腰還是能起保護作用的。"

水昌伯真誠地："小方，你的心意我懂，可是，我穿上這玩意……"

春苗站在樓梯上："要是不讓水昌伯幹活，那可比他腰疼還難受啊！"

方明有所悟。

"方醫生。"春苗說著下樓："剛才土根來了，他說西山那個老石爺爺，有個治腰疼的土方子，我讓他去要了。"

方明："土方子？"

春苗徵求方明意見："你看，咱們能不能摸索一條中西醫結合的路來治水昌伯的病呢？"

水昌伯："我說啊！你們就放心大膽給我治吧，成了，敗了，摸出一點點道道來，也讓我對治腰痛病貢獻貢獻！"

春苗想起什麼，從藥箱裡拿出一個小本子給方明："你看，這是水昌伯的病情記錄。"

方明翻閱著。

春苗走到水昌伯身邊，給水昌伯拔火罐。

方明看本子，吃驚地："颶風、下雨、白天、晚上，幹重活、幹輕活，記得這麼詳細！"

水昌伯激動地："那些個老爺醫生們，見了腰腿疼病他們就頭痛，可是，咱們春苗見了，心疼啊！"

方明有些激動："水昌伯，春苗，在大學念書時，我到農村參加過'四清'，那兒和你們這兒一樣，缺醫少藥。當時，我就下定決心，畢業後到農村去工作。我爸爸、媽媽都是工人，他們也熱情地鼓勵我到農村來。所以我總以為，我能為貧下中農服務，已經滿不錯了。現在我才知道，我還沒有真正瞭解貧下中農，你們今後可要多幫助呀！"

春苗走近方明，親切地："方醫生，咱們一起幹吧！"

方明："好！"

水昌伯："小方，我們歡迎你來啊！"

方明邊整理鋼絲背心邊說："我經常到這兒來，杜院長意見可大了！"

水昌伯："不怕，我們正準備給縣衛生局寫信。"

春苗："哦，信我寫好了！"

這時，蓮蓮也從樓上下來，他們一起看信。

十八

衛生院辦公室裡。

錢濟仁拿了一個大信封進來，走到辦公桌前，把信交給杜文傑：“梁局長來信了。”

杜文傑忙拆信封，抽出的是春苗寫給縣衛生局的信。

錢濟仁面帶喜色：“是調令吧？……”

杜文傑怒容滿面，將春苗的上告信猛甩在桌上。

錢濟仁詫異地看著杜文傑。

杜文傑怒氣沖沖地站起：“田春苗給縣衛生局寫信，把我們給告了。”

錢濟仁一驚：“告了？”他忙拿起信來看著：“什麼，他反對我們搞‘養身療法’，哎，這是梁局長重點抓的呀！”

杜文傑指著信：“你再往下看！”

錢濟仁讀信：“建議加強衛生院黨的領導。”

杜文傑：“嘿，搞到我頭上來了。”

這時，方明興沖沖進來，手裡拿了一大疊報告：“杜院長，湖濱大隊成立了衛生室的事情，影響開啦，許多大隊讓我帶來了申請報告……”

杜文傑剛接過報告，電話鈴響，他接電話：“喂，衛生院，什麼……啊，你們要成立衛生室，喂，我告訴你們，湖濱成立衛生室的事，根本沒有經過批准，胡鬧！”說完，放下電話。

方明不解地：“公社黨委不是支持的嗎？”

杜文傑：“那是部分人！縣衛生局根本不批准！”

方明不滿地：“什麼？”

錢濟仁在後面冷笑一下，走出辦公室。方明對錢濟仁掃了一眼，轉對杜文傑：“這事情有什麼不好嘛，要是每個大隊都有赤腳醫生，都成立了衛生室……”

杜文傑：“都成立了衛生室，要我們衛生院幹什麼？”

方明：“衛生院怎麼能不要呢，還會有更新的工作，我們可以分批下去，巡迴醫療，幫助指導，送醫送藥上門……”

杜文傑站起，打斷他：“衛生院不是貨郎擔！”

方明驚愕，思索。

杜文傑感到自己態度有點過分，忙改變語調："方醫生，你和田春苗不一樣，你是用金子堆出來的，是醫科大學畢業生，跟著那些人搞什麼草草棒棒，那有什麼出息？你應該向錢醫生學習，搞一些尖端項目嘛！"

方明："杜院長，我坦率地說，他那個'養身療法'，根本不切合農村實際，衛生院應該關心農村常見病，我想讓水昌伯住到衛生院來，和赤腳醫生一起摸索出一個中西醫結合的治療辦法。"

杜文傑忙阻止："好了，好了，方醫生，我希望你能聽聽我的話，也考慮考慮自己的前途。"他把一疊申請報告往抽屜裡一塞："這些東西，不符合上面的精神，我會處理的！"

十九

大隊衛生室前的小河邊。

春苗正在河邊採草藥，蓮蓮奔來："春苗姐，杜院長來了，在衛生室等你呢！"

春苗疑惑地："哦！"

衛生室。

杜文傑站在門口，他衣領敞開，不停地擦拭著臉上的汗水，兩眼不停地打量著，這個環境對他來說十分陌生……

田春苗手提一籃新鮮草藥走來，見到杜文傑，招呼一聲："杜院長！"

杜文傑聞聲回頭，見是春苗，皮笑肉不笑地應了一聲："嗯，你回來了！"

春苗請杜文傑進屋，將草藥放到桌上，讓杜文傑坐下，倒杯開水放在杜文傑面前。

"杜院長，坐吧！你可是我們這兒的稀客啊！"春苗在試探著杜文傑的來意。

杜文傑尷尬地笑了笑："我來找阿強，順便到你這裡看看。是呀！過去對你關心不夠，也有些誤會，作為領導嘛，應該檢討！"杜文傑見春苗不理睬他，自覺無趣，又轉話題："你這個預備黨員快轉正了吧？"

春苗："還有一個月。"

杜文傑："啊，進步滿快，黨員嘛，要有黨的組織觀念，也就是我們常說的，對上級領導要尊重！"

春苗："應該尊重什麼樣的領導，我們貧下中農心裡明白。杜院長，有什麼話，就直說吧！"

杜文傑："那好，你從衛生院一回來，就給人看病吃藥，現在又辦起這個衛生室，這不是和衛生院唱對臺戲嗎？"

春苗："這對臺戲是叫人給逼出來的！"

衛生室門外，已經圍了一些人。場上有三、四個小孩在玩。

一女社員走向趙才生："才生，出了什麼事了？"

趙才生："杜院長來了。"

女社員："他來幹什麼？"

趙才生："聽賈月仙說，春苗這麼幹，不合上頭的條文！"

室內。

杜文傑："春苗同志，你就用這樣的草草棒棒治病？"

田春苗有力地切著草藥："是的。你們不但不給治，還要捆住別人的手腳。"

這時，有幾個小孩好奇地推門進來，停在門口看著屋內。

杜文傑忙將小孩趕走，關上門，轉過身來："這是對你，也對大家負責，你要知道，醫生手裡捏著人命呢。"說到這裡，他指指屋內一些罈罈罐罐的草藥："你瞧瞧，自古以來，哪有像你這樣搞法的？！"

春苗："田，是人種出來的；路，是人開出來的。我們這個搞法，貧下中農喜歡！"

水昌伯家。

水昌伯半倚靠在床上。

水昌伯："不讓春苗看病，這到底是爲什麼？走！"水昌伯猛站起，不當心閃了腰。

蓮蓮："爹……"水昌伯一陣劇疼，又撐不住地倒在蓮蓮身上。

衛生室外。

已圍滿了人。阿方嫂、大軍等人趕來，擠進人群。

阿方嫂："怎麼了？"

社員："喏，你聽。"

室內。

杜文傑："醫學是門特殊的科學，你真有志於醫學事業，可以包在我的身上，將來做個像樣的醫生。"

田春苗："我赤腳赤慣了，你那像樣的醫生，我田春苗不配！"

杜文傑又來一手，乞求地："田春苗同志，你一個人在湖濱帶了頭，全公社幾十個大隊都學著幹，那還要我們衛生院幹什麼？還要我這個院長幹什麼？"

春苗："你們根本不爲我們貧下中農服務！"

杜文傑："不能這麼說吧！我們衛生院不是設在農村嗎？每天上衛生院看病的不都是貧下中農嗎？"

春苗："你聽聽群眾是怎麼說你們的！"

杜文傑："怎麼？"

春苗："醫院雖小架子大，身在農村不向下……"

窗外一女社員："你們簡直像老爺！"

群眾一片議論、譏笑聲。

杜文傑勃然大怒："田春苗，你真是太狂妄了，我告訴你，從今天起，這衛生室必須下馬，這藥箱，你也不準背！"

阿方嫂在窗口處接話："杜院長，你……"

杜文傑急忙打斷："這不僅僅是我個人的意見，上頭也是這個精神！"

眾："這是為什麼？"

田春苗："想讓我們走回頭路，誰也辦不到！"

窗外的社員，再也按捺不住內心的怒火，紛紛推門而入。

阿方嫂衝在前頭："你們這樣決定，問過我們貧下中農沒有？"

大軍："為什麼賈月仙可以掛旗子，春苗不能背藥箱？"

群眾七嘴八舌的指責杜文傑。

杜文傑："你們有意見以後再提，現在我是以一個公社黨委委員的身份在跟田春苗個別談話！"

春苗："我要問你，你這個黨委委員，到底在給什麼人說話？"

杜文傑："你這樣頂下去，是沒有好結果的！田春苗，我現在正式宣佈上級的決定。"

杜文傑從皮包裡拿出一張通告。

杜文傑念通告："根據省衛生工作條例規定，湖濱大隊擅自辦起的衛生室，屬非法行醫，應予取締，特此通告。"

杜文傑把通告放到桌上，神氣活現地指著通告上署著的"縣衛生局局長梁廣文"說："大家看看！"

"春苗，春苗……"一中年女社員梅花娘氣喘吁吁地奔進門。

梅花娘："春苗，我家小梅花病得厲害，你快去看看吧！"

春苗忙背藥箱，杜文傑用手按住藥箱。

杜文傑："衛生室已經取締，田春苗不能給人看病……"

梅花娘："那我家小梅花的病……"

春苗怒視杜文傑。

眾氣憤。賈月仙在窗外，手裡撥動著草，得意洋洋。梅花娘不知如何是好。

春苗凜然不懼，一隻手有力地撥開杜文傑的手，打開藥箱，拿出銀針，走至放草藥處，拿了幾樣草藥、藥瓶。

春苗對杜文傑："你可以搬出上頭的條文來壓我們，可你壓不垮我為貧下中農服務的心！"說完，昂首要走。

杜文傑老羞成怒，氣勢洶洶。"田春苗！如果再擅自行醫，還要不要做黨員？"

春苗氣憤地看著杜文傑，她昂首挺立，巋然不動。

二十

春苗眼裡閃著憤怒的火焰。暮色中，她在家門口有力地磨著那把採草藥的小鑱頭。

春苗娘從裡間出來。春苗望了娘一眼，欲言又止，用力地磨著。

春苗娘把這一切全看在眼裡，她從桌上拿過小馬燈，默默地往燈裡加油。

春苗試了試鑱頭的鋒刃，拎起小竹籃。

春苗娘把小馬燈遞給春苗。

春苗接過小馬燈，想說什麼，又不知從何說起，母女倆就是這麼對看了一會，誰都沒說話，但誰都懂得對方的心思。

春苗提著馬燈走出門。

春苗娘目送著女兒的背影……

賈月仙家門口。

小黃旗又隨風抖動起來，賈月仙送梅花娘出門，耳語："往後儘管來找我啊！"

梅花娘："晤！"

賈月仙走到房裡，貪婪地數錢。錢濟仁正在往塑膠袋裡裝一條一條的活鯽魚，他得意地搖晃著頭："眼珠子別光盯在錢上，捨出點藥去，我們現在是順風順水，缺的就是人心啊！”

賈月仙點頭。

春苗拎著草藥籃子和小馬燈走來，遇見梅花娘，忙迎上去：“嫂子，小梅花的病……”

“春苗，不難為你呀！”梅花娘一低頭，匆匆走遠。

春苗追上幾步，又止，她一回頭，看到賈月仙門上的小黃旗，聽到屋裡傳出笑聲，春苗抑制著滿腔的怒火。

忽然有人喊：“春苗阿姨！”

春苗回頭，小龍望著竹籃子：“春苗阿姨，你的藥箱給人家拿走啦？”

春苗看著小龍，蹲下身，拉著小龍的手，飽含淚花，抑制內心的激動：“小龍，阿姨給你講白求恩的故事，好嗎？”

小龍點頭：“好！”

小馬燈的光芒照亮了春苗前進的路程，她拉著小龍的手，走過蔥鬱的樟樹林，慢慢向前走著……

小馬燈在村路上漸漸地向前移動……

水昌伯家。

水昌伯靠在竹椅上，阿方嫂、阿婆、大軍等人圍在燈下討論著白天發生的那一切，眾人憤恨不已。

春苗攙著小龍走到水昌伯家窗口，聽見屋裡傳出阿方嫂氣憤的聲音：“那個杜院長還說，春苗要再給我們貧下中農看病，連黨員都要丟了！”

春苗在窗外佇立片刻，屋裡的燈光從窗口射出，照亮了春苗的臉，觀眾可以清楚地看出她抑制著內心的憤怒。

春苗拉著小龍進屋，眾住口沉默……

春苗走近水昌伯。

眾靜悄悄地看著春苗。

春苗默默地從竹籃裡拿出火罐、銀針……

小龍懂事地遞上一盒火柴。

春苗接過火柴,劃了一根,認真地替水昌伯治療。

眾人深情地望著田春苗那堅毅的臉——燈光不時地在她臉上閃動。

阿方嫂恢復了納鞋底,只見她用力地抽拉著麻線,發出呼呼的聲音……

阿婆也恢復了編草盤,只見她用力地將草莖一扭……

水昌伯,兩種不同的感情 —— 對春苗的愛和對杜文傑的恨在內心交織翻滾著。

神情緊張的方明從外面匆匆進屋,激動地喊: "春苗!杜文傑把全公社赤腳醫生的藥箱都給收了。"

眾譁然。

春苗聽了一震,然後又不停地扎起針來,從那雙扎針的手和充滿怒火的眼睛的特寫中可以看出,她的心情是多麼的不平靜……

"杜文傑,行的是什麼王法!赤腳醫生替貧下中農看病,難道這也有罪嗎?"水昌伯熱血上湧,義憤填膺地問道。

"有罪的是他們!"阿強出現在門口, "這筆賬總有一天要和他們清算!春苗,毛主席一定會支援我們的!"

一股強大的暖流注入春苗的心田,她抬頭望著窗外,熱淚奪眶而出……

電閃道道,劃破黑暗夜空……

雷聲滾滾,大地為之震動……

第三章

二十一

激越、雄偉的無產階級文化大革命戰鬥歌聲響起……

往常較爲平靜的朝陽湖，此刻風捲浪翻……

激浪拍岸，浪花飛濺……

飛捲的浪花化作洶湧翻滾的激流，其勢銳不可擋，激流中疊印出“無產階級文化大革命萬歲！”的紅字……

村口。

湖濱大隊正在召開誓師大會，春苗在激昂的發言……

春苗和赤腳醫生拿了大字報經過街道、橋頭……

衛生院裡，春苗和方明等正在擬寫大字報。

鏡頭急推出疊印大字報標題：

《從水昌伯腰病看修正主義的罪惡》

《徹底揭開衛生院階級鬥爭蓋子》

《小妹是怎樣死的？》

《杜文傑重用錢濟仁目的何在？》

《剝開“養身療法”的畫皮》

《徹底批判修正主義衛生路線！》

二十二

辦公室內。

杜文傑焦急不安，反剪雙手不停地在室內踱步。

錢濟仁哭喪著臉站在一旁。

屋內死一般的寂靜。電話機鈴猛地一聲，杜文傑、錢濟仁不約而同地吃了一驚，杜文傑上前接電話。

杜文傑：“喂！誰呀？哎呀！梁局長，我們這兒情況也不妙，就是那個田春苗煽動我們衛生院方明等一批人造反，大字報、大標語貼的是鋪天蓋地啊，又是揭發，又是批判，真是鬧得雞犬不寧，什麼？現在各地都是這種情況！梁局長，老這樣下去，怎麼辦呀？唉，唉，好……好！”

錢濟仁站在窗口，隔著竹簾觀望著院內的動態，不時回過頭來窺探著杜文傑的神態。

杜文傑若有所思地放下電話。

錢濟仁馬上把頭伸過去，輕聲地："梁局長有什麼指示？"

杜文傑："叫加強對運動的引導，要儘快扭轉目前的被動局面。"

錢濟仁指了指窗外的大字報："你看他們那股勁頭，要扭轉這局面，難哪！"

杜文傑沒有立即回答錢濟仁，他走近窗口，用手掀起竹簾的一角，一張醒目的大字報 ——《杜文傑打擊赤腳醫生罪責難逃！》他眉頭一皺，計上心來，喜形於色："嗯，錢醫生，我想在我們院辦一個赤腳醫生集訓班，把他們那股造反勁頭引上軌道。"

"現在正在風頭上，辦集訓班，恐怕田春苗她們不肯來。"錢濟仁心有餘悸地提醒杜文傑。

"不見得！你想想，田春苗這些人為什麼造反，還不是想扔掉鋤頭柄，脫產當醫生，我這是投其所好，不怕她們不來。"杜文傑胸有成竹："你馬上著手準備。"

錢濟仁："現在是文化大革命，我的處境不同以前了，我看還是讓方醫生出頭露面吧。"

杜文傑："你怕什麼呢？我杜文傑沒有靠邊嘛！這一回，我要親自掛帥，你也親自出馬，這個集訓班的第一課，就由你錢醫生去上！"

"不，這集訓班的第一課得由我們貧下中農來上！"人群中的田春苗大步衝上講臺，杜文傑一楞，站在旁邊錢濟仁也大吃一驚。

眾："對！應由我們來上！"

台下，水昌伯坐在最前排。濟濟一堂的赤腳醫生和革命醫務人員熱烈地鼓掌，有的立起，有的向前湧，小個子的還站到了凳子上……場上生氣勃勃，一派革命造反景象。

"同志們，咱們先向杜院長、錢醫生提幾個問題，大家說好不好？"田春苗繼續說道。

眾呼應，杜文傑、錢濟仁甚為狼狽。

"杜院長，過去你們把赤腳醫生踩在腳下，想要置之死地，可現在卻辦起了赤腳醫生集訓班，你跟大夥兒說說，這麼大的彎子，你們是怎麼轉的？"田春苗居高臨下的問道。

"大家不要誤會，過去，我們在赤腳醫生問題上，是有不少缺點和錯誤，現在我們就要以實際行動來改正，這集訓班也就是我們對大家的關心呀！"杜文傑站起來答道。

田春苗："關心，怎麼個關心法？"

錢濟仁從旁邊拿起一隻嶄新的皮藥箱，從裡面掏出白大衣、聽診器，滿面笑容："這白衣服，每人一件，這藥箱，每人一隻，還有聽診器。梁局長還特別批準，在集訓期間，每人再另發現金補貼。集訓班結束後，成績優秀的，可以留下來當脫產醫生，還有願意深造的，由我們保送上大學……這可是杜院長對大家的一片心意呀！"說完即將衣物放在講臺上。

眾氣憤。

"他倒關心起我們來了，說得多好聽，依我看，這是別有用心！"春苗字字鏗鏘。

"別有用心？田春苗，你說這話有什麼根據？"杜文傑跳起來。

春苗："衛生院的文化大革命烈火剛剛點起，你不老老實實接受群眾的批判，"春苗邊說邊拿起白大衣等物："卻用這些東西來收買人心，這不是別有用心是什麼？！"

方明與眾紛紛指著杜文傑，要他回答。

"你們不要不識好歹！這集訓班是根據縣裡梁局長的指示辦的。我勸大家不要受某些人挑動，還是好好坐下來鑽業務，學本領。田春苗，你不願意學，就請自便吧！"杜文傑原形漸現。

春苗："既然把我們請來了，就不走了！"

杜文傑："你們想要幹什麼？"

春苗："可以告訴你，這個集訓班得由我們自己來辦，我們還要批判修正主義衛生路線，把你們這個老爺衛生院徹底翻個個兒！"

杜文傑："我告訴你們，我們院，是縣衛生系統的一面紅旗！你們造反，也不能把它反成黑旗呀！"

"是紅旗，是黑旗，我老水昌這腰腿病，就是最好的見證！"

水昌伯怒不可遏地衝向前去，只見他身體一晃，方醫生急忙上前扶住。

方明："同志們，過去，水昌伯被杜文傑他們推出衛生院大門，今天，我們建議，把水昌伯請進衛生院來治療！"

眾熱烈鼓掌："好！""堅決支持方醫生的建議！"

水昌伯無比激動。

方明、蓮蓮扶水昌伯出門。

唐大姐上前扶水昌伯向門外走出。

杜文傑忙追上方明："方醫生，院裡床位少，你是知道的，病人收進來住哪兒呢？"

方明："喏，養身療法試驗室不是很合適嗎？"

眾聽了，歡笑地簇擁著水昌伯進養身療法病房。

杜文傑極為尷尬，他慌忙對方明說："方醫生，這種腰腿病，農村多得很，你收下水昌，開了先例，往後我們這個小小的衛生院就難辦了！"

方明："水昌伯為搶救小龍，淋雨後病越來越嚴重，我們衛生院不應當負責嗎？"

錢濟仁插上來："哎呀，沒有特效藥，這腰腿病能治嗎？"

春苗："就是有了藥，你們也不願意給治。"春苗拿出一張記有土方的紙給大家看："山上老石爺爺這張治腰腿痛有效的土方子，就是叫你們給卡了，是文化大革命，才讓它見了天日！現在，我們就是要用中西結合的方法，來治水昌伯的腰腿病。"說完和方明走進內屋。

土根、大軍等人搬東西出去。

土根見杜文傑堵在門口，大聲地："呃，別擋道！"

杜文傑、錢濟仁狼狽不堪。

蓮蓮推開窗戶，杜文傑從窗外走過，春苗、方明走進病房。

水昌伯："春苗、方醫生，你們大膽的治吧，還是那句話，成了，敗了，摸出個道道來，我老水昌也算作出了貢獻啊！"

眾情緒活躍。

杜文傑正欲上去發作，被錢濟仁一把拖住。

錢濟仁："杜院長，叫他們鬧去，在老水昌的腰腿病上，他們是鬧不成氣候的。"

杜文傑："你還沒有摸透他們的來意，看病只不過是個幌子，他們背後有政治目的。"

二十三

春苗等人摘下"養身療法"的牌子，掛上了"腰腿病治療小組"的牌子。

水昌伯病床，春苗給水昌伯喝一碗放了三錢藥粉的湯藥。

燈下，春苗和衛生院的醫務人員正在給集訓班的學員講 X 光的片子，分析水昌伯的病情。

水昌的病情有變化，春苗、方明、土根等人仔細地給水昌伯聽診、檢查。

一輛摩托車疾風般地駛進衛生院。

一個通訊員打扮的人匆匆推開院長辦公室的大門，將一封署有"梁緘"字樣的急件交給杜文傑。

杜文傑簽字後，通訊員離去。

杜文傑急忙拆信，邊閱邊露出喜色。

錢濟仁推門而入："杜院長！"

杜文傑："怎麼？……"

錢濟仁："田春苗那兒出事啦！"

杜文傑："噢？"

錢濟仁："那老頭吃了田春苗配的有毒草藥，病情惡化了。"

杜文傑按捺不住："這正是一個時機，可以殺一殺他們的氣焰！……老錢哪！梁局長送來急電，形勢要轉呀！現在明確了，田春苗、方明這樣幹是有政治野心的，他們想要把我這個黨的領導趕走，上面要我們馬上組織反擊！"

錢濟仁："梁局長英明、及時啊！杜院長，槍打出頭鳥，只要把田春苗、方明他們打下去，其他人不攻自破。"

杜文傑揮手要錢濟仁過來："你去組織幾個人，把方明叫到一處，狠狠整他一頓！至於那個田春苗嘛，就在老水昌的病上把文章做足。"

湖濱大隊。

賈月仙拿張大字報："來，才生兄弟，我寫了張大字報，你簽個名吧！"

才生看看大字報："什麼？寫春苗的，我才不簽呢！"

賈月仙："聽說！田春苗把老水昌治壞了……"才生不滿地走了。

阿方嫂家。

小龍拎著盛有草藥的小籃正欲出門，阿強正好進門，喜愛地撫摸著他的頭："小龍，你到哪兒去呀！"

小龍一本正經地："我去看春苗阿姨和水昌爺爺！"

手裡拿著一卷大字報的阿方嫂對阿強："咱湖濱都寫了大字報支持春苗哪！"

阿強點點頭，接過大字報。

病房裡。

水昌伯汗珠直冒，他咬著牙挪動了一下腿。

春苗細心地幫他擦去額上的汗水，焦急地：「疼得厲害嗎？」

水昌伯：「沒什麼，我能抗得住！」

方明正在給水昌伯的腿做蠟療，安慰地：「水昌伯，你先睡吧！這病我們再研究一下。」

春苗讓水昌伯睡下。

唐大姐給水昌伯輸液。

春苗、方明、唐大姐走出病房，蓮蓮跟出。

蓮蓮著急地：「我爹的腰腿從住院以來，一直發麻，怎麼現在忽然劇痛起來呢？」

唐大姐：「錢濟仁在群眾中到處宣揚，說是吃了春苗配的有毒的草藥，引起病情嚴重惡化。」

方明憂慮地：「我看，老石爺爺的方子，暫時停用吧！」

春苗：「方醫生，這疼恐怕不一定是惡化的表現。」

方明：「現在還是穩妥一些好啊！千萬不能叫杜文傑他們抓住把柄呀！我再去找人商量商量。」方明說完走出。

春苗想了一下：「唐大姐，你和蓮蓮照看好水昌伯，我到山上老石爺爺那兒去一趟！」

二十四

半山間，幾戶人家。

一家小屋前，百花盛開，百藥茂盛，蒼健的老石爺爺正在鑒別春苗配製的藥方：「孩子，這藥方沒配錯呀！」

春苗：「老石爺爺，我和方醫生在您的方子裡又加了幾味藥，想讓水昌伯的腰腿神經恢復功能，現在，他感到兩腿又熱又疼，你看，是不是治療有效了？」

「孩子，你們幹得比我好呀！水昌眼下這情景，是好轉！是好轉！」老石爺爺笑眯眯地。

春苗："哪往後該怎麼治呢？"

"有頭沒了，還不算好。往後，得給他加大劑量，再吃！"

春苗指著方子上的一味藥："可這味藥，我們已經按照方子用足三錢啦！"

"啊？"老石爺爺吃驚地，"已經用足三錢了！"

春苗："嗯，水昌伯的腰腿病，有二十多年了，藥量輕了，怕不頂用啊！"

老石爺爺為難地："這味藥，毒性大，過了三錢，我從來沒敢用過啊！"

"哦！"春苗點頭。

二十五

春苗背著一簍草藥，往山下走來。

風吹拂著她的頭髮，她輕嚼著一片藥草，凝思地望著前方。

耳邊響起唐大姐的聲音："錢濟仁到處宣揚，說是吃了春苗配的有毒草藥，引起病情嚴重惡化！"

耳邊又響起方明的聲音："現在還是穩妥一些，千萬不能讓杜文傑他們抓住把柄呀！"

耳邊又響起老石爺爺的聲音："是好轉！是好轉！往下，得給他加大劑量……"

老石爺爺的聲音："這味藥，毒性大，過了三錢，我可從來沒敢用過啊！"

春苗思索著，往山下走去，臉上浮現出堅毅的神色。她像下了一個什麼決心，加快步伐往山下跑去。

衛生院。

春苗身背藥筐，急步走進衛生院大門。春苗走著、走著，覺得衛生院的氣氛和往日不一樣，有人看見她就避開了。她走進庭院，見一堆人圍著佈告欄在看著、議著什麼，她預感到發生了什麼事，急匆匆擠進人群，映入她眼簾的是一張佈告：

茲因方明在某些人的煽動下，連續散佈反黨言論，對抗領導，違反制度，造成嚴重事故。現決定：一、方明停職檢查，二、取締非法的腰腿病治療小組的一切活動。

此　布
朝陽人民公社衛生院
院長　杜文傑

在佈告的右下角，還顯目的蓋上衛生院的大印。

周圍的人見了春苗，都停止了議論。

有人同情地朝她點點頭……

有人在搖頭歎息……

春苗內心翻騰。她的眼光轉向另一邊，看到：

《從水昌伯的病看修正主義衛生路線的罪惡》的大字報上，被人用墨汁刷上了幾個歪斜的大字：《從水昌伯的病看田春苗的反黨野心！》

她急朝後院奔去。"水昌伯！水昌伯！"春苗大聲呼喊著，無人應聲。當她衝進水昌伯的病房時，人去屋空，室內重新佈置了原來"養身療法"的一套儀器和標本。她忙退出屋，這時，她才注意到掛在門口的"腰腿病治療小組"的牌子，又換上了"養身療法"的牌子。

"土根！土根！"春苗奔向土根等人的宿舍。

無人應聲，春苗見到室內十分凌亂……

樓梯上，春苗急促的腳步……

焦急的春苗，奔上了樓……

走廊上的春苗，只聽見方明的宿舍裡傳來水昌伯激動得顫抖的聲音："春苗不回來，你們別想叫我走！"春苗急向方明宿舍奔去……

"田春苗回來又能怎樣？"錢濟仁窮兇極惡地說。

門猛地被推開，田春苗站在門口，錢濟仁大吃一驚。

靜場片刻。

"春苗姐 —— "蓮蓮撲向春苗。

春苗撫著蓮蓮，冷眼看著錢濟仁。

錢濟仁："田春苗，你回來得正好，我看你們還是趁早收拾收拾回家吧！"

春苗氣憤地："你不要神氣得過了頭，現在是什麼時候了，得想想你自己的問題了！"

"我是奉杜院長的指示來調查事故的。"錢濟仁說著正轉身欲走。

春苗叫住錢濟仁，爆發地："杜院長？誰鎮壓群眾運動，破壞文化大革命，決沒有好下場！"

"豈有此理！"錢濟仁憤憤而去。

土根等四、五個赤腳醫生、革命醫務人員進來，圍到床前，大家你一言我一語地控訴杜文傑的罪行。

"春苗，杜文傑說什麼集訓班結束了，強行勒令赤腳醫生都回大隊？"

"那個錢濟仁，還把我們治腰腿病小組的東西，都扔到屋外頭去了。"

"春苗，"水昌伯喊著，"杜文傑不懷好意，想借我這病，把你們搞垮呀！哼！落潮總有漲潮時，你們要頂得住！這該死的腰腿病，偏偏在這個時候……唉！"水昌伯氣憤、難過地捶了捶自己的腰腿，又感到一陣劇痛。

春苗走近床頭："水昌伯，他們想搞垮我們，沒那麼容易。水昌伯，老石爺爺講，你的病是在好轉……"

唐大姐等人興奮、驚奇的反應："好轉啦？"

春苗忽然察覺什麼："哎，方醫生呢？"

水昌伯："杜文傑叫去談話了！"

"啊？"春苗一驚，"我去找他。"說完就走出。

二十六

院長辦公室。

錢濟仁正在向杜文傑彙報。

錢濟仁：“田春苗還說什麼我們沒有好下場！”

杜文傑：“沒有好下場！我看她是不見棺材不落目。老錢，你做好準備，馬上把老水昌送到縣醫院去搶救！”

“搶救？院長，你的意思是……”錢濟仁不解地問道。

“只要救護車鈴一響，我叫全縣的人都知道田春苗、方明他們爲了達到個人的政治野心，不惜在一個老貧農身上搞試驗。”杜文傑陰險地說著。

錢濟仁走進臥室關上門，走至床邊坐下：“院長，剛才我看見那老頭痛得厲害，恐怕等不到我們送走，就可能要死……”

杜文傑：“死了更能說明問題！叫大家來評評理，他們這種造反算什麼行爲！”

“死了更能說明問題……”錢濟仁陰險地自言自語，思量著這句話，只見他眼珠轉了兩轉，乾癟的黃皮臉露出一絲詭笑，“不過，這樣一來，擴大事態好是好，可我擔心到時候她們會反咬一口，說我們見死不救！”

杜文傑楞了一下：“哪……你的意思是？……”

錢濟仁：“人儘管往縣醫院送，可我們衛生院也要做表面文章進行搶救，這樣不管那老頭死在哪兒，我們裡外都講得響，不怕田春苗他們抓辮子……”

杜文傑：“好，你看著辦吧！”

這時，突然傳來敲門聲，杜、錢一驚。杜文傑忙走出臥室開門，門前辦公室中站著田春苗。杜文傑一怔。

春苗：“方醫生呢？”

錢濟仁在臥室緊張地聽著。

杜文傑冷冷地回答：“這個嘛，你就用不著多問了。”

"現在是文化大革命了，你杜文傑想一手遮天，辦不到！我問你：方醫生有什麼過錯？你憑哪一條讓他停職檢查？"田春苗氣憤地問道。

杜文傑："他的問題，你還不清楚？"

田春苗："我清楚！他為貧下中農治病，要停職？他起來批判修正主義，要檢查？"

杜文傑狼狽地："這……這是我們院裡的事，用不著你外邊的人來過問！"

田春苗："外邊的人？！請你不要忘記，在這衛生院的大門上，還掛著我們朝陽人民公社的牌子，在你們的眼裡，我們貧下中農卻成了外邊的人！杜院長，你說這種話，我都替你難過！"

杜文傑不以為然地哼了一聲。

春苗："錢濟仁是什麼人？你難道還不知道嗎？你讓他趕走水昌伯，這是什麼性質的問題？"

錢濟仁在臥室門邊，聽著外面春苗的話，臉上露出兇狠的神色。

杜文傑："你不要再錯誤地估計形勢了，田春苗同志，事到如今，你也該為自己的前途想想，一個人要是戴上反黨的帽子，那就一切都完了。"

春苗蔑視地看著杜文傑。

杜文傑："我可以告訴你吧，沒有省裡的精神，縣裡的指示，我杜文傑是不會隨便行動的，你掂掂分量吧！"

春苗巍然不懼，一步一步走近杜文傑："杜院長，你也該想個問題，你們這樣做，能代表黨嗎？"春苗說完轉身走出。

杜文傑憤憤地看著春苗走出辦公室。臥室門開，錢濟仁探出身子。

二十七

衛生院樓下小屋。

屋裡，小爐上正煎著藥，爐火正旺。

一個小桌上，放著一隻碗，碗裡盛著五錢藥粉。

爐火照紅了春苗的臉，她聚精會神地在學習《中國共產黨中央委員會關於無產階級文化大革命的決定》。

畫外音隨著鉛筆的劃線朗讀：“這次運動的重點，是整黨內那些走資本主義道路的當權派。”然後春苗慢慢地合上書，凝神地思索著……

畫面的一角疊印出杜文傑的各種形象的鏡頭：

杜文傑：“錢濟仁是醫療組長，你對他要多尊重！”（化）

杜文傑：“拿針頭和拿鋤頭畢竟是兩回事！”（化）

杜文傑：“衛生室已取締，田春苗不能給人看病！”（化）

杜文傑：“一個人要是戴上了反黨的帽子，那就一切都完了。”（化）

春苗又低頭學習《中國共產黨中央委員會關於無產階級文化大革命的決定》。

春苗娘輕輕進來，張望著。

“春苗！”娘關切地喊了一聲。

“娘！”春苗轉身見娘，欣喜地，“你怎麼來了？”

春苗娘放下竹籃：“大夥要阿強和我來看看你們，有人把大字報貼到了家門口，說你把水昌伯給治壞了。”

春苗：“那是杜文傑、錢濟仁造的謠。阿強叔呢？”

春苗娘：“他到公社彎一下，待會兒來。”

春苗親切地望著娘點點頭。

小爐上的藥罐，熱氣騰騰，藥已經沸滾。春苗忙將藥汁倒入有藥粉的空碗內，攪拌後正端起要喝，她的手被娘擋住了。

春苗娘：“孩子，這土方子的藥你不是嘗過了嗎？”

春苗：“娘，水昌伯的病是好轉，要讓他的病好透，藥量還得加大！”

春苗娘："過了量可有生命危險呀！"

春苗："所以我要親口嘗嘗啊！"

"嘗多少？"春苗娘問道。

"五錢！"春苗從容地應著。

"這麼多呀？"春苗娘緊張地按住了春苗的手。

"水昌伯年紀大了，他身體能耐受多大的藥量，我沒有數，我想自己多嘗點，娘！你放心好了。"春苗扶著娘坐下。

"孩子，打你爹死後，剩下我們娘兒倆，現在，你又要冒這麼大的風險，娘怎能放心讓你……"娘把春苗緊緊地抱在懷裡。

春苗依偎在娘的身邊，悲憤地："娘，你不是常給我說，解放前，我爹臨死的時候，連一口湯藥也沒有喝上啊……"

隨著春苗的聲音，出現畫面：

烏雲壓頂，天色沉沉。

湖面上，一隻小破船在風浪中掙扎著……

船頭上，一個衣著破爛的小女孩——童年的春苗，兩眼含著悲憤的眼光，她雙手抓住一個盛了一半的小糧袋，隨著母親上鎮裡去給病重的父親買藥……

船尾，春苗的母親吃力地劃著槳，從那憔悴的面部表情可以看出她內心的焦急……

春苗的畫外音："為了給我爹治病，鄉親們好不容易湊了半口袋糧食。"

母女兩人走進地主開的藥店……

"仁德堂"的金匾高懸。

春苗畫外音："你帶著我走進了地主開的藥鋪。"

渾身穿著綾羅的掌櫃。

畢畢剝剝的算盤珠聲。

藥房內一片陰森森的氣氛。

母親膽怯怯地把半袋糧食放到櫃檯上，小春苗兩眼盯著掌櫃。

掌櫃從抽屜裡拿出一個佃戶欠賬本查看著,頃刻,只見他伸出五指,翻了兩翻⋯⋯

春苗畫外音:"他們不但不給藥,還說我爹欠他們的租米不還,生就的窮命,死了不如一根草。"

母親和掌櫃在爭奪糧食⋯⋯

小春苗火了,她用力地拉住口袋的一角,幫助媽媽⋯⋯

掌櫃見狀,順手抓起櫃檯上的算盤,猛地向小春苗頭部砸來⋯⋯

春苗娘急用手擋住,小春苗忙從掌櫃手中奪回算盤,用力往地下一摔,算盤框解珠飛⋯⋯

掌櫃老羞成怒,發作地將小春苗推倒在地⋯⋯

倒在地上的小春苗欲要掙扎著坐起來⋯⋯

母親急忙彎下身去扶起⋯⋯

小春苗依偎在母親的懷裡,鮮紅的血從她頭額流了出來⋯⋯

小春苗兩眼射出仇恨的怒火⋯⋯

春苗娘泣不成聲:"當娘抱你回到破草房的時候,你爹他⋯⋯已經⋯⋯"

依偎在母親身邊的春苗兩眼射出仇恨的怒火:"娘!這缺醫少藥的苦,我們受夠了。可現在,錢濟仁這個狗地主的孝子賢孫,仗著杜文傑做靠山,又想爬到咱們頭上作威作福。娘,我替水昌伯嘗藥,是想長我們貧下中農的志氣,把衛生院的文化大革命搞好,為赤腳人爭個看病治病的權利啊!"

春苗娘含淚:"孩子,娘懂了!"兩手微微發抖地把藥端給春苗。

"春 —— 苗"樓上傳來了水昌伯的聲音。

春苗對娘示意:"娘,你去看看水昌伯!"

"娘馬上就回來。"春苗娘走了幾步又轉身,"孩子,等娘回來你再喝，啊？”春苗娘戀戀不捨地走出屋去。

春苗毅然地喝下這碗藥。

春苗在做喝藥的體會記錄。

春苗藥性上來，頭上汗水淹下。

春苗娘急急忙忙進屋：“春苗，唐大姐說，有人要給水昌伯打針！”

“哦？”春苗藥性有點發作，她抹去頭上的汗珠警惕地支撐著急走出小樓。

樓上，唐大姐堵在門口：“誰讓你來搶救的？”

門外站著一個年輕的小護士，手裡拿著注進了藥水的針筒，見春苗來了，急忙解釋，“是錢醫生要我來給病人打搶救針。”

“錢醫生？”春苗警惕地思忖了一下，“你把針交給唐大姐，由我們來處理。”

小護士正準備把針交出，躲在牆壁轉彎處的錢濟仁見狀大驚，急忙閃身出來，把小護士擋住。

錢濟仁：“哎……這個老水昌的病重，杜院長指示我們來搶救……”

春苗：“搶救？怎麼你見了病人腰疼，頭不痛了？”

錢濟仁：“那……那是過去，現在，我們可是一片好心哪……”

“告訴你吧，水昌伯的病已經好轉！你們的好心恐怕要白費了？”春苗針鋒相對。

“好轉？”錢濟仁內心一驚，馬上又轉調，“唉！那好嘛，既然是好轉，我們就走吧！”說著轉身要溜。

“錢醫生，你用的是什麼特效藥，能讓我們見識見識嗎？”春苗緊逼。

“這……”錢濟仁一楞。

小護士又一次要把針藥交給春苗，錢濟仁一見慌了，馬上上前一步，將針藥搶到手裡。錢濟仁這作賊心虛的表演，更加引起田春苗的警惕。

春苗："怎麼，我這雙拿鋤頭柄的手，不能拿你這針頭嗎？"春苗步步進逼。

"田春苗，你這是什麼意思？我錢濟仁是個醫生，難道用什麼藥還要經過你批準嗎？你……你拿去吧！"錢濟仁說著用力將針藥摔碎在地，並不停地用腳將碎片踢散，將藥水用腳塗抹，口中還不斷地叫嚷，"你拿去吧，你拿去吧！"急急走出。

春苗因藥性大發作，滿臉汗珠望著錢濟仁的背影，十分艱難地從腳底下拿出針筒的碎片，裡面還有一點藥水，吃力地："唐大姐，錢濟仁今天很反常，這裡面可能有鬼，你趕快把它送去化驗一下。"

唐大姐拿了瓶子疾步走了。

春苗突然兩腳發軟，身子不由得晃了一一下，倒向鏡頭……

方明和蓮蓮正好奔上樓來，蓮蓮一把抱住："春苗！""春苗姐！"

辦公室內。

錢濟仁氣急敗壞："院長，他們拒絕我搶救！"

杜文傑："為什麼？"

錢濟仁："他們說是好轉。"

"好轉？"杜文傑吃驚地問。

錢濟仁："院長，得趕快把病人弄走，不能再叫他們治下去了，那老頭要是爬起床來，我們可就徹底被動了。"

杜文傑點點頭："快催一下縣醫院，叫救護車馬上開來。我到老頭那兒去看看。"

二十八

樓下小屋裡。

方明正在給春苗測血壓、按脈。

蓮蓮："怎麼樣？"

方明："血壓還好，就是心跳得很快！"

蓮蓮焦急地："那怎麼辦？"

春苗："不要緊，我心裡明白著呢！……方醫生，快對我說說，他們怎麼整你的？"

方明半晌不語，想把話題岔開："你好好休息。"

"方醫生！"春苗焦急地催促著。

"杜文傑找我訓了很久。他說我們有政治野心，說我們這樣於是反黨行為，縣裡梁局長正把我們當作典型來抓。"方明的心情變得沉重起來。

"我去把那些老爺叫來，讓他們看看，春苗姐為治我爹的病，把命都豁出去了，天下哪有這樣的反黨行為！"蓮蓮氣沖沖地叫喊著，欲衝出屋去，被方明止住了。

方明："春苗，有一件事我一直想不通，錢濟仁和我們作對，這我懂，可是杜院長他……他為什麼……他可是黨員，又是領導啊！"

春苗緩慢地、層層深入地表露自己的心情："方醫生，這些日子，我也在捉摸這個問題。當初，小妹死的時候，我只覺得是錢濟仁這樣的醫生不好。可是後來呢？把我們赤腳醫生從衛生院擠走的，除了錢濟仁，還有杜文傑。在砍衛生室的時候，杜文傑又得到梁局長的支持。我想了很久：他們不是共產黨員嗎？他們不是領導嗎？可他們為什麼總是聽不進毛主席的話呢？他們的心目中為什麼總沒有我們廣大貧下中農呢？通過文化大革命，我開始懂得了：杜文傑他們名義上是共產黨員，實際上已經變成了錢濟仁他們在黨內的代理人。他們從上到下代表著一條修正主義的黑線啊！"

方醫生："我氣不過的是，文化大革命了，他們居然還能這樣對待我們。"

春苗：“這是因為他們手中有權！”

方明：“有權？！”

春苗：“對。過去梁局長、杜文傑他們利用手中的權力，重用錢濟仁這一夥人，打擊我們赤腳醫生和革命的醫務人員；現在，他們又利用手中的權力，鎮壓群眾運動，保那條修正主義的路線。”

方明在思考著春苗的話。

春苗：“方醫生！毛主席親自制定的《十六條》告訴我們，‘這次運動的重點，是整黨內那些走資本主義道路的當權派。’我看，杜文傑就是這樣的一個走資派。現在，不把他們手裡的權奪回來，無產階級專政就不能鞏固，衛生戰線的文化大革命就難搞徹底，針頭永遠也拿不到我們貧下中農的手裡呀！”

方明：“春苗，你說得對。可是，要奪杜文傑手中的權，可得要準備他跟我們拚命啊！”

春苗：“是啊，這是一場你死我活的鬥爭！他們還可能在水昌伯的病上搞新的陰謀，不過他們越這樣做，越能充分暴露自己。穿了頭的癤子好得快啊！”

方明的臉色開朗起來了。

這時，藥汁沸滾漫出，方明急取下藥罐，倒藥，方明倒完藥，回頭見春苗臉色紅潤，面露興奮，手拿記錄，正在體會自己的感覺。

方明關切地：“你感覺怎麼樣？”

春苗笑容漸顯，臉色越來越開朗，興奮地：“藥性退了，這藥，加大劑量可以用啊！”說著，立起欲端藥，被眼明手快的蓮蓮搶過。

“春苗姐，你歇著，這碗藥，我給爹送去。”說完，笑呵呵地端著藥碗往樓上去。

頃刻，樓梯上突然傳來激烈的爭吵聲……

“放手，你為什麼要奪我的藥碗？”蓮蓮的聲音傳來……

春苗、方明意外地怔了一下，急走向樓梯。

杜文傑蠻橫嘶啞的聲音傳來："田春苗不是醫生，她沒有權給人看病吃藥！"

"乓"地一聲，藥碗打落在地。碗的碎片從樓梯上滾下，藥汁潑灑滿地……

春苗、方明對杜文傑怒目而視，一步一步逼上前去。

"春苗！"背後傳來唐大姐的聲音。

春苗回頭："唐大姐！"

唐大姐憤恨地看了一眼杜文傑，沒有理會他，轉對春苗、方明說："化驗結果出來了！"

春苗、方明看化驗單，化驗單上寫著"劇毒品"。

唐大姐："你們大隊的人把賈月仙也帶來了，阿強正在找賈月仙談話。"

二十九

救護車鈴聲由遠而近，衛生院內氣氛驟然緊張起來……

衛生院後門的小河畔，駛來幾條小船，阿方嫂等湖濱大隊的貧下中農紛紛停船上岸。土根等其他大隊的貧下中農也從四處趕來，爭先恐後地湧進衛生院。

錢濟仁匆匆跑來："杜院長，救護車到了！"

杜文傑："好，馬上把病人送走。"

衛生院庭院裡。

錢濟仁等人欲衝上樓去，被田春苗、方明攔住："你們要幹什麼？"

錢濟仁："老水昌病重，送到縣醫院去搶救！"

春苗："這是誰的決定？"

"我！"杜文傑走下來，"病人在我們院裡，我是院長，有權決定！"說著又指使錢濟仁等上樓。

"站住！"春苗厲聲截住，"杜文傑，你們要的花招夠多了，把你的那一套收起來吧！你的決定得要問問群眾的意見！」

群眾高呼：「我們不同意！」

「你 ——」杜文傑火冒三丈，轉身對聚集來的群眾說，「大家都聽見了吧，田春苗治壞了老貧農，還拒絕我們的搶救……」

樓上。

水呂伯躺在床上，從庭院裡傳來杜文傑的聲音：「大家評評，這是什麼性質的問題！」

「我去！」水昌伯氣憤已極，翻身欲起，被蓮蓮按住。

庭院裡。

錢濟仁：「田春苗，你口口聲聲說要治好水昌的病，可杜院長要把病人送到縣醫院去搶救，你倒反對，你不怕背上蓄意謀害的罪名嗎？」

田春苗：「蓄意謀害水昌伯的人是有的，儘管他自作聰明，但逃脫不了人民的懲罰！」

錢濟仁作賊心虛，神志緊張：「你，這是什麼意思……」

「怎麼，你心虛了！」春苗緊逼。

「我……我抗議！你這是……」錢濟仁瘋狂地叫喊。

「錢濟仁，放老實些，當著大家的面，快把罪行交代出來！」田春苗進一步逼上去。

「你血口噴人！」錢濟仁反撲。

杜文傑：「田春苗，你誣賴錢醫生，你有什麼證據？」

方明躍下臺階，推開杜文傑，一把抓住錢濟仁：「你……你這條披著人皮的狼！」用力將他一推，舉起化驗單與盛碎玻璃片的瓶子轉向群眾：「同志們，這就是證據！經過化驗，證明錢濟仁在搶救水昌伯的針藥裡放了毒，蓄意謀害水昌伯的就是他！」

站在人群中的小護士大吃一驚。

錢濟仁最後掙扎：「院長，他們這是陷害好人！」

「你才想陷害好人！想不到你這麼狠毒……」小護士憤怒

地擠上前，舉起一個針盤，"這裡還有一針，他要我在救護車裡再給水昌伯打……"

錢濟仁狗急跳牆，急忙竄上來，想要把小護士手上針藥搶過去，被春苗、方明等人截住了。

群眾激憤地擁向錢濟仁，錢濟仁恐懼地後退，一眼瞥見人群中李阿強和大軍帶了賈月仙走進飯廳，他更加驚慌。

庭院裡一片憤怒的聲討：

"你這是比毒蛇還狠毒啊！"

"真是白糖嘴巴砒霜心！"

"杜文傑，你交代，為什麼要包庇錢濟仁！"

杜文傑感到又懊惱又被動，對錢濟仁："你怎麼能……"

錢濟仁掙扎地對杜文傑："院長，院長，我這是為了保你呀！"

杜文傑："保我？"

阿強從飯廳裡走出，對杜文傑："是的，保你，只有保住你這個代理人，才有錢濟仁他們的天下！"他拿起一本日記本，"你聽聽他在這本反動日記裡是怎麼寫的：抓住杜文傑，霸牢衛生院，踩住赤腳人，有朝一日重做人上人！"

群眾激憤異常："這是想變天啊！"

眾呼口號："打倒反革命分子錢濟仁！""加強無產階級專政！"

錢濟仁龜縮著往後退，看見大軍等民兵一左一右堵住退路，臉色慘白地低下頭。

杜文傑："過去，我沒有看透錢濟仁，他幹壞事，我可不知道呀！"

杜文傑的狡辯引起群眾的公憤。

春苗："你不知道？！過去，你杜文傑把醫療衛生大權交給錢濟仁，讓他那雙黑手拿著針頭來殘害勞動人民。可是，你對我們貧下中農，卻口口聲聲誣衊說：拿鋤頭的手（春苗的手舉到杜文傑面前），不能拿針頭。在你心目中愛誰、恨誰不是很清楚嗎？你在修正主義的道路上走得夠遠了！」

杜文傑情虛理虧：「我杜文傑也是苦出身，從小當學徒，解放後入了黨，這些年來我辛辛苦苦的幹，總不見得都是幹修正主義吧？」

方明駁斥：「我問你，你辛辛苦苦幹些啥？為了迎合少數老爺的歡心，把國家給衛生院的經費、藥品、器械大量拿去搞什麼‘養身療法’，而對貧下中農的死活你卻根本不管，這不是幹修正主義是什麼？……」

唐大姐舉著手衝上講臺：「我來揭發，杜文傑你還拿貧下中農的防病經費買了人參，去孝敬那個梁局長，你這是千方百計想往上爬！」

一個藥劑師站在人群中揭發：「同志們，我是藥房間的，赤腳醫生開的藥方，他們在上面打××，說什麼非法行醫沒有處方權，而那個巫醫賈月仙，杜文傑卻吹捧她有什麼一技之長，要給予關心，讓她從衛生院後門拿走了大量的藥品，去騙錢害人，挖社會主義的牆腳！」

人群中的阿方嫂抱著小龍擠向前：「可貧下中農的孩子病重了，你們卻一粒藥也不給。你們這些老爺的心好狠哪！」

春苗：「你左一聲右一聲地說，誰反對你杜文傑，就是反黨行為，可你的骨子裡，一點共產黨人的氣味都沒有！你還說什麼苦出身，可是，路線錯了人會變，你身為人民公社衛生院的院長，卻根本忘記了勞動人民。你對貧下中農自己的赤腳醫生，又卡又壓；貧下中農辦起的衛生室，你又封又砸。甚至連到了嘴邊的藥，你也把它打翻在地，不讓喝啊！同志們，這是什麼，這是資產階級專了我們的政！」

「春苗說得對！」突然響起了水昌伯洪亮的聲音。

眾驚訝、興奮地回頭望著。

杜文傑抬頭一望，見是水昌伯頂天立地站著，驚慌失措。

水昌伯由蓮蓮扶著，支撐著站在二樓走廊上，他激昂地："杜文傑，你睜大眼睛看看我，你們不讓我們貧下中農直起腰，這辦不到！"

杜文傑慚愧地低頭，啞口無言。

水昌伯步履艱難地向人群走來。

眾人驚喜交加，自動地閃開一條道，大家都屏著氣，關切地看著，場上鴉雀無聲……

春苗娘端著一碗熱氣騰騰的湯藥，穿過人群，走到春苗面前："水昌伯的藥，煎好了！"

整個庭院沒有一點聲響，春苗接過娘手中的藥碗，小心地朝水昌伯的方向走去，人群頓時閃開了一條路，春苗慢慢走上樓梯，將藥送到水昌伯面前，深情地："水昌伯，是毛主席的革命路線把這碗藥奪回來了！喝吧，喝下去，你的病會好透的！"

水昌伯在方明和蓮蓮的扶持下，一步步地走下樓梯，他雙手端過藥碗，激動萬分……

眾人高興、激動的臉。

水昌伯顫抖的雙手捧起藥碗，淚珠大滴大滴地滾落在碗裡，他大口喝著，一股暖流湧入心田。他激動不已，深沉有力地高呼："毛主席萬歲！"

春苗和庭院裡的人群高呼著震撼人心的口號："毛主席萬歲！"響徹天空。

三十

一九六七年

百花盛開，萬紫千紅，大地迎來了新春。

湖濱大隊田野裡，插秧機歡快地行進著，抽水機嘩嘩響著，拖拉機翻耕著土地。

水昌伯起勁地擺弄馬達，他輕快地彎腰又站起，可以看出他的腰病已經完全痊癒了。

在秧田裡，春苗和阿方嫂等在一起勞動。

"春苗阿姨 ── "遠處又傳來小龍的喊聲。

"哎 ── "春苗抬頭望去。

田埂上，小龍飛快地奔來，奔到春苗身邊，和春苗說了些什麼，把小手向遠處一指。

春苗從水田裡拔起沾滿泥土的雙腳，取下掛在鑊子上的藥箱，攙著小龍就走。

春苗迎著朝陽走來，還是那純樸的面容，還是那雙赤腳，但經過風霜雨雪的鍛煉，她成長了，成熟了，她充滿著信心地去迎接新的戰鬥！

（上海人民出版社 1976 年 3 月出版）

海　霞

（電影文學劇本）

原著黎汝清　編劇謝鐵驪

一

在祖國東南沿海的一個島嶼上，民兵連長李海霞站在海邊的陡峭岩石上持槍瞭望，只能看到她背身勢影。

海霞旁白："在舊社會，我們這些人都是在苦水裡泡大的，那時候，我有眼什麼也看不見，有嘴什麼也不會講。這些年來，黨給我擦亮了眼睛，我不僅看到海島，看到祖國，也看到了世界。"

海霞銳利的目光，高度警惕地注視著大海的遠方。

在螺號聲中，一隊女民兵手持半自動步槍，英姿颯爽，佇列嚴整，練習刺殺。

海霞旁白："這些年，我們同心島民兵在毛澤東思想的哺育下，逐漸成長壯大，在階級鬥爭的風浪中，不斷向前！"

女民兵佇列通過一個曠場。

海霞旁白："今天我們生活在幸福的社會主義時代，可是我們永遠不會忘記過去的苦難……"

二

平坦的沙灘上，幾塊岩石旁，停放一隻破爛的漁船，經過一些加工，已經成爲一個勉強可以居住的地方。

拂曉時分，海上的濃雲緩緩浮動。

李八十四拖著沉重的步子往回走，不時地回望海灘，他慢慢走到船屋門口，向屋裡看了一眼。

在屋角破席上，躺著一個中年婦女，她臉色蒼白，眼角嚙著淚水。

李八十四在門口的一塊岩石上坐下來，頭越垂越低。

遠處海灘上，一隻木盆被潮水漸漸吞噬著。在海濤聲中，隱約聽到有嬰兒的哭聲。木盆在怒濤中顛簸。盆裡躺著一個初生的嬰兒，她掙扎著，大聲哭叫著。

漁民劉大伯手提酒瓶，高興地來到李八十四面前。他說：“老弟，你怎麼了？我給你賀喜來了。”

李八十四說：“養不活呀！”

劉大伯回頭一看，向海灘疾奔而去，他撲進海浪，奮力地遊著，一把抓住了木盆，把嬰兒從浪濤中搶救了出來。

這時遼闊的海空隱隱透出了霞光。

海霞旁白：“劉大伯把我從海上抱回來的時候，天邊露出一線朝霞，大伯就給我起了個名字叫海霞。”

劉大伯抱著孩子走回自己的家，李八十四低著頭在後面跟隨著。

劉大伯一進屋就把嬰兒塞到劉大媽的懷裡，把正在吃奶的石頭抱了過來，劉大伯說：“她媽沒有奶，你給餵著吧。”

石頭在爸爸懷裡回過頭，呆呆地看著小妹妹。

三

海霞旁白：“石頭哥哥十二歲了，可是在我的眼裡，他簡直是個大人。什麼事他都照顧我。”

石頭背著筐，手持鏟海蠣的工具，回過頭，等著海霞。

"海霞!"

十一歲的小海霞背著小筐飛快地跑來。

石頭帶著海霞向海邊走去,他們在海邊礁石層中鑱著海礪,偶然間發現潮水退落處涸住了一條小鯊魚,他們跳下去把小鯊魚提起來。

兩個孩子高高興興地抬著小鯊魚往回走。漁霸陳占鰲帶著兩個鄉丁陳三和胡阿才迎面走來。陳占鰲忽然站住,用文明棍戳戳孩子抬著的魚,厲聲說:"給我送回去!"把文明棍一揚,指著遠處漁行那邊。

石頭理直氣壯地衝陳占鰲說:"我們自個兒逮的,給你?"

陳占鰲說:"明明是從我漁行裡偷的。"

石頭嚷起來:"你賴人!"

海霞也理直氣壯地說:"明明是我們逮來的!"

陳占鰲惱怒地揮起文明棍打石頭。海霞一把奪過來,扔在一邊。

陳占鰲氣得發了瘋:"這丫頭要造反!"

鄉丁拾起文明棍,拎起小鯊魚,跟著陳占鰲向漁行走去。

海霞扶起摔在地上的石頭,兩人對著遠去的陳占鰲,怒目而視。

四

漁行裡一簍一簍的鮮魚正在過秤。陳占鰲從層層的漁簍中穿過,鄉丁把那條小鯊魚扔進一個空簍裡,隨著陳占鰲走向後院。帳房尤二狗一面撥著算盤,一面對站在桌前的幾個漁民說:"共收你們三千五百斤鮮魚,按六成交租,二千一百斤交給東家,你們淨得一千四百斤,我給你們開個票。"

一個老漁民說:"尤二先生,你得給現錢呀!"另一個漁民插上說:"家裡都沒吃的了。"

尤二狗說:"魚商不給魚錢,東家也生不出錢來,你叫東家怎麼辦呢？”

正在這時，聽到那邊過秤的地方爭吵起來，帳房尤二狗走過去。旺髮指著漁簍氣憤地說：“明明我打的一百斤魚，怎麼成了八十四斤？”

尤二狗走過去，厲聲地說：“吵什麼？你們有話好好說嘛！”

這時陳占鼇走了出來，尤二狗迎上去說：“東家，明明是他們斤兩不夠，偏說我們壓秤。”

漁霸陳占鼇陰險地逼視漁民們：“胡說！這桿秤是我祖上傳下來的，我收魚借米都是用這一桿秤。我收你們的魚，總是把秤尾壓得低低的。我借給你們米，發你們糧，總是把秤尾抬得高高的。這麼照看你們，總算對得起大家了，你們不要沒良心！”

漁民們吵吵嚷嚷地議論著。

這時候，不知是誰，大聲地喊了一聲：“這秤裡有鬼！”

陳占鼇愣了一下，接著他用兇惡的目光尋找說這話的人。

劉大伯和李八十四、林雙和從人群裡衝出來，衝到秤前，李八十四猛抓過大秤。陳占鼇變了臉色：“你們幹什麼！”，尤二狗和兩個鄉丁欲上前奪秤，被李八十四、雙和伸胳臂擋住。李八十四連忙把秤遞給站在人群中的劉大伯，他兩手握緊秤桿，在腿上猛力一磕，“唪嚓”一聲，秤桿斷為兩截。劉大伯一看，桿裡果然有孔，大聲向群眾說：“你們看看！”他把秤桿向雙和手中的碗裡一磕，水銀珠在碗裡滾動著。

劉大伯拿起斷秤桿比劃著說：“陳行主就是這麼照看我們的！他收我們的魚，這麼一磕，水銀上這頭了，一百斤就成了八十四斤；稱給我們蕃薯絲，這麼一磕，水銀上那頭了，八十四斤就成了一百斤了。這一進一出，可把咱們坑苦了。”

雙和：“李八十四，你給大夥說一說。”

李八十四：“我十二歲那年，我爹把我押給陳占鼇當漁工，換了一百斤蕃薯絲,回家一稱,只有八十四斤。爲了記住這筆債,我爹才給我改名叫李八十四。"

德順爺爺說:"就這桿秤,從咱祖祖輩輩身上刮去了多少血汗,非和他算老賬不可!"

海霞一直含淚聽著。

漁民們群情激憤。

陳占鰲和尤二狗趁漁民們看秤時卻早已悄悄溜了。

劉大伯把半截秤桿當空一舉:"走,找陳占鰲算賬去!"漁民們一起湧向陳家大院。

兩扇黑漆大門緊緊地閉著。

憤怒的人們邊敲門邊叫喊:"快開門!再不開門,就把門砸爛了!"

一會兒,陳家大門開了一條縫兒,尤二狗側著身子擠了出來。他說:"鄉親們,有話好說,這桿秤是陳家祖上留下來的,東家也不清楚。"

劉大伯截住他的話:"你別囉嗦,以後不許你們壓秤壓價!"

老漁民搖著手裡的魚票:"趕快給魚錢!"

漁民們憤怒地揮動拳頭叫嚷著:"不許抬高糧價!""不答應我們就不出海!"

這時,陳占鰲伸出個頭來,勉強笑著說:"鄉親們,我顧念大家的苦處,答應你們大家的要求。第一,先付魚錢。第二,每戶先給一百斤蕃薯絲。漁汛不等人,請大家還是趕快出海吧。"說完就趕快縮回頭去,尤二狗隨著擠進去,趕緊把門關上。

由於鬥爭勝利了,大家高高興興地散去。

海霞興奮地問:"劉大伯,以後陳占鰲就不敢欺侮咱們了吧?"

劉大伯高興地說:"只要咱們大家齊心,他就不敢啦。"

德順爺爺趕了上來，低聲說：「今天他怎麼答應得這麼痛快？」

這句話提醒了劉大伯，他有些疑慮地說：「呵，難道這裡有什麼鬼？」

林雙和毫不遲疑地說：「不會吧！」

劉大伯仍然在思考著。

五

早晨，海上暗雲沉垂，遮沒了霞光。

葫蘆島的埠頭上，漁民們就要出海了，他們的家小前來送行，親人們默默地相望著。

漁船紛紛起錨離岸。

海霞旁白：「那時候，每次漁船出海，誰知道他們的親人會遇上什麼風險？這一次出海就更加擔心了，誰也沒有一句話，但彼此都知道心裡在想什麼。」

海霞望望這個，望望那個，被可怕的沉寂重壓著，幾乎要哭出來。

送行的人們以充滿憂慮的目光，注視著漁船上的親人。

漁船升起了風帆，漸漸出海遠去。

夜晚，雨淅淅瀝瀝地下著。

破船加工的小屋透出半明不暗的燈光。

屋裡，李媽媽坐在床上補衣服。海霞當門織漁網，她低聲唱著淒涼悲傷的漁歌：

有活路莫來同心島，

同心島漁民苦難熬。

頭頂三把殺人斧，

漁霸海匪加風暴……

海邊沙灘，從潮湧中露出一個人來，他氣喘著，踉踉蹌蹌地朝著透出昏黃燈光的小屋走去。

這個人走到屋前敲門，李媽媽的聲音："誰呀？"

他說；"我是雙和。"

李媽媽開門，雙和說："出了大事啦。"他支撐不住地靠在門旁。李媽媽驚呆了。

雙和上氣不接下氣地說："陳占鰲勾結黑風海匪，把劉大哥和李大哥都打死了。"

李媽媽像遭雷擊似的，跌坐在床邊。

雙和說："大嫂，你們得趕緊躲一躲呀！同心島我是不能待了，我得馬上到大陸上去。"

李媽媽彷彿什麼都沒有聽到，仍是木然地坐著。

雙和急切地說："大嫂，你說話啊！"

李媽媽這才突然爆發似地哭出聲來。

劉大伯家。劉大媽正和石頭爭奪魚叉。石頭潑勁掙脫說："我非把陳占鰲叉死不可！""你不能，你給我！"劉大媽好不容易才奪回魚叉，石頭氣得直跺腳。劉大媽含著眼淚說："我們劉、李兩家就指望你了，你要好好長大，才能給你爸你叔報仇。"

船屋。

李媽媽在灶前燒火，目光凝視著火苗。海霞坐在她身旁。德順和旺發兩個老爺爺蹲在門邊悶悶地抽著煙。旺發爺爺忿忿地說："不信我們就鬥不過他！"

德順爺爺磕磕煙袋，歎了口氣："光發狠有什麼用，刀把子攥在人家手裡！"

旺發爺爺說："咱就不能奪過來？"

德順爺爺思索："怎麼奪法？"

兩個人不言語了，又悶下頭抽煙。

李媽媽說："這個仇總是要報的，可惜海霞不是個男孩子。"

海霞在一旁聽著有些委屈不服。

海霞旁白：“阿媽的心思我知道。難道女孩子就不能報仇？”

<h1 style="text-align:center">六</h1>

陳占鼇和尤二狗從裕豐漁行走出來，石頭和海霞站在路邊。燃燒著仇恨怒火的眼睛瞪住陳占鼇。

石頭緊攥著海蠣鏟的手，激怒得發抖。

陳占鼇和他們目光相遇，感到驚恐。

陳占鼇邊走邊問身後的尤二狗：“這是劉茂根的兒子？”

尤二狗答：“是。”

陳占鼇陰沉地思慮著。

深夜。狂風呼嘯，海浪猛烈地衝擊著海礁石。

劉家一團團濃煙烈火騰空而起，大火封住反鎖的屋門。

人們慌亂地喊叫：“救火啊！”“快救火啊！”

李媽媽和海霞急忙跑來。

海霞猛地向燃燒著的火堆撲過去，哭喊著：“劉大媽，石頭哥哥！”

德順、旺發爺爺從人叢中衝出，一把將海霞拉住。

火勢越來越猛。附近沒有水，等從海灣裡提了水來，房子已成了灰燼。

救火的人們放下了水桶，默默地望著。

清晨。海霞呆坐在船板上，李媽媽默默地織補魚網。

突然尤二狗鑽了進來，指著腳下的破船屋：“喂，陳老闆要收回這條船！”李媽媽一時不解地愣住了。

海霞說：“這船是我們的！”

尤二狗奸笑著說：“你懂什麼？那時候還沒有你哪，你媽媽知道。”

李媽媽這才明白，說：“這條船海霞他爹不是給你們老闆做工頂了嗎？"

尤二狗："頂了？有字據嗎？"

李媽媽氣極："你們真是做絕了！"

海霞氣憤地說："阿媽！別跟他說！我們就不搬！"

尤二狗站了起來指著海霞說："這個黃毛丫頭嘴還真硬。告訴你，三天之內一定得搬！"

李媽媽悲憤交加。"陳占鼇是要把我們斬盡殺絕呀！"

七

已經騰空了的破船屋。

海霞旁白："這裡雖然又窄又暗，夏不避雨，冬不避風，我還是對它有深厚的感情，在這兒我從小長大，這究竟是我的家呀！"

榕橋鎮西的山坡上，孤零零的一座破廟。

海霞旁白："由於恨，由於餓，阿媽病倒了，她已經好幾天沒有吃東西。"

山腰的小村落裡，一位老奶奶遞給海霞一塊熱蕃薯。

老奶奶憐憫地說："趁熱吃了吧。"

海霞感激地離開老奶奶。她捨不得吃，也捨不得放在籃子裡，把它捧在手上，趕快朝回走。

這時，天色突然暗下來，接著風雨交加。海霞獨自在這暴風雨中奔跑。滑倒了爬起來，又摔倒了，再爬起來，她仍然把那塊蕃薯捧在手中，護在懷裡。

海霞跑進了廟裡，黑得什麼也看不見，她渾身冷得發抖，蕃薯還微微冒著熱氣。

海霞高興地喊："阿媽！阿媽！"

沒有回音。

她摸到阿媽的身邊，蕃薯突然從她手裡落下來。

海霞撲到阿媽身上痛哭。

德順爺爺領著海霞從山坡上下來，走向同心島。

遠處茫茫大海，怒濤洶湧。

八

海灘上，匪兵狼狼地從登陸艇上擁下來，他們睜著充血的兇狠的眼睛，惡煞一樣地大聲叫罵著，挨戶搶掠。

海霞旁白："一九四九年秋，從大陸上敗退到同心島的國民黨匪軍，把漁島攪得一片混亂。"

國民黨匪軍的一個班，衝進德順爺爺的住屋，匪兵盯著德順爺爺說："把糧食交出來！"

德順爺爺說："我們一粒糧食也沒有。"

匪兵叫嚷："鬼話！你們吃什麼？"

德順爺爺端過盛野菜的筐，匪兵一看，惱怒地喊："草？這是給豬吃的。搜！"

隨後又來了一群匪兵，把德順爺爺拉去修工事，爺孫一聲不吭，把這一切仇恨都記在心裡。

匪兵把到處搶來的東西堆在灶前，要煮著吃。一看水缸裡沒有水，衝海霞大聲喊道："小丫頭，挑水去！"

海霞忍著氣說："我挑不動！"

匪兵把水桶和扁擔扔到海霞跟前："敢不挑，揍你！"

海霞朝匪兵看了一眼，扭頭不理。

匪兵衝過來，扭住海霞的小短辮，往土牆上碰撞。他使勁地拖著海霞，嘴裡喝斥著。海霞拚命掙扎，狠狠地朝匪兵的手上咬了一口，便飛也似地跑掉了。

海霞跑著，找到一個僻靜的地方，躲藏起來。

海霞旁白："我在這小樹叢裡躲藏著，長長的黑夜哪是出頭之日呢？"

夜間,槍炮聲大作。解放軍登上同心島,向國民黨匪兵追擊。國民黨匪軍從村子裡撤退到觀潮山,企圖在那裡頑抗。

海霞旁白:"前幾天就聽說解放軍要來了,解放軍究竟怎麼樣呢?當時我並不知道。但是,我是盼著他們來的。"

海霞往回走,她看見許多解放軍在場院上休息。海霞回到家,家裡被匪軍搞得一片狼藉,只剩下地上一筐苦菜紋絲未動。

海霞餓極了,她趕忙燒火煮苦菜。

東方現出燦爛的曙光,解放軍的一個班進到海霞家。

班長說:"小妹妹,就你一個人嗎?"

海霞回答:"爺爺被他們抓走了。"

班長說:"我們在你們這兒歇會行嗎?"

海霞也不知道怎麼回答好,就點了點頭。

解放軍打了一夜仗,全身都是泥土。有的忙著打掃屋子,有的忙著擦槍,海霞把一些礙事的東西往屋裡挪。

小解放軍向一個大個兒問:"班長,要不要用房東的鍋做飯?"

班長說:"看看空不空?"

小解放軍掀開鍋蓋,問海霞;"煮的是什麼?是吃的嗎?"

海霞不高興地"嗯"了一聲。

小解放軍對班長說:"那怎麼辦哪?"

這時進來一個三十多歲的解放軍,他邊走邊問:"有什麼不好辦的啊?"

小解放軍說:"指導員,飯怎麼做呢?老鄉的鍋不空。"

小解放軍走近指導員,充滿同情地說:"他們吃的都是苦菜。"

指導員說:"二監獄東的鍋大,你把米送去一塊煮吧。"

小解放軍提起米袋飛快跑去。

在屋裡的海霞,剛剛找到碗筷,正要出來,看見指導員掀開鍋向大家說；"同志們，是不是餓狠了？每個人先來一碗怎麼樣？"戰士們愣了一下，指導員說："你們快來吃吧。"

戰士們會意了，他們都爭著盛來吃。小解放軍趕了回來搶著盛了一滿碗。

海霞咬著嘴唇生氣地看著他們。

方指導員一邊吃一邊逗著海霞說："小妹妹，不要生氣嘛！往後你就不再吃這玩藝兒了，又苦又澀，實在不好吃。這叫什麼野菜，我們山東的野菜可比這好吃多了。"

"不好吃，你還吃！"海霞賭氣地說。

"等會兒你再吃我們的呀！"方指導員笑著說。

海霞走到灶前想盛野菜吃，一看鍋裡已經空了，她把碗筷朝鍋臺上一頓，一扭身回裡屋去了。

滿屋的解放軍笑了起來。

外面響起哨子聲，兩個解放軍提進一桶白米飯來。方指導員示意小解放軍，小解放軍立即盛了一大碗白米飯，送到海霞面前。海霞抬起頭來看了一下，又低下了頭。方指導員走過來，充滿階級深情地對海霞說："小妹妹，你的苦也就是我們的苦，我們就是為了不讓你們再過這樣的苦日子，才到這裡來的。我們都是一家人，小妹妹，吃吧！"

海霞雙手接過熱乎乎的飯碗，渾身感到一陣溫暖，淚水不禁奪眶而出。

攻打觀潮山的戰鬥開始了。

屋裡，解放軍已經全部離開，進入前沿陣地。

海霞在灶前把燒好的一大鍋開水，朝水桶裡舀。

海霞挑起水桶，走了出去。她挑著水一步一步爬上小山包。戰鬥激烈起來，子彈在她頭頂上尖叫，炮彈在前面土崗上轟轟隆隆地爆炸。

方指導員突然從戰壕裡跳出，迎了下來，又急又氣地說："你怎麼到這裡來了？快下去！"

海霞說："我給你們送開水來了！"

忽然一聲刺耳的嘯叫，方指導員猛然向海霞撲了過去，一把將海霞按倒在地上。一顆炮彈在他們身旁爆炸，塵煙把他們遮沒了。

方指導員把海霞從土堆裡拉起來，給海霞拍拍身上的塵土。方指導員嚴肅地說："不準你再上來！"

當方指導員回身走向戰壕的時候，"鮮血從他左胳膊流下來，染紅了他的衣服。

海霞感激地含淚凝望著走去的方指導員。這時小解放軍跑了過來，護送海霞離開危險地帶。

槍聲急得像滾了鍋，解放軍衝上觀潮山，一面紅旗像飛一樣插上了山頂。

海霞在門口滿心喜悅地眺望著。

一副擔架從海霞門口經過。小解放軍在一旁照顧。擔架上，方指導員臉色蒼白，眼睛閉著。海霞追上去，喊："方指導員！"

小解放軍停了一下腳步說："傷很重，我送他上醫院。"

海霞跟著擔架走了幾步，她感到像做錯了事似的，心裡很難受。

這時旺發爺爺手裡握著一桿雪亮的魚叉，急急忙忙地跑來。他問海霞："你爺爺呢？"

海霞說："在那邊呢。"

旺發爺爺喊："快！到海上抓匪兵去。"

舢舨快到虎頭嶼，德順爺爺忽然停下手中的櫓，指著遠處海面問："海霞，看那是什麼在漂？"

海霞一看，不由地叫起來："是個人，還抱著塊木板呢！"

舢舨向那個傢伙靠近過去。

一個筋疲力盡的匪兵，以為是打魚的船，像見了救星一樣撲過來。

德順爺爺向海霞使了個眼色，海霞會意地去搖櫓，他們一人抓住匪兵一條胳膊像提落水狗一樣拖上來，立即把匪兵的胳膊擰到背後，順手捆了起來。

旺發爺爺說：「你的槍哪？」

匪兵說：「扔到那邊海裡啦。」

旺發爺爺說：「走，帶他去把槍撈上來。」

德順爺爺接過櫓，奮力搖著，舢舨飛駛到觀潮山下。匪兵極力辨認出他丟槍的地方，用下巴指點著。

旺發爺爺把魚叉遞給海霞，一頭紮到海裡去了。

海霞握著魚叉對著匪兵胸口，眼睛眨也不眨地盯著他。

不一會兒，一支槍先露出水面，旺發爺爺接著冒出頭來，舉著槍高興地說：「哎嘿！咱們手裡也有了刀把子了！」

九

在陳家大院裡，鬥爭漁霸陳占鰲的大會正在進行。世世代代受盡剝削、受盡壓迫的漁民們，他們舉起魚叉，揮動拳頭，高呼口號：「打倒陳占鰲！挖掉封建根！」「向漁霸陳占鰲討還血債！」「打倒蔣介石！解放全中國！」

海霞旁白：「同心島解放不久，就成立了人民政權。雙和叔逃到大陸上，參加了革命，前幾天派回來當了鄉長，正領導我們進行清匪反霸鬥爭。」

雙和：「鄉親們，現在鬥爭漁霸陳占鰲大會開始了！」

群眾高呼：「打倒陳占整！向陳占鰲討還血債！」

一群眾高呼：「有苦的訴苦！有冤的伸冤！」

會場靜了一下，海霞從人群中衝出來：「我說！」指著陳占鰲，她滿腔仇恨，憤怒地控訴：「陳占鰲！我們家和劉大伯家五口人，都被你害死了……」她激憤得說不出話來，頓了一頓，聲淚俱下地說：「陳占鰲！出海的第二天，你勾結海匪黑風把我阿爸和劉大伯都給打死了。沒過幾天，你還放火燒劉大伯家，活活燒死了劉大媽，燒死了我石頭哥哥！"

德順："陳占鰲！我們同心島的貧苦漁民哪一家沒有被你坑害過？你欠我們多少血債？"

群眾高呼："不忘階級苦！牢記血淚仇！"

旺發站起來厲聲質問；"陳占鰲，你！你勾結海匪黑風害死了多少人？

群眾："你說，你說！害死多少人？"

陳占鰲抵賴："我，我沒有勾結黑風。"

陳家的老長工衝出來指著陳占鰲說："沒有？大夥前腳出海，你後腳就讓陳三拿著你的親筆信去找黑風，是你讓我划船把陳三送到大魚島的。"

一個老漁民起來揭發："就在出事的第二天，尤二狗就放風說，'誰要不老實，劉茂根、李八十四就是樣子'。"

群眾："尤二狗，你說！"

尤二狗慌忙走到台前："我說，我說！"

在後院，民兵和漁民們挖出陳占鰲埋藏的財物和槍支。

海霞旁白："尤二狗揭發了陳占鰲埋藏的浮財和槍支，騙取了雙和叔的信任。"

鬥爭會散後，海霞在退場時，遇到尤二狗低著頭隨著人群往外走。海霞回身去找雙和。雙和正在和工作組的同志研究問題。

海霞問："雙和叔，就這麼把尤二狗放了？"

雙和說："尤二狗表現還不錯，應該寬大他。"

海霞說；"他是個壞蛋。"

雙和撫摸著海霞的頭說："這是大人的事，你還不懂。"

海霞生氣地呆立在一旁。

突然，誰喊了一聲"海霞！"海霞應聲一看，原來是小解放軍。

海霞高興地迎上去："你怎麼來了？"

小解放軍說：“有事來了。”

海霞問：“方指導員怎麼樣了？”

小解放軍說：“他現在住在東沙醫院裡。”

海霞說：“我跟你去看他。”

小解放軍說：“辦完事，我帶你去。”說著，他去找雙和了。

十

東沙島駐軍醫院的外科病房裡。

方指導員靠臥在臨窗的病床上，他正在認真地學習毛主席著作。他左臂還包紮著。

海霞出現在病房門口，她一眼看到方指導員，飛快地撲到他的床前，注視著他的左臂，眼淚止不住地流，她說：“方指導員，你這是爲了我才……”

方指導員拍拍海霞抽動的肩頭說：“小海霞，傻孩子，怎麼說出這種話來！”他指指同室的幾個解放軍傷患說：“你看看，他們負了傷，是爲的誰？”

一個負傷的解放軍戰士微笑著說：“我們是人民解放軍，是爲人民打仗，就是流血犧牲也是應該的。”

方指導員激動地說：“我們流血犧牲，就是爲了千千萬萬受苦的人得到解放，這千千萬萬人中間，有我們，也有你海霞。這就是階級情感，海霞，你懂嗎？”

海霞含淚點頭。

一個負傷的解放軍戰士告訴海霞：“我們小時候也跟你一樣，要不是共產黨，我們早就餓死了。”

病房外面忽然響起嘹亮的歌聲：

沒有共產黨就沒有新中國，

沒有共產黨就沒有新中國。

共產黨，辛勞爲民族，

共產黨，一心救中國。

他指給人民解放的道路，

他領導中國走向光明。……

病房內，方指導員和傷患跟著唱起來。他們把歌詞的每一個字都唱得特別清楚，好讓海霞聽得懂。另一個戰士向海霞招招手，他的頰骨包紮著不便於說話。他把毛主席著作《爲人民服務》的書頁打開，用手指著前幾行。海霞接過來，她睜大眼睛看，但是她不認識字呵！

她拿起書跑到方指導員面前，方指導員指著書頁一字一句念給她聽：

"《爲人民服務》，'我們的共產黨和共產黨所領導的八路軍、新四軍，是革命的隊伍。我們這個隊伍完全是爲著解放人民的，是徹底地爲人民的利益工作的。'"

海霞家。一盞油燈閃著紅光。海霞一字一句地念著毛主席著作《爲人民服務》。

德順爺爺在一旁編魚筐，入神地聽著毛主席的話。海霞忽然停下來。

德順爺爺連忙催促說："海霞，你往下念哪！"

海霞說："方指導員剛教我這一段，下面的我還不會呢。"

德順爺爺笑了，他這才意識到自己太心急，就說："你快點認吧！"

雙和來了，他進門看見海霞手裡拿著毛主席著作，就問："海霞，你能讀毛主席的書了？"

"剛剛學，字還認不全呢。"海霞沒抬頭地回答。

雙和向德順爺爺說："德順叔，明天你早一點到擺渡口把我送過去。修漁船的問題，我得趕快去解決。

德順爺爺問："陳占鼇怎麼處治？"

雙和說："明天把他送到區政府，交他們處理。"說完他轉身要走。

突然傳來一陣激烈的槍聲，大家都愣住了。雙和立即拔出腰間的短槍，把燈吹熄，衝出門外。德順爺爺和海霞也跟著跑出去。

旺發爺爺提著槍迎面跑來：“出事了！來了一股海匪，把陳占鰲劫走了。”雙和、德順爺爺和旺發爺爺一起向村裡跑去。

槍聲在繼續著，遠處黑沉沉的大海上閃著子彈的曳光。

海霞手裡緊緊握著毛主席著作，迎著狂風挺立著。

海霞旁白：“陳占鰲跑了，反動的地主資產階級夢想復辟。”

十一

海霞旁白：“幾年過去了，我在階級鬥爭的風浪中成長起來。爲了保衛祖國，保衛社會主義制反，我們必須拿起槍來。”

一隊女民兵精神抖擻地等待發槍，十七歲的海霞威武地站在隊首。

會場的橫標上寫著：“同心島女民兵排成立大會”，主席臺前一排嶄新的步槍閃閃發亮。

雙和高聲念道：“民兵排長李海霞！”

海霞響亮地：“到！”出列。

方書記接過武裝幹事手中的槍，遞給海霞。

海霞旁白：“方指導員傷好以後，轉業到我們這兒當區委書記了。”

隊伍中阿洪嫂羨慕地看著別人手中領到的槍支，連雙和喊她的名字都沒聽見。

海花捅捅阿洪嫂：“阿洪嫂，叫你呢！”

阿洪嫂連忙答應，出列。

群眾隊伍中，旺發拿著從海裡撈上來的那支步槍，他的孫子繼武眼饞地摸摸旺發的槍，旺發趕緊把槍換在另一隻手裡。

玉秀在人群中羨慕地看著女民兵領槍。

大成嬸擠過來拉玉秀："玉秀,走!你又不當民兵,看什麼?"硬把玉秀拉走。

小鰻走進女民兵佇列,拉住阿洪嫂："阿媽,阿爸出海來了,叫你回去!"

阿洪嫂:"去!去!"

小鰻噘著嘴走去。

陳阿洪家。兒子阿沙在灶前燒火,阿洪滿臉不高興地洗著魚。

小鰻走進來:"阿爸,阿媽不回來!"

阿洪生氣地把水一潑,走到灶邊。

阿沙說:"阿媽燒飯時,要放很多水。"

"你懂什麼!快燒吧。"阿洪說著又埋頭切魚。

阿沙皺皺鼻子說:"有一股糊味。

阿洪連忙掀開鍋一看,米花正在鍋裡蹦哩。

阿洪嫂進門來站在阿洪身邊,忍不住笑著說:"哎呀,來吃你們的爆米花呀!"

阿洪把鍋蓋一擱,轉身進屋去了。

阿洪嫂笑著笑著,只見阿洪提著鋪蓋卷朝外走去,她問:"你幹什麼?"

阿洪連頭也不回。

阿洪嫂漸漸收起笑容,落下淚來。

碼頭夜景,漁燈通明。

漁船上,旺發爺爺正在數落阿洪:"阿洪啊,這件事可是你不對了,阿沙他媽讓阿沙來找你,給你個臺階你不下。"

"我不能受女人欺侮!"阿洪氣鼓鼓地說。

海霞正走過來,聽他的話立即就氣了:"什麼女人女人的!你眼裡還有婦女沒有?"

阿洪一看是海霞:"好,又來了一個。現在婦女解放了,咱惹不起還躲不起!"

海霞問：“你講理不講？”

阿洪說：“怎麼不講理？”

海霞說：“你講理就好。你上山開過幾分荒地？你下地送過幾趟肥？”

“我出海了。”

“兩個孩子你照顧了哪個？”

“我出海了。”

“洗衣打柴，燒飯餵豬，養雞……你做過幾樣？”

“我出海了。”

“出海了，出海了，你別拿著出海嚇唬人。嫂子站崗放哨，又學文化，公事幹得好，家務事也沒耽擱。”

阿洪：“還沒耽擱？我出海回來沒飯吃，她倒在一旁看笑話。”

海霞：“今天女民兵發槍，你該替嫂子高興才對呀！嫂子晚回來一會兒，你就發那麼大火？”

阿洪：“有我們男民兵就行了唄，還要女人當民兵幹什麼？”

海霞：“噢！你原來是這個思想呀！我問你，男民兵一出遠海就是幾個月，那把海島交給誰？敵人來了怎麼辦？”

阿洪無言答對。

海霞：“別以為你什麼都行，以後你跟嫂子換換，在家忙幾天家務看看。”

阿洪說：“你當我幹不了？”

海霞說：“噢！還想爆米花呀！”

他低下頭嘿嘿地笑了。海霞氣也消了，命令他：“走吧，去給嫂子賠個不是。”

旺發爺爺把阿洪的鋪蓋朝他懷裡一塞，把他推搡著上了岸，海霞順手拿起阿洪靠在船舷上的那支槍，往肩上一背，跟著阿洪一步步走上沙灘。

海霞旁白："我們的鬥爭勝利了。我這樣送他回家,活像抓了個俘虜。"

<h1 style="text-align:center">十二</h1>

清晨。德順坐在灶前燒火做早飯。

海霞背著槍,拿著書,學習回來。

玉秀來找海霞。玉秀噘著嘴好像要哭出來似的。

海霞問她："出了什麼事?"

玉秀怨聲怨氣地說："還問呢,當了排長就把人家忘掉了。"

海霞抱歉地笑笑："你今年十六了吧?有什麼好哭的,當民兵就是了,我給你報上名。"

"我媽死也不同意,你快和她說說去吧!"玉秀拉著海霞就走。

海霞回過頭來向門裡招呼著："爺爺,你先吃吧l"

海霞、玉秀在村路上走著。

玉秀："我這事,你可得給我做主。"

海霞："俗話說:'船的力量在帆上,人的力量在心裡',你有決心就行。"

玉秀："我當然 —— 哎呀,蛇!"她發現什麼,嚇得跳到海霞身後。

海霞低頭一看,原來是一條草繩,她哭笑不得:"你呀!"

玉秀撒嬌地:"海霞姐!"

海霞和玉秀走過山崖時,看見一個靶子豎在那裡。

海霞說:"是誰把靶子放在這裡,真不愛惜訓練器材。

她正要去把靶子收起來,忽然聽見阿洪嫂的喊聲:"別動!別動!"

海霞回身發現阿洪嫂在燒早飯,一邊蹲在灶前燒火,一邊舉起槍來向外瞄準。

海霞說："你倒挺會找竅門。"

阿洪嫂說："你不是讓我們抓緊時間練嗎？"

海霞說："我交給你的那個俘虜呢？"

阿洪嫂說："我給放了。"

玉秀不解地問："哪來的俘虜？"

阿洪嫂和海霞都笑了起來。

陳玉秀家。

海霞進門，大成嬸在院裡餵鵝。

海霞說。"大成嬸，吃過了？"

大成嬸冷冷地說："還沒哪。玉秀這孩子越來越野得不象話了。看見你們背著搶，這孩子紅了眼，連柴也不想砍了，一大早也不知瘋到哪裡去了。"

海霞說："大成嬸，我來和你商量一件事。"

"你說吧，凡是我能做到的我都答應。"大成嬸警惕起來。

海霞說："玉秀今年十六歲了，應該參加民兵了。"

一聽說玉秀要參加民兵，大成嬸的臉色突然陰沉下來，說："我們落後，我們不當民兵。當民兵不是要自願嘛？"

海霞說："是玉秀自己要求參加的。"

"我家玉秀看見老鼠還嚇得嗷嗷叫哩，不是你們挑逗她，她哪有這份心思！"她頭也不抬地只顧燒火。

"當民兵又不是壞事情。"

"是好是壞我不管，反正我不叫玉秀當。"

海霞看再說下去沒用，便說："大成嬸，你想想再說吧。"

海霞走出門來，就聽見大成嬸故意說話給她聽："那麼大的姑娘家整天東走西串，讓人家戳脊樑！"

海霞聽了這話，難過極了，她委屈得幾乎掉下眼淚。

這時，玉秀從鄰居家走來，看到海霞便問："海霞姐，怎麼樣？"

海霞說："你媽不答應，以後再說吧！"

玉秀幾乎要哭了出來。

海霞心潮起伏，急速地走著。

海霞旁白："大成嬸今天怎麼了？她平常也不這麼落後呀！為什麼這麼反對玉秀當民兵呢？看來，建立民兵不是一帆風順的，我還得去。"

海霞毅然回頭走去。

玉秀正在門口掉眼淚。

海霞說："走，我再去說。"就推擁著玉秀一起走回去。

她們一進門，大成嬸就問玉秀說："一大早，你瘋到哪裡去了？"

玉秀說："海霞姐是我找來的。"

海霞說："現在是我自己要來的。"

大成嬸冷冷地說："你願來就來吧，反正我也不欠你的債。"

海霞聽了這話，好像突然吞下一塊冰似的，從頭冷到腳。海霞非常激動地低聲說："大成嬸，你是不欠我的債，可是你還記得陳占鰲怎麼向我們逼債的嗎？明明是他剝削了我們的血和汗，倒說我們欠他錢和糧。那年年三十，大成叔為了躲債，藏到破船裡，全身都凍僵了。要不是有人看見把他抬了回來，大成叔早就……"

玉秀聽到這裡，痛哭失聲。大成嬸的眼圈也紅了。

海霞繼續說："解放了，我們的日子一天一天好起來，可是，別忘了陳占鰲還在，還有蔣介石、國民黨。大成叔他們那條漁船不是讓蔣匪軍的炮艇打沉的嗎？沒想到大成叔剛過了幾天翻身的日子，就……"海霞哽咽地說不下去了。

大成嬸再也忍不住自己的悲痛，流著淚，走進裡屋。

玉秀含著眼淚，看看媽媽又看看海霞。

海霞對玉秀說：“你去照看照看阿媽，你那事以後再說吧！”

玉秀到裡屋去，海霞向外走著。

海霞從玉秀家剛走出一段路，玉秀就飛跑著追了上來喊：“海霞姐，阿媽答應了！”

她倆高興地抱了起來。

海霞：“別光顧了高興，今天這事我看準是有人在阿媽背後挑唆。玉秀，咱們腦子裡要有一桿槍呀，不然手上有槍也沒有用。”

十三

軍事訓練開始了。女民兵排把靶子插在山坡上，她們伏在沙灘上練瞄準。

彩珠不耐煩地起身走到樹蔭下休息。

海霞走到彩珠身邊：“彩珠，你怎麼了？”

彩珠說：“我看瞄不瞄一個樣。”

海霞說：“要多練習，不然怎麼會打得準？”

彩珠說：“我不信打不上，要麼是槍有毛病。光瞄呵瞄的有什麼意思？”說著坐到榕樹底下乘涼去了。

阿洪嫂看了彩珠一眼，開玩笑地說：“幹嘛不打上把傘。別把臉蛋曬黑了。”

彩珠很不高興，海花卻又跟上一句；“這麼嬌氣，還是不當女民兵的好。”

彩珠吃不住了，她說：“不當就不當。”提起槍就要走。

海霞站起來喊了一聲：“彩珠！”

陳家大院的西屋，已經成為民兵活動的場所。一盞明亮的煤油燈懸掛著。

阿洪嫂：“她呀，真是豆腐掉進灰堆裡，吹也吹不得，打也打不得，這哪像民兵？無組織無紀律，簡直像老百姓！”

雲香說："我們當民兵,不是爲了好玩,也不是爲了給人家看的。"

海花說："不刻苦練習,到時候能打仗嗎?我們拿的是槍,不是燒火棍。"

海霞、彩珠走進陳家大院大門。

海霞:"過去,槍把子攥在陳占鰲他們手裡,今天毛主席把槍交給我們,這是多麼大的信任呀!彩珠哇,咱們是革命戰士,可得嚴格要求自己呀!"

海霞、彩珠二人走進民兵隊部,放下槍。

海霞;"今天,繼續那天的學習。"

女民兵們打開書坐下。

彩珠舉手說;"我先說說。今天是我不對,希望大家多批評,今後我一定加強紀律性。"

大家高興地看看彩珠,鼓起掌來。

大榕樹蒼勁的枝幹橫空伸展,掛住魚網的兩端。墨綠雲朵般的濃密的樹葉,正好給織網的姑娘遮陽。透進陽光處,架著上了刺刀的槍支,閃閃發光。

海霞和姑娘們在一起織網,她們手裡的竹梭兒上下翻飛,又靈巧又輕盈。她們臉上掛著幸福的微笑,唱著聲調悠揚的漁歌:

大海邊,沙灘上,

風吹榕樹沙沙響。

漁家姑娘在海邊,

織魚網啊織魚網。

高山下,懸崖旁,

風捲大海起波浪。

漁家姑娘在海邊,

練刀槍啊練刀槍。

歌聲中,女民兵拉網捕魚,愉快地勞動。

歌聲中，女民兵站崗、練兵。

歌聲中，女民兵排著整齊的方隊在沙灘上練習刺殺。

十四

打靶場上，兩旁站滿了人。男女民兵準備進行射擊比賽。方書記也來了。

比賽開始，男民兵射擊，第一個是阿洪，他非常輕鬆自如地連發三槍。

報靶員陳小元舉起靶牌："命中二十八環。"

男女民兵熱烈鼓掌。

海霞鼓掌特別使勁，一看阿洪嫂，阿洪嫂不服氣地撇了撇嘴。

雲香說："還是他們打得好，我們應該好好向他們學習。"

彩珠說："我看我們非輸給人家不可。"

方書記見女民兵信心不足："怎麼，沒上場就膽怯，那還打得準？"

阿洪嫂："哎！老方，你可別把我們看扁了！"

方書記："那就看你們的了！"

繼武在黑板前寫算著，旺發大聲報告："男民兵平均 25·6 環！"

男民兵五名已經射擊完畢，現在輪到女民兵射擊。

方書記對海霞耳語："給她們打打氣。"

海霞大聲說："同志們，今天比賽，是爲了測驗我們的射擊本領。我們練好本領，是爲了保衛海島，保衛祖國，並不是爲了比個輸贏。咱們婦女在舊社會，苦大仇深。靶子就是敵人，我們要狠狠地打，準確地打！"

海霞下命令說："趙二鰻射擊！其他民兵準備。"

阿洪嫂提起槍，有些緊張地進入工事。

阿沙在旁邊給阿媽鼓勁："阿媽，好好打，加油！"

阿洪嫂斥了他一句：“滾你的，還加水呢！”

阿洪嫂挽了挽袖子，很快就打完三槍。子彈打起的塵土從靶子後面飛起來，但不見報靶員報成績。

海花快步跑向靶牌那邊，喊：“陳小元，你怎麼不報靶？”

陳小元說：“找不著嘛。”一男民兵：“你們能打中地球就不錯啦！”

大家聽了都笑起來。

海花跑到靶子近處，一眼就看見三槍都打在中間：“小元，你的眼睛往哪裡看？這不是都打在這裡嘛！”

陳小元老著臉皮笑了笑：“我以為碰著邊就不錯了，根本沒往中間看。”

陳小元轉身大著嗓門故意叫得很慢：“三發三中，一共二十九環。”

整個打靶場上響起了熱烈的掌聲。唯有阿洪拉著阿沙就走。群眾看著阿洪議論著：“阿洪比不過阿洪嫂，氣跑了！”阿洪嫂向海霞示意。海霞生氣地看著。記分牌上寫出了比賽結果：男民兵平均 25．6 環，女民兵平均 26．3 環。

天空升起彩色氣球。

旺發：“現在由民兵排長李海霞射擊表演。

海霞舉槍射擊，空中氣球一個個爆炸，數槍之後，空中氣球被打得一個不剩。

場上響起一陣熱烈的掌聲。

海霞跟阿洪嫂去她家。

海霞：“嫂子，到時候你可別心軟呀！”

阿洪嫂；“哼，我才不怕他呢！”

海霞、阿洪嫂走進屋來，揭開桌上的砂鍋，砂鍋內有一隻燒好的雞，兩人不解地看著。阿沙、小鰻從屏障後鑽出來：“阿爸殺雞慰勞阿媽。”

海霞、阿洪嫂相視一笑。

海霞走上來：“你阿爸呢？”

阿沙示意。

阿洪正在門後洗手。

海霞熱烈地抓住阿洪的臂膀：“阿洪哥，你這大男子主義什麼時候消滅的？你得公開公開。”

阿洪說：“你當我是真心慰勞你嫂子？我是想叫她把打靶的經驗告訴我。”

阿洪嫂到裡屋拿了一小瓶酒出來，往阿洪面前一放：“噢，你是想收買我呀！”

海霞說：“不讓他喝！”

阿洪嫂說：“他明天要出海了，這算是給他送行吧。”

海霞：“喲，你這麼護著他，以後他再欺侮你，我可不管啦！”

大家都笑了。

清晨，葫蘆灣的船埠上一片熱鬧景象，漁船準備出海。

男民兵背著槍，忙碌地做各種準備工作。

鑼鼓喧天，雙和從歡送的人群中擠出來，向漁民們叮囑什麼。

阿洪站在船頭，轉身向海霞說：“這回出海時間比較長，守衛海防，你們的任務可加重了。”

阿洪嫂在旁邊插了一句·“家裡的事，你就放心吧！”

海霞笑著回答：“對，放心吧，我們一定承擔起這個任務。祝你們漁汛豐收！”

岸上送行的人群在歡笑著揮手告別。

漁船升起了風帆，迎著燦爛的霞光駛去。

十五

海灘上靠著一隻渡船。陳小元和一個陌生的斷腿人下船走來。

陳小元喊："雙和叔，有人找你。"

雙和、海霞聞聲走近。

陳小元把斷腿人領到雙和面前，說："這就是我們鄉長。"

斷腿人向雙和交出介紹信，信上這樣寫的：

同心鄉鄉政府：

茲有本鄉劉阿太去貴鄉尋訪三十五年前失散的妹妹，望予以協助爲感。致

革命敬禮！

惠江鄉公所

雙和邊看介紹信邊問："你和你的妹妹認識不？"

"記不得模樣了。"劉阿太解釋說，"是這樣，三十五年前，我爹媽坐船北上打魚，過了風暴，把我那五六歲的妹妹賣到這島上做童養媳。"

雙和問："怎麼現在才來找？"

劉阿太回答："唉！解放前兵荒馬亂的，又聽說這邊的海面上有個叫'黑風'的海匪，我哪敢來呀！"

雙和轉向海霞說："他找的這個人是不是大成嫂呢？"

陳小元點點頭說："很像是大成嬸。"

"這真太好了。鄉長，我能去認一下；"劉阿太表示十分高興。

雙和："好，小元，你帶他去認一認。"

海霞："我去吧！"帶劉阿太走去。

去大成嬸家的路上，海霞問："你在家幹什麼的？"

劉阿太："還不是打魚的，我十二歲就出海了。"

海霞："那你的腿……

劉阿太："這是解放那時候，支前抬擔架，叫國民黨飛機給炸的。

海霞：“這幾年你靠什麼生活呀？”

劉阿太：“我有手藝呀，我會理髮。”

海霞帶著劉阿太走著，路經小賣部，尤二狗正在售貨。

劉阿太對海霞說：“我去買包香煙。”海霞沒有跟過去，在一旁遠遠地看著。

尤二狗把一包香煙遞給劉阿太時問：“你是外地人？”

“是呵，來找親戚。”劉阿太說著就走開了，尤二狗還在打量著他。

海霞把劉阿太領到大成嬸家。她說：“大成嬸，你認識嗎？”

大成嬸怔了一下。劉阿太說：“妹妹，我是你哥哥阿太呀！”

大成嬸吃驚地看著劉阿太說：“你是從哪兒來的？”，

劉阿太傷心地說：“都是叫舊社會逼的，親骨肉都不認識了。你六歲那年，爹媽把你賣到這島上，那時我拖著爹媽哭：‘把我賣了也不要賣妹妹呵！’可是爹媽沒有辦法，阿茶妹妹！”

劉阿太喊出大成嬸的小名，使她回憶起當時的淒慘情景，說：“阿茶！……這些傷心事別提了，快進屋吧！她抹了抹眼淚。

海霞說：“你們談吧，我回去了。”

劉阿太馬上欠身說：“真謝謝你了。”

海霞回到鄉政府，對雙和說：“是不是寫封信查一下？”

雙和說：“介紹信不是寫的很清楚嗎？而且找的人也對。”

海霞說：“咱們這是海防前線，他又不是住一天半日的，有必要問問清楚。我看還是寫封信到惠江查一下吧！”

雙和同意了，說：“好，你讓小元寫吧。”

海霞走到陳小元面前，把劉阿太帶來的介紹信交給他。

雙和這時想走，海霞追上去問：“雙和叔，跟你商量一下民兵工作。”

雙和：“民兵工作，你們女民兵排不錯嘛，在生產上起了帶頭作用。”

海霞："不,上次跟你說的,民兵訓練的事,你得給我們安排時間。"

雙和撓著頭,很為難的樣子:"現在生產正忙得要命,以後再安排吧!"

海霞有些著急地說;"你今天推明天,明天推後天……生產要搞,武也要練呀!"

雙和:"老實說,別說敵人他一下也來不了,就是來了,還不得靠解放軍?"

海霞:"照你這麼說,民兵不是沒有用了嗎?"

雙和:"來來來,你呀!得有點戰略眼光。"

雙和把海霞拉到縣用地圖前面,他指劃著說:"你看,這右前方是東沙島,這左前方是半屏島,我們同心島成了虎口裡的舌頭、龍嘴裡的寶珠了。敵人敢來動我們?海霞,咱們現在主要任務是要把生產搞好,把同心島變成魚米之鄉,建設成海上花園。"

海霞:"雙和叔,我記得方書記也給我看過地圖,那是一張世界地圖,他總是把我的眼光從小島引向全國,引向全世界。我不反對把生產搞好,可我們是前沿地區,時刻要警惕敵人的小股騷擾,還要準備對付帝國主義的侵略戰爭。所以首先應該把海島建設成鋼鐵堡壘,把民兵工作搞好。"

雙和不耐煩地:"好好好,你說的對,你說的對!"匆匆走去。

海霞緊追一句:"到底什麼時候給我們安排?"

雙和連頭也不回賭氣地說。"你們自己安排吧!"

十六

半夜時分,風很大,刮得砂石滿天飛揚。海花在大榕樹下,吹起緊急集合的螺號。海霞手捧著鬧鐘在計算時間。

女民兵們陸續從四面八方跑來。

十分鐘後，全排已經集合完畢。

海霞在隊前下達情況說。"有一小股敵人偷渡，要來襲擾我們，方向葫蘆灣一帶。一班迅速佔領觀潮山頂，控制 203 高地；二班向左，三班向右，從山腳下沿海灘包圍和搜索'敵人'。立即出發！"

海霞跟著一班行進，向觀潮山攀登。雖然山路又窄又陡，天又很黑，由於大家對道路熟悉，所以走得很快。阿洪嫂提著槍跑在前面。彩珠掉隊了，她在路邊亂抓亂摸。海霞說："彩珠快跟上！"

彩珠說："真倒楣，鞋子掉了。"

海霞問："哪個腳上的？"

彩珠說："兩隻全掉了。"

海霞趕緊把鞋子脫下來遞給她說："別摸了，在這兒！"

彩珠沒有覺出來，慌忙蹬上，提著槍追上了隊伍。

隊伍經過山路急轉彎，剛登上一段陡崖，跑在前面的阿洪嫂忽然一聲驚叫，跌到崖下去了。頓時隊伍慌亂起來。大家急促地喊："阿洪嫂！阿洪嫂！"但是沒有回答。

海霞毫不猶豫地急速返身扒住陡崖，順著峭壁直滑下去，她滑跌在崖下，幾乎站不起來了。她盡了最大力量向前摸著，摸到了步槍，一看已摔成兩截了。她再往前摸，在亂石堆裡摸到阿洪嫂，她一動不動地躺在那裡。海霞急忙把阿洪嫂抱在懷裡，輕輕地搖晃著喊："阿洪嫂！'阿洪嫂！"但是沒有回答。海霞的臉貼近阿洪嫂的嘴邊，感到有熱氣。

海霞立即仰頭大聲喊；"玉秀，快去叫我爺爺駕船送東沙醫院！"

第二天，小賣部櫃檯外買貨的人在議論著。

老奶奶："阿洪嫂回來了嗎？"

大嫂："不知道。"

老奶奶："怎麼就會摔著呢？"

尤二狗："哎，黑漆漆地走山道，摔著可也難免呀！唉！阿洪出遠海了，家裡還有兩個孩子，有個三長兩短可怎麼交代呀！"

老奶奶："不至於吧？"

尤二狗："這可難說，我們小孩的外婆家，民兵演習還摔死過人呢！"

觀潮山上，海霞走到出事地點，蹲在踩翻的石板旁觀看一會兒，走去。

海霞旁白。"這條路我們天天走，為什麼在昨天夜裡石板會踩翻了？"

十七

鄉政府辦公室。

雙和正在給區裡打電話彙報情況。他說："她們不聽我的意見，要搞什麼夜間集合，所以才造成這次嚴重事故……"雙和說到這裡，海霞走進來，她在一旁站著，準備向雙和彙報事故的經過。

雙和繼續打電話："這次錯誤我有責任，主要對她們教育萬夠，要求不嚴。"

海霞沒等雙和放下電話，就在一旁生氣地說："我不同意這樣說法，緊急集合沒有錯，怎麼能和這次事故聯在一起呢？夜間集合以後還要搞的。"

這時雙和把電話一放，心情煩躁地說："還要搞呀？你也不聽聽群眾的反映！我是看著你從小長大的，這幾年你入了黨，做了些工作，就驕傲起來，這是你犯錯誤的主要原因。"

海霞說："這次事故我有責任，我心裡很難過。可是發生事故的原因，我們要分析。你不能這樣向區裡反映情況。"

雙和說；"怎麼，我連向區裡反映情況的權利都沒有了？過去我對你太遷就了，這次再不嚴格處理，還不知以後要鬧出什麼亂子呢！我看你這個排長就不要當了。”

海霞以極大的努力抑制自己的激動。

海霞家。

海霞呆呆地坐在桌旁思索著。

爺爺走進來，安慰和鼓勵海霞：“你累了一夜了，先吃飯吧！海霞，你可不能灰心呀！”

爺爺把飯端到海霞面前。

海霞抬起頭來深情地看著爺爺。

海霞：“噢，爺爺，劉阿太說他十二歲就出海打魚，我看他不像。”

德順：“對了，我注意過他的手和腳。”他看到窗外彩球等女民兵來了：“一會兒再說吧！”走出屋去。

彩珠拿鞋走進屋來：“海霞姐，你淨幹這事，到現在你還打著赤腳呢！”

海霞笑笑接過了鞋。海花、雲香、玉秀進屋來。

海花：“海霞姐，聽說以後不許女民兵站崗放哨了，是嗎？”

雲香：“還說要解散女民兵排呢！”

海霞回過頭來警惕地：“誰說的？”

海花：“都這麼嚷嚷！”

海霞：“謠言！”

玉秀：“外面說你犯了錯誤，鄉長撤了你的職，有這事嗎？”

海霞：“咱們研究研究這些謠言從哪來的吧！”

海花：“這兩天尤二狗的老婆東游西串，我看哪，說不定就是她。”

雲香：“她還到處散佈說：‘夜裡站崗很危險，難保不像阿洪嫂那樣摔下去！’”

彩珠：“尤二狗這兩天也高興地自拉自唱什麼……‘我正在

城樓觀山景'哪！"

海霞："看來，有人是想搞垮民兵排，咱們一定要頂住。在這場風浪中，我們要經得住考驗哪！你們再進一步去摸摸情況。"

女民兵："好！"散去。

晚上，海霞爲阿洪嫂的兩個孩子鋪被。

屋門忽然被推開，阿洪嫂吊著胳膊闖了進來。

兩個孩子一齊歡叫著撲了過去。

海霞急忙過去攙住她，心裡有說不出的高興："怎麼回來了？"

阿洪嫂氣喘地說："醫生一把沒有抓住我，我就跑回來了。"

阿洪嫂已經累得精疲力盡，她朝床上一靠，喘息著。海霞端過來一碗熱湯餵她喝。海霞看著她那貼著紗布的臉，

擔心地說："該不會落下個疤吧！"

阿洪嫂開玩笑說："有疤不更光榮！這也是因公負傷嘛！"

海霞說："阿洪哥出海回來可要找我算賬了，我可怎麼賠得起啊！"

阿洪嫂說："死丫頭，我們老夫老妻沒關係，若是這個疤落在你臉上，看你能找到婆家？"

海霞裝出生氣的樣子："你再說這個我走了。"

好像真怕海霞走似的，阿洪嫂拉住海霞的手："說正經的，我真可惜那支槍。還能修好嗎？"

海霞說："你用我那支吧。"

阿洪嫂說："那你用什麼？排長還能沒有槍？"

阿沙在一旁傷心地說："阿媽，姑姑不當排長了，給撤職了。"

"滾你的！胡造謠言。"阿洪嫂生氣地把阿沙撥拉到一邊。

阿沙委屈地說："是真的嘛！"

海霞說："阿沙說得對，是真的。"

阿洪嫂忘記傷疼，猛然坐起來：“你說什麼？你別嚇唬我，我不信。”

海霞說；“不信，你還急成這個樣子。”

阿洪嫂氣冲冲地說。“我得找雙和叔去。我摔了跤怎麼好處分你？”

海霞搖搖頭沉靜地說：“算了吧，去也沒有用。”

阿洪嫂深情地看著海霞：“唉！海霞，你瘦了，眼圈都黑啦，你休息吧！”

“不，我還要去查崗呢。今天外面傳出些謠言，民兵思想上也有些亂，不查查崗，我不放心。”

阿洪嫂氣忿地說：“你不是被撤職了嗎？還查什麼崗？”

海霞昂揚地說：“全民皆兵是毛主席的號召？我們保衛海島，人人有責，就是排長不當了，我還是一個民兵。這個職是任誰也撤不了的！”

狂風激浪，海霞踏著海浪疾走，她走過沙灘，走過山崗，走向礁石群。

海霞警惕地巡視著，看見玉秀一個人背著槍在礁石叢的哨位上巡邏。

海霞旁白：“膽子小的玉秀，克服了恐懼，敢於站夜崗，

她成長了。現在我可以進一步提醒她了。”

海霞向玉秀走去。

玉秀回過頭來：“口令！”

海霞：“鋼鐵 ——”

玉秀：“海防。”

海霞：“怎麼樣？”

玉秀：“海面上沒有情況。”

海霞：“家裡呢？”

玉秀不解：“家裡？”

海霞；"你舅舅對我們的事說什麼來？，"

玉秀思考著："他好像不大關心這件事，他聽了外面的謠言還不同意呢。他說，'不站崗、不放哨那哪像民兵？雖說現在天下太平了，崗還是要站的。'"

海霞："'天下太平了，崗還是要站的' —— 天下太平了，還站什麼崗？"

玉秀："噢，我明白了。"

海霞："作為一個民兵，在家裡邊要和在哨位上一樣 ——"

玉秀："要提高警惕。"

十八

早晨，海霞一個人在觀潮山上沿著那夜演習時走過的路，向出事地點走去。

海霞抬頭一看，遠遠望見方書記和德順爺爺都在出事地點那裡站著。

德順爺爺說："海霞對劉阿太有懷疑，我看他是不像打魚的……"

方書記問："為什麼呢？"

德順爺爺說："你注意過他的腳了嗎？我們漁民長年不穿鞋的，又要在搖擺的船板上站穩，所以我們的腳趾象扇子一樣分開。可他的腳趾是併攏在一起的。對了，他來的當天晚上，就給尤二狗理了髮。"

方書記思考著點點頭。

海霞跑到方書記跟前說；"老方！我正想找你。"

方書記說："德順爺爺跟我說了，你先來看看。"他指著那鋪路的石板，像翹翹板一樣傾斜在那裡。墊在石板下的幾塊石頭被抽掉了。

海霞指指翹起來的石板："昨天我看過了，石板底下的石頭像是被人抽掉的。"

方書記肯定地說："這不是偶然事故,而是有意破壞。"

德順："自從劉阿太來了以後,島上出了很多怪事。這事會不會和他有什麼關係?"

海霞："我昨天叫彩珠到東沙島郵局查了,那封外調信根本沒有發出。為什麼調查劉阿太的信尤二狗給扣壓了?他們倆又是什麼關係呢?"

方書記："對!階級鬥爭就是這麼複雜。最近海面上也不平靜,敵人的活動很頻繁。可是我們有些同志偏偏看不到這一點。"

鄉政府辦公室的裡屋,正召開支委會。

雙和說:"這幾天島上接連不斷地出了些事情,我也有責任。開會以前方書記同我談了,大家也可以對我提出意見。"

海霞失望地看了看方書記。

方書記笑了笑;"今天這次支委會也是一次學習會,不單單是批評哪一個人,應當是使大家思想都有提高。……雙和同志,記得你說過,你回同心島時候,縣委書記找你談過話,你能不能給大家說一說呢?"

雙和不明白方書記的用意,;支支吾吾地說;"是啊,當時,就是說我對同心島情況熟悉,就讓我來了。教我回來好好為黨工作。"

方書記問:"聽說還送給你些什麼?"

雙和忽然想起地說:"噢,有,有!"

方書記說:"你拿出來,讓大家看看。"

雙和立刻掏出鑰匙打開櫃子,把用布包得整整齊齊的毛主席著作和裝在皮套裡的一支駁殼槍放在桌子上。

方書記拿過槍打開一看,槍上生滿了鏽斑。

方書記看著生銹的槍,痛心地說:"雙和同志,敵人正在磨刀霍霍,你卻刀槍入庫,你看都鏽成什麼樣了?危險哪!同志。"

雙和略有愧色地說:"我忙昏了頭。等會兒,我就把它擦出來。"

德順懇切地說:"槍上的鏽好擦,思想上的鏽就不那麼容易擦了。"

方書記把雙和放在桌上的毛主席著作打開了一本,遞給海霞。她念著:"毛主席教導我們:'帝國主義者和國內反動派決不甘心於他們的失敗,他們還要作最後的掙扎。在全國平定以後,他們也還會以各種方式從事破壞和搗亂,他們將每日每時企圖在中國復辟。這是必然的,毫無疑義的,我們務必不要鬆懈自己的警惕性。"

德順爺爺說:"雙和呀,你的警惕性哪兒去了呢?"

雙和心情沉重地低下頭去。

陳小元走進來:"雙和叔,收購站催著收香蕉呢!"

雙和為難地:"唉呀!過兩天再說吧!"

海霞:"雙和叔,你抓生產是對的,就是這些年你階級鬥爭觀念差了。對於生產我們從來是支援的,這次收香蕉的任務交給女民兵吧!我們突擊三天,一定完成它!"

十九

香蕉園內,豐收的香蕉堆成小山。

海霞、阿洪嫂用砍刀砍下束束香蕉。

旺發領著女民兵扛著香蕉穿過香蕉園。

方書記和雙和沿香蕉林中的小路走來,收割香蕉的女民兵高興地把他們圍起來。

雙和興奮地向大家說:"同志們,老方同志要向大家宣佈一個好消息。"

女民兵們興高彩烈地鼓起掌來。

方書記說:"根據區委會討論和批准,我們同心鄉要擴大民兵組織,號召適齡男女青年積極參加民兵。"這時,小繼武站在旺發爺爺身旁高興地聽著。方書記又說：“出海的男民兵編爲第一連，原女民兵排和留在島上的部分男民兵編爲第二連。第一連連長由陳阿洪同志擔任。第二連連長由李海霞同志擔任。”

大家鼓起掌來。

海霞滿心激動地看著方書記。

女民兵們歡欣地望著海霞。

旺發爺爺來到民兵隊部，海霞正伏在小桌上抄寫民兵班的花名冊。他進門就問海霞：“我的問題，你們研究了嗎？”說著就一屁股坐在門口的小竹椅上。

海霞指指花名冊說：“我們研究了，您這麼大歲數不適合參加基幹民兵了。”

旺發爺爺生氣地說：“我知道是誰，他早就打我的主意了！讓我把槍給繼武，這明擺著是說我沒用了嘛！”

海霞關切、委婉地說：“旺發爺爺，雙和叔也是好意，年紀大了，不當基幹民兵這是應當的。站崗啊，放哨啊，就叫我們些年輕人擔當起來吧”

旺發爺爺悶聲不響。這時繼武橫衝直撞地跑了進來，他背著一桿雪亮的魚叉，冒冒失失地說：“爺爺，我正到處找你哩，我被批准參加民兵了，一會兒開會就宣佈。你不能叫我背著魚叉去站隊，你得把槍給我才行，沒有槍哪像個民兵的樣子！”

旺發爺爺說：“你整天算計我這支槍，這是戰利品，是區長批准留給我的。我不能讓你拿去擺樣子。槍是擺樣子的嗎？”

“誰擺樣子了？”繼武毫不退讓：“你年紀大了，雙和叔不同意你當民兵，不站崗不放哨，槍才是擺樣子的。”

旺發爺爺的嗓門更高了：“你小崽子說的倒好聽，你知道槍怎麼用？你受過幾天苦？你見過漁霸、海匪是什麼樣子？你知道漁行主的心肝是白的還是黑的？我吞的眼淚比你喝的水都多。”由於氣憤和激動，他聲音都發顫了。看樣子，如果小繼武再頂幾句,挨幾個耳光是很現成的。海霞向小繼武使了使眼色,他才嘟嘟嚷嚷地走開了。

旺發爺爺緊蹙著眉頭,悶聲不響地坐在那裡,槍抱得更緊了。

海霞把民兵編班的花名冊拿起來,對旺發爺爺說:"我得去開會了,怎麼辦呢?"

旺發爺爺還是悶坐在那裡。

海霞說:"您是不是到大會上講講去,"聽聽大家的意見。

旺發爺爺提起槍走了出去,連頭也不回。

鄉政府的大院內,掛著"同心鄉民兵連成立大會"的橫幅。

這時開會的民兵和群眾來了不少。旺發爺爺在人群中激動地說:"你們大家說說,雙和說我年紀大了!沒用了!……不錯,我年紀大了些,可是我覺得我並不老。我才過了幾年的好日子啊!"

民兵們都圍攏了過來,靜靜地聽著。

旺發爺爺接著說:"從前,我一家活蹦亂跳的四口人,就剩下我光桿一個了。三十多年前,全家餓的活不下去了,我把五歲的女兒換了一百五十斤蕃薯乾。那年三歲的兒子阿寶也餓死了。漁霸陳逢時 —— 就是陳占鱉的老子,趁我出海,把阿寶他媽逼得上了吊!我兄弟他們一家,也被陳占鱉逼得死的死,亡的亡,就剩下了繼武這麼一個小孫子!這些苦,這些恨,我說也說不完啊!"說到這裡,他把衣袖捋起露出胳膊,指著上面一道傷疤說:"這是叫日本鬼子用槍給打的!細算起來也有十多年了……"

他又拉開衣服,指著肋骨上的一道疤說:"你們看,這是叫國民黨土匪們用刺刀捅的!"

旺發爺爺的聲音變得低沉起來:"舊社會給我的是什麼呢?、一是窮,二是苦,三是恨。新社會才給了我好日月。我想,我能為國家站站崗,放放哨,也算我盡了一份力量。什麼風啊,雨啊,辛苦啊,勞累啊,我全不怕,反而覺得心裡痛快。想想今天，身上就有使不完的勁，我恨不得把那些害人的壞東西統統砸個稀巴爛。我不親手消滅幾個壞蛋，我是死不甘心的！”

海霞：“旺發爺爺講得好，我們都是在苦水裡泡大的。日本鬼子、國民黨、陳占鼇給我們帶來的是說不完的苦難。我們上一輩也鬥爭過、反抗過，旺發爺爺您是親自參加的……”

旺發：“陳占鼇的那桿水銀秤被我們當場抓住了。他不得不低了頭啊，唉！可惜那個年月刀把子不在咱們手裡，你阿爸和你劉大伯就被他們殺害了。”

海霞：“不只是他們兩個，在舊社會被反革命武裝殺害的階級兄弟有成千成萬，凍死餓死的有千千萬萬。我們能有今天，那是有了共產黨，有了毛主席！”

群眾高呼：“中國共產黨萬歲！毛主席萬歲！”

海霞：“我們海島的民兵守衛著祖國的海防，為的是保衛我們社會主義制度，決不能讓地主資產階級復辟。旺發爺爺您是看著我們怎樣長大的，我們手裡有了槍是會珍惜它的，請您老人家放心吧！”

“海霞，你這麼一講我放心了。老一輩人不應當信不過年輕人，應該往下交班才對啊！我是為了叫你們年輕人記住過去的苦楚，知道槍桿子的用處啊！槍，是我們窮人的命根子。現在我把槍交出來，你們年輕人接去我的槍，也得接去我的心啊！……”他說不下去了，幾滴眼淚灑落到舉在手中的槍上。

繼武難過地說：“爺爺，槍你留著自己用吧，我原來是怕背魚叉叫女民兵們笑話。”繼武說完，羞愧地垂下了頭。

旺發爺爺說：“繼武，你知道背槍不是為了擺樣子就好。你把這支槍拿去吧！你爺爺使魚叉比你有門道。”

小繼武不忍心去接爺爺心愛的槍。

旺發爺爺把槍交到繼武手裡，順手拿過魚叉。他說：“我要試試這條老胳膊有沒有力氣。”說罷他跨出大門。人們跟著他走出去。他照準門外的一棵大樹，右臂猛力一掄，魚叉帶著呼嘯的風聲向大樹飛去，叉齒深深扎進了樹身。

民兵們一起歡叫了起來，敬慕地看著旺發爺爺。旺發爺爺的臉上煥發著興奮、驕傲的神采。

許多民兵讚歎道："好厲害的魚叉！"

旺發爺爺充滿豪情地說："要是敵人想來找死，我就讓他嘗嘗我這魚叉的味道。"

海霞和雙和走到旺發爺爺面前，海霞感動地說："旺發爺爺，您在花名冊是個民兵，不在花名冊，也是個民兵啊！"

旺發爺爺說："你這算說對了，我這顆心啊，要在基幹民兵連裡待一輩子。"

周圍的人都放聲大笑起來。

二十

海霞登上東沙島的碼頭，沿著馬路向前走。

海霞旁白："根據民兵報告，昨天劉阿太去東沙島修理髮的推子，晚上沒有回來。我得瞭解一下他的活動，也順便到區裡作一次彙報。"

東沙島的十幾個女民兵在推一門大炮，她們穿過馬路向山坡上推去。

海霞看著她們推得很吃力，就跑過去幫忙。海霞和她們好像都認識的，但因為在用著力，誰也沒顧上說話。

從山坡那邊跑下來一些男民兵，幫著推這門大炮，海霞才和她們揮手告別。

海霞看看路，就沿著一條小路抄近斜插過去。海霞走進松林，忽然看見劉阿太坐在一塊石頭上。在這裡碰面，他們兩個人都感到突然、意外。

劉阿太稍微怔了一下，立即和海霞打招呼："海霞連長。"

　　海霞說：“你怎麼走到這裡來了？”

　　劉阿太惱火地說：“我走錯了路，一個小孩子指給我這條近路，誰知道這個小孩子開我的玩笑，越走越遠了。”

　　海霞笑笑說：“這麼說，你是上了這個小孩子的當了？”

　　劉阿太看出海霞不相信，不由地臉上滲出汗珠：“不，不，也怪我走轉了向。走累了，找這陰涼地歇歇。”

　　海霞：“每天來東沙島的人很多，一個理髮推子可以請人捎來修理一下嘛！”

　　劉阿太：“這個嘛……”他故意拉長聲音，尋找措詞：“這些小事何必再麻煩你們呢！”

　　海霞；“事情雖小；說明我們對你關心得還很不夠。”

　　劉阿太；“哪裡！哪裡！”

　　海霞：“走吧，我送你回去！”劉阿太愣了一下，勉強地站了起來，向前走去。

　　區委會辦公室。方書記、區治保主任、部隊的保衛股長已經聽完海霞的彙報。方書記對海霞說：“根據偵聽組報告，剛才在松林一帶收聽到奇怪的呼號和密碼電波，這和你反映的情況是相符的。”

　　海霞又問：“上次發現密碼電波是哪一天？”

　　部隊保衛政長說：“是在七天前的下午三點鐘。”

　　海霞打開她的記事本，有所發現地指了指說：“根據那天民兵監督崗的彙報，就在這一天，劉阿太到過東沙島，他說他來買剃刀。”

　　方書記說：“那就對了。從時間上看，兩次密碼電波都同劉阿太有密切關係。發報人很可能就是他。”方書記思量著自語：“那麼，他的發報機藏在什麼地方呢？”

　　區治保主任立刻想到說：“他那個理髮工具箱老拿在手裡，會不會在那裡頭藏著呢？”

海霞："我剛才接觸過了,不像。哎,據我一路觀察,他的斷腿有半截像是假的,發報機會不會藏在那裡?"

方書記微微點點頭："海霞同志,你們要注意保護大成嬸,對劉阿太要嚴密監視!"

二十一

劉阿太拄著拐,拎著個空酒瓶,從大成嬸家走了出來。

在小賣部裡,尤二狗正在算賬。劉阿太進來把空瓶往櫃檯上一頓說:"來瓶老酒,空瓶退掉。"

尤二狗什麼話也沒有說,收了錢,把酒遞給劉阿太,便又打他的算盤去了。

劉阿太也什麼話沒有說,提起一瓶酒走了出去。

尤二狗抬起頭,四周看了一下,立刻起身走到一堆空瓶處,拿起劉阿太剛退回的那只空瓶,他想剝開瓶蓋,但立刻又止住了,把空瓶拿到他的賬桌前準備收藏起來。

這時海霞突然闖了進來。尤二狗不禁打了個寒顫。

"你……你要買什麼?"尤二狗慌亂極了。

"我要買這個空酒瓶!"海霞一把將空酒瓶奪到手裡。

尤二狗恐懼地發抖,隨即兩限冒出凶光。他身後的貨架上放著鐵鍋、鐵勺、鯊魚鉤海蠣鏟等鐵器。突然他抄起一把砍刀,凶惡地瞪著海霞喝道:"把瓶子給我!"

海霞十分鎮定,她的眼睛裡充滿著階級的深仇,極端輕蔑地逼視著這個兇殘狠毒的敵人。她嚴厲地命令;"你給我放下!"

尤二狗舉刀欲砍。

海霞巍然不動地站著:"給我放下!"

尤二狗舉刀砍去。海霞奮力奪過刀,將尤二狗揉得趔趄後退。

海霞:"你要行兇,只有死路一條!要想寬大處理,只有坦白交待!"

尤二狗"撲通"一聲跪倒在地，哀求道："嗯……我全坦白，我全坦白，饒我這一條狗命吧！……"

在民兵隊部，幾個男女民兵看押著尤二狗。

方書記打開了瓶塞，從瓶塞的軟木墊下面取出一張小小的紙條。雙和、海霞一起在看。紙條上寫著："情勢萬分緊急，必須立即行動。今夜十一時，你要按原計劃行事，勿誤。"

方書記："劉阿太究竟是什麼人？"

尤二狗："劉阿太就是當年的海匪黑風。"

方書記："他的腿？"

尤二狗："他的腿是當年劫陳占鼇的時候被打斷的。"

方書記："你們的行動計畫是什麼？"

尤二狗心驚膽戰地說："他一來，就搞了一個偷襲同心島的計畫。到時候，由我放火燒漁業倉庫，趁大家救火的時候，陳占鼇就趁機上島。"

海霞追問："還有哪？"

尤二狗惶恐地說："要襲擊鄉政府，抓走鄉幹部。"

方書記看了雙和一眼，雙和激怒地看著尤二狗厲聲問道："你還幹了什麼壞事？"尤二狗一吃驚，吞吞吐吐地說：

"在島上我就幹了一件壞事，黑風讓我把石板底下的石頭抽空了。"

雙和："想幹什麼？"

尤二狗："打算摔死海霞連長，搞垮民兵。"

陳小元進來："老方同志，電話。"

方書記拿起電話："張團長，什麼？海面上有情況？我們也抓到一個潛伏特務，……好……我馬上來！"

方書記招呼海霞走到對面的辦公室。

方書記對海霞說："那個黑風由你來對付。你不要動他，讓他發報。我到團部去一下。"

海霞："好！"

夜晚。玉秀家外屋。劉阿太在黑暗中緊張地發報。

門外，大成嬸回家來推門，推不開，生氣地敲門。

劉阿太慌忙收拾起發報機，把門打開。

大成嬸生氣地走進門來："我怎麼剛剛出去，你就把門關上了，叫了半天也不開。這兩天你偷偷摸摸的，好像有什麼事情瞞著我們？"

劉阿太警覺地把門關上，他坐了下來低聲說："妹妹，我現在告訴你個實話，大成還活著哪！"

大成嬸驚得說不出話。

劉阿太說："我是和大成一起被國民黨抓到臺灣的，在那兒碰上陳占鼇了。他現在當了大官了。人家可不記仇，親不親故鄉人嘛！就叫大成當了他的副官啦。"

大成嬸茫然。

劉阿太從衣袋裡掏出一個煙荷包，朝大成嬸眼前一晃：

"你不信？你可認識這件東西？"

大成嬸驚愕地把煙荷包抓過去，她仔細地看著。

劉阿太說："我告訴你吧，大成今天晚上就要打回來了。

你給我找條船，我去接應他們。一會兒你們全家就團圓了。"

大成嬸猛然站起來："你……你是從臺灣來的？！"向門外走去。

劉阿太著急地攔住大成嬸說："站住，你別糊塗！你不為大成著想，你就不為自己和玉秀想想？……"

大成嬸堅決地說："要是大成真的當了國民黨土匪，敢和陳占鼇回到島上來，我就叫玉秀開槍打死他！"

她奔到門口，要把門拉開，劉阿太一把拽住她。大成嬸掙扎著，把屋門拉開了，要往外衝。

屋門開處，二片火光映了進來，劉阿太獰笑著："好啊，好啊！你去報告也來不及了。"大成嬸狠勁地把劉阿太摔倒在地下，只聽一聲怒喝："不許動！"

幾支閃閃發光的刺刀，逼近劉阿太的胸口。海霞帶著玉秀等幾個男女民兵立刻把劉阿太圍住。

海霞說："黑風，你的任務完成了，電臺該交出來了！"

玉秀搜出電臺交給海霞："是在那條斷腿裡藏著。"

海霞："把他帶走！"

二十二

半夜時分，漁業倉庫附近的大火正在熊熊燃燒。

民兵連守望在嶨口兩旁的岩石上，所有的槍口都透過礁石對準海面，準備迎擊敵人。十二隻小舢扳排成一行停在嶨口。德順爺爺、旺發爺爺和張大伯等幾個老艄公正在一旁靜候。在民兵陣地後面，聚集著許多群眾，他們手裡拿著木櫓、魚叉、柴刀和麻繩。

方書記和雙和站在指揮的崗位上。海霞彙報："據黑風交待，大成叔是被他們抓到臺灣島殺害了。"

電話鈴響，方書記拿起電話："喂，發現敵艦，好……，準備戰鬥！"

陳占鼇等匪徒乘橡皮筏子靠岸，跳下船，偷偷走來。

岸上民兵、解放軍持槍監視著敵人。

方書記揮槍命令："打！"海花的機槍架在礁石上，向匪徒喊叫的方向掃射，匪徒們頓時混亂了。

方書記帶的一個排從兩側迂回過去，戰鬥激烈地進行著。

外海的兩艘國民黨軍艦企圖前來接應，我海岸炮兵以密集火力阻擊敵艦，敵艦狼狽逃竄。

陳占鼇帶著幾個匪兵狼狽地逃進山洞。

海霞和阿洪嫂帶著一個班，追到洞口。

洞裡噴出機槍的火焰。

海霞和阿洪嫂分別閃在洞口兩側。

海霞大聲喊話："陳占鰲，你們被包圍啦！趕快投降吧，不然就把你們統統消滅！"

洞裡沒有一點聲息。

阿洪嫂忍不住了，她把手榴彈舉起來，探了一下身子。

這時洞口裡又掃出一梭子機槍子彈。

阿洪嫂一側身把手榴彈拋了出去。頓時濃煙瀰漫。

這時海霞以極敏捷的動作，衝進洞，阿洪嫂跟著衝了進去。嗖嗖兩槍從海霞耳邊擦過。陳占鰲舉起槍仍想頑抗，海霞舉槍射擊，陳占鰲被擊斃倒地。

天已大亮了，解放軍和民兵押著俘虜走上沙灘。沙灘上擁擠的人群沸騰著，他們憤怒地看著被俘獲的匪特和戰利品，又為戰鬥勝利而興奮鼓舞。

陳小元拿著一封信跑到海霞面前說："惠江回信了，那兒根本沒有劉阿太這個人。"海霞打開一看，信上寫道："貴鄉來函查詢的斷了腿的劉阿太，我鄉並無此人。……"雙和羞愧地低下了頭。

海霞說，"讓我們共同記取這個教訓吧！"

海灘上，女民兵迎著朝陽，巡邏著。

朝霞燦爛，海霞持槍屹立在海岸的峭壁上。她銳利的目光，高度警惕地注視著大海的遠方。

海霞旁白："陳占鰲消滅了，還有國民黨，還有帝國主義。只要反動派存在一天，我們就要時刻提高警惕，準備打仗！"

（原載《人民電影》1976 年第 7 期）